张居正

职场笔记②

逸 鸣◎著

北方联合出版传媒（集团）股份有限公司
万卷出版公司

ⓒ 逸鸣 2011

图书在版编目（CIP）数据

张居正职场笔记2/逸鸣著. —沈阳：万卷出版
公司，2011.4
ISBN 978-7-5470-1442-4

Ⅰ.①张… Ⅱ.①逸… Ⅲ.①张居正（1525～1582）
—人物研究 Ⅳ.①K827=48

中国版本图书馆CIP数据核字（2011）第045934号

项目创意/设计制作/ 智品書業 ZHIPIN BOOKS

张居正职场笔记2

逸鸣/著

责任编辑：王丹丹
出 版 者：北方联合出版传媒（集团）股份有限公司
　　　　　万卷出版公司
联系电话：024-23284090
邮购电话：010-58572701
电子信箱：vpc_tougao@163.com
经　　销：各地新华书店发行
印　　刷：北京市通州富达印刷厂
版　　次：2011年4月第1版
　　　　　2011年4月第1次印刷
开　　本：170mm×240mm　1/16　13.5印张
字　　数：220千字
书　　号：ISBN 978-7-5470-1442-4
定　　价：28.00元

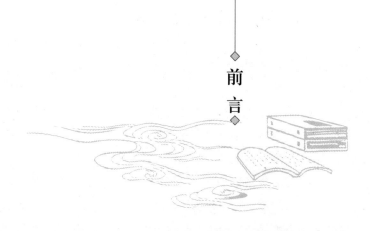

前　言

　　中国历史上的伟大人物虽多，但是像张居正这样划时代的人物，实在数不上几个。

　　在社会转折的关头，一切富有创造性的决策，往往发端于个人的智慧和作为。坚强的个性是成就伟大事业的潜在素质。从这方面来说，个人的性格往往能够决定自己的命运，张居正就是这样一个人，他把自己的理想、意志融进政治生活，催生了晚明的社会变革。

　　他是性格不凡的政治家，从寒微中奋起，当了十年首辅，成就了封建社会后期最大的改革运动。在风云际会中他思想深邃，刚毅深沉，多谋善断，却又专断独行，偏信阿谀奉承，引得附势者趋之若鹜。权力欲促使他步入人生高峰，也引发身后祸发萧墙的惨剧。

　　嘉靖嬉政，隆庆倦政，到了万历更是荒政，不行正道的明朝皇帝们对于国家社稷的关怀是一代不如一代，能力是一蟹不如一蟹，国家自然也是一年不如一年了，倒是将朱元璋的负面政治基因表现得淋漓尽致并继承发扬光大，放任自流、荒淫无度只不过是明朝皇帝的脸谱上无暇释手的两张面具，权力的腐蚀与异化让他们完全找不到自己应该所处的坐标。

正当大明在是非与憋屈、无助与困顿、振兴与委靡之间难以自拔时，风云际会中出了个万历首辅张居正，他饱读经书，倜傥豪放，冷峻严酷，威震当朝，又兼有泼皮样的身手。本来不过是明朝皇室所聘请的高管，但却把明朝当做自己的产业来打理，几乎在所有的层面都触犯了相关的既得利益者，他的成功有目共睹，他的失败却在所难免。

　　从隆庆六年到万历十年之中，这整整的十年，张居正掌控政局的能力，再也没有第二个和他比拟的人物。这个时期前数十年，整个政局是混乱，后数十年，还是混乱；只有在这十年之中，处于一个清明的时代，敌人由分化到崩溃，中国由安定到发展，这一切都是他张居正的大功。

　　后人赞扬张居正是"起衰振隳"（使衰落和崩颓的典章制度得以恢复和振兴）的"救时宰相"。"救时"，是很高的称誉，这不仅表明他在王朝颓败之际是一位临危制变的大政治家，更以威震一世的非常举措彪炳史册。

　　张居正之所以有如此巨大的成就，在于他拥有一套为人处世、做事为官的绝学，这使得他能从芸芸众生之中脱颖而出，从"白圭"神童到"直上尽头竿"，成就其丰功伟业。他低贱的出身，官场的纷争，强手的角逐，种种不利因素，都能成为他积蓄力量，提高权力和威望的台阶，这是他性格中的主导面。

　　他的官场绝学是他历经官场磨难之后精心提炼出来的，是他对人生沉浮进退、得失成败的一番深刻总结。涉世未深之时，他懂得尽快转换角色，对身边的人和事进行观察，学会自保，进而获得进一步的发展空间，当时机成熟，便可以纵横捭阖，向着自己的目标前进。

　　然而他也有蛮横、短视、气颓的时候，这些深藏在内心深处的负面因素，限制了改革事业的深化，也预设了身后一败涂地的陷阱。例如，在他明知官府处理不当而引起纠纷时，本可协调解决的，仍然制止申诉，只是因为令已发出，为了不使天下效尤，也为了保住朝廷的脸面，照样施以惩办，使闹事的机工冤沉海底。虽然他也有符合民意的，认为地方动乱之源是在官吏不良的言论，但他考察官吏以功实为准的实质，实际上重视的是镇压是否得力，公然鼓励施暴。毫无疑问，有些小股起义乃是弱势群体对压迫的反抗，在他看来，不论起因如何，只要冒犯朝廷，一概杀之无赦，以暴力彻底摧毁任何可能有的反抗，巩固明王朝的统治才是他最终的目的。

　　同时，他的绝学也表明了他对中国五千年传统智慧的独特应用，必须承认，他与冯宝、李太后的合作，是在中国历史上效果比较出色的内外勾连。在相当长的时间内，这个"铁三角"是明朝帝国的舵手，试图驶过历史的惊涛骇浪。然而，绝对的权力导致绝对的腐败，即便出发点是好的，在具体操盘人那里，也未必能够一竿子到底。

张居正懂人情，更世故，起用的人才也多踏实，整个改革流程循序渐进，可是天不假年，泰极否来。万历皇帝母子更是没有长远目标，张居正慢慢失去了舆论和高层支持，导致其性情大逆。

他对变幻莫测的人生现实有着深刻感悟，这些绝学不但指出了为人处世应该遵循的原则，也指明了一条达到巅峰的道路，对于今天那些想建功立业的人来说，仍有着十分积极的参考和借鉴价值。历史存在的最大意义，不仅是对于后人的镜鉴作用，更重要的是历史本身是一种经验和记忆，从中抽象出来就成了智慧和知识，变得有用。

本书以张居正及其周围的人和事为具体例证，旁征博引，见微知著。同一件事情，从不同的角度、高度、深度进行剖析，思路角度不同，所看到的事物也会不同，学会转换角度解决难题，改变做事情的方式。加以不同历史时期的史实补充论述，使分析变得更加深入、直接。同时，又将心理学和现代管理学的理念融入书中，解读历史，洞察人情，使读者更加清晰明确职场生存之道。

本书既可以看做是一个职场人的发展规划蓝图，也可以成为指导你在不同阶段采取不同应对措施的教科书，相信能够给读者带来诸多实际帮助。

此外，本书的语言幽默风趣，且其意深矣，常能令人拍案叫绝，给读者一种全新的阅读体验。由于时间、精力有限，本书在创作过程中，难免会出现一些纰漏，希望广大读者能够不吝指教。

第一章　职场的第一步怎么走

江湖险恶，人心难测。身在职场这个"江湖"，由于涉及权力、利益，往往会拼个你死我活，而初入职场的年轻人由于"江湖经验"不多，常常不能正确地分辨是非、善恶、贤愚。

第二章　如果是管不了的事就远离它

要想有效地规避风险，就应该低调做人、低调做事，不该说的不说，不该做的不做。张居正能够几十年顺风顺水，很少遇到麻烦，就是因为他有一套独特的自保之道。

第三章　你给他利益，他就给你信赖

"天下熙熙，皆为利来；天下攘攘，皆为利往！"每个人进入职场的最直接目的就是获得利益，养家糊口。但是，要想获得成功，凭一个人的力量是远远不够的，还需要在自己身边凝聚起一群乐于帮助自己的人。

第四章　大事讲原则，小事讲风格

做事实际上就是一个与人打交道的过程。为了达到目的不择手段显然是一种无耻的行为，但一味坚持所谓的原则也很难让事情获得成功。

第五章　掌握局势首先要看清局势 / 93

处理具体的事情，需要讲究原则和技巧，而要想规划自己整个的未来，就必须要拥有一种掌控全局的能力；要想拥有这种能力，就要具备审时度势的战略眼光、抓住一闪即逝的成功机会。

第六章　一切战斗都是心战 / 116

职场如战场，战场上以少胜多、以弱胜强的例子不胜枚举，强大的武力或许可以暂时打败对手，但却不可能消除对手心理的仇恨。真正的军事家认为战争的最高境界是"不战而屈人之兵"。

第七章　迂回有时候是最有力的进攻 / 142

张居正也曾经面对过很多棘手的问题，也不是每件事都处理得恰到好处，不过却能告诉我们这样一个道理——迂回有时候是最有力的进攻。

第八章　学会说话的艺术 / 159

说话是一门艺术，会说话的人能够打动别人，顺利地实现自己的目的；不会说话的人话一出口，就让别人感到不满，甚至会给自己招来祸患。

第九章　唯一不变的是"变化" / 180

《易经》有云："穷则变，变则通，通则久。"变化是一种常态，尤其是在职场，不懂得随机应变的人迟早会吃亏。当遇到一些令人困惑的问题时，不妨换个角度来考虑，换种方法来解决，这就是权变。

第一章

职场的第一步怎么走

江湖险恶，人心难测。身在职场这个"江湖"，由于涉及权力、利益，往往会拼个你死我活，而初入职场的年轻人由于"江湖经验"不多，常常不能正确地分辨是非、善恶、贤愚。张居正在几十年的官场生涯中，积累了一套识人、察人的经验，相信这些经验能够给职场新人一些启示，进而顺利地进入角色。

◎ 你是什么角色？

人生就是一部大戏，不同的环境就是不同的舞台，人们要扮演不同的角色。区别在于，有的人演技拙劣，本色演出还可以，一旦遇到有挑战性的角色，就会露出破绽，最后只能在观众的倒彩中黯然卸妆退场；而有的人则是天生的演技派，不仅演什么像什么，而且入戏快，演得精彩赢得了大多数人的掌声。如果给张居正定性的话，他无疑是一个出色的演技派演员。

不同的行业需要不同的角色，当你大学毕业开始找工作时，就必须要完成一个从学生到职场人的角色转换；当你从甲公司跳槽到乙公司时，就必须完成不同职场角色的转变。所以，当人们找到一份心仪的工作时，就像演员接到一个十分具有挑战性的角色，显得十分兴奋。因为好工作意味着自身价值即将得到展现，因此人们对此的反应通常是兴奋，然而在兴奋之余，你或许应该问问自己："我能演好这个角色吗？"

职场也是一个舞台，在这个舞台演出充满了挑战和竞争，如果入戏快、演得好，就能留下来继续演，甚至慢慢从龙套变成主角；如果演得不好，就只能客串一把"宋兵甲"——过把瘾就死了。

那么，如何才能让自己长久地留在这个舞台上，并一步步成为主角呢？答案其实很简单，那就是在登上舞台之前，就要对自己的角色进行仔细的揣摩，尽量展现出你所饰演的角色的魅力。这些角色演好了，重要角色甚至是领衔主演也就离你越来越近了。

具体说来，当你在面试中过关斩将，最后终于找到自己喜欢的工作时，切忌因此而沾沾自喜，这只是万里长征走完了第一步而已，接下来的工作就是进行自我调整，使自己尽快进入状态，迅速适应新的岗位角色。

当你得到一份新的工作时，首先应该有一种危机意识：这份工作并非只有我一人适合，很多人都在虎视眈眈地盯着你，如果你表现得不好，就会给那些人制造机会，被人家取而代之。

既然找到一份理想的工作很大程度上取决于运气，那么你就应该通过不懈的努力巩固自己的位置，使好运常伴随左右。其次就是你在上班以后，在职场中应该行事低调、出言谨慎，因为新同事大多对你持观望态度，甚至有人会苛刻地审视着你。

也许领导在招聘时可能对你偏爱有加，因此对你今后的表现也必定抱有较高的期望，这时他们就希望从你上班后的工作表现来证明他们的选择是正确的。

如果你做得不尽如人意，不但会遭到同事和竞争对手的嘲笑和抨击，也会受到上司的批评，甚至会因此丢掉工作。在这种情况下，新员工应该充分表现自己，尽快做出成绩，使同事信服自己，同时也赢得上级领导的好感。

在这方面，张居正堪称典范。他十三岁中秀才，十六岁中举人，由于年少轻狂，他在十七岁时参加的第一次会试以失败告终。

后来张居正在给儿子张懋修的信中回忆起这次失败的经历时说，想要领会古代文坛巨匠的心得，又符合当今社会的发展轨迹，只有"绝世之才"可以做得到，明朝建立以来，这样的人才也不多见，我十几岁就考中举人，竟以屈原、宋玉、班固、司马迁自比，以为考中进士简直是唾手可得，于是我舍弃了"本业"，在那些古代文学经典中越行越远，现在回忆起来觉得真可笑。

张居正所说的"本业"指的是儒家经典以及治世之道，作为年轻才子，他只醉心于华丽的辞藻，而忽视了"本业"。

经历了科场的失败，张居正终于变得成熟起来，他重拾"本业"，终于在二十三岁时考取了进士，名列二甲。科场的失败不仅让他变得更加成熟，也使他产生了一种使命感。进入官场后，他没有像其他同学那样整天谈论诗词歌赋，而是迅速进入角色，把自己设定为一个未来的政治家。

失败可以让人变得更成熟，但是并非只有经历过失败的人才能走向成功。有了张居正的经验，你或许就可以在职场中完成一次华丽转身。

在进入职场之前，毫无工作经验的新人应该认真分析形势，对自己所处的环境有一个大体的把握。在上班前计划好以后可能会做的事情，就可以让年轻的员工避免就职后遇到一些不必要的烦恼。

当你进入职场的时候，最好和这家企业的员工或了解该企业的人沟通一下，掌握尽可能多的信息。在对周围的环境有了一定的了解之后，你就可以考虑一下未来的工作打算，以便日后将计划逐步实施。

尽快做出成绩是争取认可的最有效办法，但是一般来讲，新人不一定要做特别重大的工作，也未必有机会去做这样的工作，所以只要瞄准一个既定的目标，无论大小都力求圆满完成，在一定程度上就可以树立自己的威信。

在与其他同事进行协作时，最能打动团队成员的莫过于少说多做，尽可能多地承担责任可以使他人减轻一定的工作负担，不把功劳挂在嘴上反而会得到更多人的称道。

在这样的情况下，一旦团队取得了好成绩，虽然得到表彰的是整个集体，但是个人的贡献也是不可磨灭的，因为只要付出了，别人就会知道。如果你因为工作成绩优异而晋升，也应该及时调整自己的状态，并以新的职位角色思考问题，以便做出恰当的决策。

在得到一份新工作或一个新职务时，及时总结经验教训也是非常重要的。即使你觉得自己很称职，刚上班时也难免会碰到棘手的问题。在这个时候，作为新人的你就更不能忽视自己的不足。承认以往的失败，并从中总结经验教训，为自己将来的工作提供指导。

张居正不仅自己从科考失败的经历中吸取了教训，还以此教育自己的儿子。

由此看来，无论是总结自己的还是他人的经验和教训，都有助于让自己尽快摆脱困境，迅速进入角色。职场中经常上演"后发制人"的桥段，对新人来说，初出茅庐不等于行事莽撞，自己完全可以在知识和经验的积累中逐渐认识自己的能力，进而崭露头角。

在认识自己的过程中，人很容易受到来自外界信息的暗示，从而出现自我知觉的偏差，我们把这种效应称为巴纳姆效应，明朝的科考便是这种从众心理的典型证明。

其实，人在生活中无时无刻不受到他人的影响和暗示，如果不能认清自己，也不能把自己放在局外人的地位来观察自己，注定浪费掉自己的才华与天赋。

每个人都是演员，扮演的角色并不完全是真实的自己，却又必须用心去体会，至少在职场中，要做到与所饰角色的形神合一，这样才能更好地应对角色转变带来的种种问题。

◎ 寻个靠山好上班

嘉庆皇帝极为迷信，并且酷爱青词。青词，就是古代道教举行斋醮时献给上天的奏章祝文。因为一般用朱笔写在青藤纸上而得名。明朝"第一大贪"严嵩就是靠着善作青词，投上所好，把前任首辅夏言扳倒，自己当上了首辅。

这个时候徐阶干什么呢？原来徐阶年近三十以探花及第，授翰林院编修，夏言倒台后徐阶在辅臣中名列第三。厚黑学高手徐阶打算以柔术对付严嵩，把孙女送给严嵩之子严世藩做小妾，以此和严嵩搞好关系。作为徐阶的徒弟张居正很失望，告病假回老家休息。

在严嵩被搞垮之前，有不少人弹劾他，但皇帝太过昏庸，加上皇宫中严嵩耳目众多，如赵文华之流，所以想仅凭几封洋洋洒洒列举奸臣严嵩种种恶行的长篇大论搞垮他实非易事，杨继盛、赵锦、海瑞等当朝名人弹劾严嵩的奏折虽有凭有据，都没能威胁到严嵩，有的人为此甚至身败名裂。

皇帝信任并重用严嵩，无非听几段青词而已，可是这时的严嵩气焰嚣张，连撰写青词这项简单的工作也不做了。

恰好此时徐阶得宠，便弄一个装神弄鬼的道士上朝，以大仙的名义说朝中有奸臣作祟，暗指严嵩，所以天下大乱。昏庸的皇帝迷信之极，再加上几封弹劾信，就准了严嵩退休，也就准了严嵩垮台，从而徐阶当上了首辅。

徐阶真是一位政治大佬，无论是阴谋还是阳谋样样精通，以一时的低声下气换来长久的幸福生活。张居正则在徐阶的带领下逐渐成长成一位政界高手。

官场是典型的职场，与其他行业相比，官场的形势更为复杂，难怪官场中人都要感叹一声"水太深"！

如果把做官比作过河的话，在这个过程中，有的人顺利地过了河，如张居正；有的人则艰难无比，如海瑞；还有的人直接掉进河里淹死了，如杨继盛。对我们这些毫无经验的职场新人来说，到底应该怎么做，才能像张居正一样，顺利地过河呢？答案已经在前面说出来了，就是"摸着石头过河"。

如果说社会是一望无际的大海，那么职场就是最终流向大海的一条河，这条河奔流不息，不但深，而且非常浑浊，水面之下还隐藏着数不清的暗礁与旋涡。有经验的人在过河的时候，都会小心翼翼，一步一步地试探，先找到一块可以落脚的石头，站在上面喘喘气，然后再继续试探，就这样，慢慢地过河，最后成功地到达对岸。

新人在职场新环境中人微言轻，不大可能初来乍到就主导职场内部大局，要想摆脱自己所处的被动地位，想当然地蛮干绝对是不行的，它需要职场新人设定好自己的奋斗目标，然后把握好实现目标的每一个环节。

你若是在不知道河有多宽，水有多深，也不清楚水下形势的情况下，就义无反顾地大步流星地狂奔着跳进河里，那么就有被"淹死"的可能。所以，采取"摸着石头过河"的策略，能够对自己进行准确的定位，有利于在融入新环境的过程中找到通往下一个阶段的落脚点。"石头"就是能够让你明白在职场中如何生存的那个人、那些人。

"摸着石头过河"是一种融入新环境的好办法，所以一个新员工，进入到职场之后，就应该努力寻找"石头"，至于能否成功找到，有的人认为"人的命，天注定"，不用你去找，石头就会滚到你的脚下；还有的人认为，你根本不知道哪里有石头，所以只能凭直觉去找，只要你觉得他是你要找的"石头"，就一直把他作为你的精神领袖。

但是，职场江湖始终都有厮杀，行走江湖的人为了获得名利，会设下各种陷阱、圈套、诱饵，等着别人落井、中计、上钩。如果一个人阅历太浅、判断力不足的话，就很容易断送自己的前途。

在当时的内阁中，次辅徐阶与严嵩在"掰手腕"的过程中处于劣势，很多

人看不清形势，投靠了位高权重的严嵩。而张居正却通过自己的冷静分析，采取了表面保持中立，暗中站在徐阶一边的做法。

历史证明了张居正的选择是正确的，即使以现代人的角度重新审视他的选择，我们也能发现：这步棋的高明之处在于进退自如，给自己留足了后路。

严嵩是内阁首辅，拥有一人之下万人之上的权力，这是他的优势。但他当国日久，按盛极必衰、物极必反的自然定律来看，严嵩年纪太大，而且树敌太多，所以好运绝对不会一直伴随着他。徐阶虽然没有严嵩的职位高，但是他也积累了相当丰富的政治资源，在讨好皇帝这方面，他丝毫不逊色于严嵩。

更重要的是，徐阶懂得隐忍之道，他将自己置于暗处，把严嵩捧得高高的，成为众矢之的。张居正认为徐阶的胜算更大，跟着他将会获得更多的发展机遇，但是他没有草率地作出选择，明显是为自己全身而退留有余地。

徐阶是张居正发现的第一块重要的"石头"，让他可以安稳地站在上面，不会在走下一步时陷入慌乱和迷茫。徐阶曾主动拉拢张居正，也就是说，这块"石头"是主动出现在张居正脚下的，这也是因为张居正这块金子能发光、会发光。

由于当时的形势还不明朗，因此张居正并没有旗帜鲜明地踩在上面，所以从某种程度上来说，徐阶这块"石头"可以算做是张居正自己摸索出来的。

如果仔细观察，即使是新人也会发现，有些人总是成为矛盾的焦点，他们可能会成为上司的眼中钉，因而最好不要与这些人走得太近，以免让自己受到牵连。或许你会认为这样做过于功利，但是为了自己的前途而作出选择，与毫无原则地趋炎附势是不同的。

"过河"之所以要"摸石头"，就是因为河水太深、太浑，而且水流湍急，容易被河水冲走。在职场中，新人要想尽快进入角色，就必须稳扎稳打、冷静地审视身边的人，寻找可以站脚的石头。

初入世者常常会被置于阴暗的角落，不受重视或打杂跑腿，就像蘑菇培育一样还要被浇上大粪，接受各种无端的批评、指责、代人受过，得不到必要的指导和提携，处于自生自灭过程中。蘑菇生长必须经历这样一个过程，人的成长也肯定会经历这样一个过程。这就是蘑菇定律。

初入职场的人为了获得上司和同事的注意，急于表现，发表轻率的言论。这不但不能引起人们的注意，相反还会引起老员工的反感，留下夸夸其谈、不知轻重的印象。要知道，蘑菇出世没有人会刻意注意，相反在磨掉棱角适应社会，在最单调的工作中学习，认真对待每一件事情，多做事少抱怨，主动学习主动自发，在不被人注意的时候每天都激励自己，才能有所作为。

古语说"欲速则不达"，为了自己的前程，还是"摸着石头过河"比较好。摸着石头过河的"蘑菇"经历，就像蚕茧，是羽化前必须经历的一步。所以，如何高效率地走过生命的这一段，从中尽可能汲取经验，成熟起来，并树立良好的值得信赖的个人形象，是每个刚入职场的年轻人必须面对的课题。

⑫ "大树"底下好乘凉

有人说，"大树底下好乘凉"；还有人说，"朝中有人好做官"。不管是官场还是职场，如果没有人帮助自己，那么在开展工作的时候，就很可能遇到麻烦。

人们在刚刚参加工作的时候，往往会面临这样的一个现实问题：你没有朋友，只是一个人在战斗，而且可能被身边的人当做潜在的敌人。由于人们的生活节奏越来越快，工作压力越来越大，彼此间的隔阂也越来越深，因此几乎所有人对陌生人都会形成一种排斥心理。其实这种排斥心理并非与生俱来，而是出于保护自己的目的形成的一种潜意识。

人具有丰富的情感，复杂的内心世界，当人们进入一个全新的陌生环境中时，能够通过自己的观察迅速做出判断，找到立足点，然后进一步谋求更大的发展和进步。古人受生产力和科学知识的局限，不能像现在这样成功做出天气预报，但是他们在分析月相和空气湿度变化的关系之后，往往能够比较准确地推测出天气的变化情况。由此可见，通过仔细观察事物的外在表现，就可以分析其内在本质。

人世间的情况虽然与自然界不尽相同，但是在道理上也有一定的相通之处，只有善于观察事物本质的人才能见微知著。所以，如果你要想找一棵能为自己提供荫蔽的大树——从同事中选择一个合适的人作为自己的盟友或靠山，就要通过认真地观察来实现。

张居正进入官场后，一刻也没有停止过寻找那棵大树的步伐，他的几次结盟行动都是为了寻找那棵可乘凉的大树。他先后尝试着以严嵩和徐阶为靠山，但又始终与他们若即若离，因为他还没有完全看清形势。

当形势明朗后，他立即与徐阶建立了同盟关系。刚刚进入权力中枢的张居正，在徐阶退休后，发现内阁的形势不是自己能控制的，于是建议隆庆帝找回被徐阶排挤出朝廷的高拱，并与之联合挤掉了几位有实力的阁员。

当时有一位阁员叫赵贞吉，他资格老、名望高、脾气大，在没有徐阶和高拱的内阁里，他大有后来居上而成为首辅的势头。张居正知道，赵贞吉一旦成为内阁大佬，自己的政治抱负就更难实现了，因此他想起了高拱。

对于张居正来说，高拱的回归有利有弊，利是他会与自己联合挤走赵贞吉等不听话的阁员，弊则是他将成为自己潜在的对手。

俗话说："两害相权取其轻。"与高拱的决战还没有排上日程，首要任务是解决赵贞吉等人，所以张居正终于将高拱看做使他能在内阁乘凉的大树。后来果然不出所料，张、高两人合力，赶走了赵贞吉、殷士儋等人。

在职场中，像张居正那样以一个离职人员为盟友的做法似乎并不可行，但是如果仔细分析，就会从中总结出一些宝贵经验：

一、高拱当时年富力强，他的离职实际上是以退为进的策略，所以东山再起的可能性非常大。

二、高拱在隆庆帝当王爷时，曾经当过他的老师，所以与皇帝的私交非常不错。

三、高拱无论是资历还是能力都很出众，的确是一棵让人放心的大树。

大概是基于以上三个方面的考虑，张居正选择了这位离职人员作为自己的盟友。如果不考虑高拱离职人员的身份，那么张居正的这一做法完全可以照搬到现代职场中。根据张居正的经验，资历较浅的年轻员工可以尝试着与企业中声望较高的老员工建立友好的关系。这种老员工最好具备与领导关系好、工作能力强等优势，如此一来，你不但能从他们身上学到很多东西，还能使自己迅速为人所熟知。

有些年轻人在寻找"大树"的时候经常陷入到建立小圈子的误区之中，这样做可能会害了自己，至少对自己没什么益处。

从上司的角度来说，这叫结党营私；从同事的角度来说，这叫破坏团结；从自己的角度来说，这样做除了能获取一些小道消息，以及在小团体中发表些不宜公开的言论之外，基本上没有任何意义。所以必须结交强于自己的人，只有这样，才能使自己从工作到做人方面都有质的提高。

如果你认为只要结交那些企业中的"红人"，自己早晚也会被映红，那你就容易陷入到被假象迷惑的危险之中。

治水有功的大禹在担任部落首领期间，想把王位传给儿子启，然而按照当时部落的制度，他应该传位给众人推举出来的伯益。为了让儿子成功继承王位，同时又不承担破坏制度的责任，大禹表面上以伯益为继承人，实际上暗中扶植启的势力。大禹死后，启的势力远大于伯益，于是他击败伯益，成为新的部落首领，后来建立了夏朝。

你要是遇到一位像大禹这样的长于权谋的领导，就要对所见所闻进行更加仔细的分析，不然就有可能将一根枯木当做可以乘凉的大树，那样的话后果就不堪设想了。

职场中有政治，也一样会有派别，更多的情况是，没有明显的派别，甚至没有明显的小圈子，有的只是一种感觉，一种氛围，甚至只是传闻。但凡有人的地方就有是非，有利益的地方就有政治，这是一个基本事实。有一句话更是说得直白不过：三人以上，必有政治。

因此，身在职场，除了搞明白你的工作职责和内容，还必须搞明白企业里有几棵大树。常言道"大树底下好乘凉"，但是你不可能同时在几棵大树底下乘凉，尤其是他们之间存在利益冲突或者关系不和的情况。

身在职场，有一颗好的"大树"，可以让人一年时间学到别人几年的东西，可以让人成长得更快，而不仅仅是升职加薪的速度更快，这就是职场的树干法则。

许多人说，我的老板或上司，根本没兴趣培养我，甚至冷淡我，对我爱理不理；还有就是我的老板或上司很差劲，从他们那里根本学不到什么。

对于前一种情况，你得先搞明白，如果你的上司或老板对你根本就没有兴趣，他算你的"大树"吗？

对于后面的情况，一方面可能你的上司或老板的确水平很差，但另一方面也极有可能是你的学习心态和为人处世的方式有问题。

遇到愿意去栽培你、愿意花时间去教你的"大树"当然好，但就算遇不到，也并不妨碍我们的学习。无论你的上司或老板在你眼中是什么样子，也要明白，他们能做到这个位置，一定有其道理，从他们身上，一定有东西可学。

🔟 认清谁才是朋友

冯保与张居正结盟，原因很多。其中有一个重要元素，他们都有一个政敌、时任首辅高拱。

《明史·冯保传》有记载，隆庆元年司礼掌印的职位空缺，冯保按理说属于第一人选，这时大学士高拱荐御用监陈洪代，冯保和高拱的怨念由此结下。等到这个陈洪也不干了，高拱又推荐用孟冲。话说这个孟冲是原来的尚膳监者，按理不应该担任司礼监这个职位，冯保对高拱的怨恨加深，于是与张居正结盟，打算除去高拱。

显然，高拱不喜欢冯保。执掌司礼监的机会，都被高拱搅了局，一次被陈洪取代，另一次高拱又力荐孟冲。冯保因此忌恨高拱，明史用了两个词：一是"疾拱"；一是"疾拱弥甚"。这显然是一个积怨的过程。

此时，聪明的冯保，选择了一个政治盟友，这就是张居正。因为，他知道，张居正也想除去高拱而独占权柄。共同的目标和利益，让他们走到一起。互察利弊就是他们必做的功课。

人总是能够很好地掩饰自己内心的欲望，戴着各种各样的面具与他人交往。但是，不管"面具"制作得如何精巧，声音、眼神是不能改变的，只要我们细心观察，就能够从对方言语、神色中流露出的蛛丝马迹中找到破绽。在张居正看来，动听的言语、恭顺的神色背后隐藏的可能就是不可告人的秘密。如果耳眼并用——听其言而观其行、观其色而察其心，就不难把对方的脸上的面具揭下来，看清他的真面目。

官场中充满了尔虞我诈，所以很多人都说政治家的话不可信，因为他们的一言一行都是为政治利益服务的。职场如官场，身在其中的人们大都会把自己搞得很紧张，对身边的所有人都充满了顾忌和敌意，在这样的环境中，谁能像俞伯牙那样找到一个钟子期那样的知音。

或明或暗的竞争关系在同事之间增添了些许隔阂，这就使大家自觉不自觉地给自己戴上了一张面具，谁也不敢用直白的语言表达自己的想法，口是心非也就变得很正常了。要想了解他人，就要通过察言观色来认清一个人到底是敌是友。

为了保护自己，人们在说话时也就变得越来越谨慎，总是会在自己的言论中添加一些华丽的装饰。相反，不善言谈的人也可能很真诚，不深刻考察就无法得到真相，张居正正是认识到了这一点，才会特别注意察言观色的。

隆庆皇帝驭龙宾天之后，冯保因为司礼监的职权问题与高拱结怨，于是拉拢张居正与他合伙对付这位权臣。张居正本来对高拱的印象不坏，但是他的这位老上司过于专横，总想挤兑内阁中对他的位置构成威胁的人。

张、高二人曾经合力排挤走内阁中很多"不听话"、"不合作"的老臣，但两个人都相信自己的未来不是梦，所以注定会展开一场攻防大战。面对冯保的拉拢，张居正并没有立即表明态度，但高拱在言谈之中总是不时地敲山震虎，使他感受到了很大的威胁。

隆庆帝去世时，张居正与冯保一块草拟遗诏，结果又被高拱奚落一番。张居正认识到，高拱早晚会将他挤走，先下手的吃肉，后下手的连汤都喝不到，所以他最终下定决心与冯保联合，把高拱挤走。

穆宗驾崩，冯保和张居正的机会来了。冯保假传遗诏，这件事是真的。穆宗病重之时，他和张居正就有密谋活动，并被高拱发现，弄得张居正只能"面赤谢过"。

因此，后来的遗诏，也被怀疑是"矫诏"。不过，穆宗已死，死无对证。冯保与内阁首辅高拱、次辅张居正、高仪最终都成了神宗皇帝的顾命大臣。

1573 年，年仅十岁的神宗皇帝朱翊钧登基，冯保受到重用。神宗登基，冯保始终站立在御座旁边，满朝文武大为震惊。

对此，高拱是极为不满的。他即授意阁臣提出"还政于内阁"的口号，弹劾冯保。但是，冯保此时执掌司礼监，看到奏本，立即压下，并与张居正商量应对之策。

最后，由冯保出面，抓住高拱曾在穆宗病故后说"十岁太子如何治天下"的把柄，向皇后和皇贵妃告状。其结果可想而知："后妃大惊，太子闻之亦色变"。高拱的下场便决定了。他被革职，回家养老去了。

冯保对高拱并不放心，后来又弄出一个"王大臣案"，欲置高拱于死地，因众朝臣力谏而作罢。不过，张居正和冯保，经此役已大获全胜，由此内外勾结，执掌朝政。

与太监结盟虽然不光彩，但是事实证明张居正的选择是正确的。张居正之所以能够做出正确选择，就是因为他善于察言观色，这是一门学问，也是一门艺术。

职场新人在与同事打交道的时候，分歧和误解是不可避免的，化解分歧、消除误解就成为处理人际关系的关键。

　　语言能反映一个人的性格，掩饰得再好也会不知不觉地通过说话流露真情实感；聪明人善于从他人的言语和神色中察觉到利害，也就能进一步地趋利避害，所以职场中人也应该认认真真地观察、仔仔细细地揣摩，在交谈的过程中及时发现对方态度的细微变化。

　　战国时期，政治家李悝就曾向魏文侯提出了五点用人建议，他的大概意思是：要想考察一个人是否堪当大任，就要看他平时都与哪些人交往；富有、发达时说什么话，做什么事，亲近什么人；窘迫、贫困时说什么话，做什么事，通过何种手段谋生。李悝的建议是"五不用"：总是巴结权贵的人不可用，富有时背弃贫贱之交的人不可用，通达时任人唯亲的人不可用，窘迫时不择手段的人不可用，贫穷时重利轻义的人不可用。有句谚语说得好："武大郎养夜猫子，什么人玩什么鸟。"

　　看一个人平时交什么朋友，遇事如何处理，就可以大致判断出他的道德水准和价值取向。企业选择和任用人才时，首先要考察他的道德水准，只有上级行得正、坐得端，才不会出现"上梁不正下梁歪"的情况；其次要考察他的价值取向，一个不认同企业文化以及领导管理思想的人，怎么能把领导交给他的任务很好地完成呢？

　　初涉职场的新人面对党派之争，面对同事拉拢，不得不三思而后行。坏人得志、好人遭殃的现象在中国历史上屡见不鲜。

　　三国时期，诸葛亮对后主刘禅忠心耿耿，但刘禅却听信宦官黄皓的花言巧语，干了很多昏庸荒唐的事情，诸葛亮忧心如焚，一心想让这个扶不起的阿斗像他爹刘备那样有雄才大略，所以在《出师表》中就拿他爹说事儿，告诉刘禅要"亲贤臣、远小人"，但诸葛亮明知黄皓是个小人，却没有采取什么措施来防范，结果多次受到黄皓的谗言陷害，虽然没有生命危险，但却使自己的北伐大业遭受了重大挫折。

　　作为一个职场新人，更应该通过自己的观察来确定哪些人是可交的，哪些事是可做的，哪些人应该防范，哪些情况不能越雷池半步。那么，如何做到这一点呢？

　　捷克的雷达专家弗·佩赫发明的一种雷达——塔马拉，它与其他雷达的最大不同是不发射信号而只接收信号，所以不会被敌方反雷达装置发现。在职场中，我们也应该给自己安装上这样的雷达，发挥塔马拉效应，做到善藏者人不可知，能知者人无以藏。也就是在被伯乐发现之前，隐藏实力，自己做自己的伯乐；在观察他人时，要知人善解。

经过长期实践之后，再将这些经验上升到理论的高度。只有这样，才能像张居正一样，在发现问题之后迅速做出反应，采取有利于自己的措施。

◆ 珍爱职业，远离小人

嘉靖二十一年，严嵩补了夏言的职位空缺，以礼部尚书兼武英殿大学士入阁参与机务，开始掌握内阁重权。当时，严嵩已经年过六十，但精神焕发，一点也不服老。每一天，严嵩朝夕都在西苑侍奉世宗朱厚熜，大受世宗喜爱，越发得到宠眷，不久就被升为太子太傅。

严嵩入阁后，千方百计打击、排斥同僚，以独揽朝政。大学士翟銮资历和名望都在严嵩之上。严嵩为了排挤翟銮，在入阁第二年，就揪住了翟銮的辫子。

嘉靖二十二年，翟銮的两个儿子同举为进士，严嵩就到处散布谣言，疏论翟銮二子在科举上有舞弊行为。翟銮因此气急败坏，马上上疏申辩，立即要求复试。被气昏头的翟銮早忘了世宗定下的规矩，大臣被劾时，不许上疏辩解，而是听候圣裁。

果然在严嵩的陷害下，世宗朱厚熜大发脾气，翟銮父子被削职为民。翟銮一退出内阁，内阁首辅之职就由严嵩来担任，越发得志。

小人算计他人，无中生有的水平很不一般。有时，不择手段、心狠手辣，达到无孔不入的地步。为了实现自己的目的，什么伤天害理的事都干得出来。

当你受到小人的陷害，千万不要指望对方的良心发现，这种期望简直是对小人恶毒的天性过不去。

警惕小人编织的陷阱。陷阱，在现实生活中比比皆是。

只要有利益的地方，都可能存在算计行为。许多陷阱是在无意识中所促成的，而且都是经过精心编织。为了达到目的，算计成功，会不惜采取一切手段，动用周围的所有关系。

由于小人没有大度的心胸，内在的小肚鸡肠，使得算计的手段更为毒辣。当一个人自私自利，只有怨恨、嫉妒，自然难以拥有大度与宽容。其行径的残忍歹毒，有违人心道义，视生命如草芥，完全只受私欲控制。对于得罪过自己的人，更有除之而后快的想法，由于不能原谅他人的过失，圈套是一个接着一个。

很多时候，在利益的诱惑与权势的压制下，这种趋炎附势、为虎作伥的行为，更是变本加厉。遭遇精心编织的圈套，如果没有意识到，就有可能落入步步为营的设计之中。

如果你处于弱势，一定要警惕于小人的欲加之罪，落井下石的圈套。否则，一旦被害是很难翻身的，要提升自己对陷阱的敏感力与辨识度。

从古至今，不知道有多少正直、忠诚的人因为受了小人的陷害而遭遇横祸。很多人一提起"小人"这两个字，就恨得牙根儿痒痒，一副非要将其扒皮抽筋的样子。但是，小人非常善于伪装，要想知道谁是君子，谁是小人，就需要练就一双"毒"眼。不解决这个问题，警惕身边的小人就无从谈起。如何分辨小人呢？

如果一个人看人看事很准，人们就会说他的眼睛很"毒"。很多人都希望自己拥有一双"毒"眼——就像孙悟空的火眼金睛一样，认清妖怪——小人的本来面目。

但是，小人是狡猾的，他们为了保护自己，为了充分地发挥自己的"演技"，他们会乔装改扮，成为"狼外婆"，而新人由于缺乏一定的社会经验，再加上对职场内部的情况还不太了解，很难透过面具看清身边人的真面目，于是就成了无辜的"小红帽"。但是，正义的猎人之友在童话里才能出现，在生活中，"小红帽们"被"狼外婆"吃掉时，是不会有猎人出现的。

一般来说，现代职场中的"小人"大致有以下几种表现：

一、欺上瞒下，既不如实地向上级汇报情况，又不准确地向下级传达政令，有意制造上下级的信息不通畅，从中牟取私利。

二、两面三刀，表面上装作正人君子，背地里却耍阴谋诡计，或者对他人表面恭维，背后诋毁。

三、散布流言，有意或无意地将他人的"隐私"公之于众。

知其然，更要知其所以然，所以，我们有必要分析一下小人行径的动机。

孔老夫子说："君子喻于义，小人喻于利。"也就是说，利益是小人一切行动的原动力，为了利益，小人敢在朋友背后捅刀子，如果不是朋友，小人的刀子捅得就更起劲儿了。

不能识小人就不能防小人，只有具备准确的判断力，才能认清围绕在自己身边的小人，才能防止他们兴风作浪。否则，一旦小人当道，正直的君子就会受到排挤，甚至被迫离开，如果是这样的话，那么不仅一个企业不能兴盛，就连国家也会随时有衰败和灭亡的危险。

张居正亲眼目睹过小人误国的悲剧。

老严嵩被排在《明史·奸臣传》的第一位，不是没有道理的。蒙古军队在首领俺答汗的率领下进攻明朝，首辅严嵩居然隐瞒战报，甚至在蒙古军队开到北京城前的危急情况下，严嵩都禁止兵部下令迎战，任由蒙古军队大肆抢劫。

兵部尚书丁汝夔害怕皇帝追究责任，严嵩拍着胸脯对丁汝夔说："有我在，你不会有事的。"嘉靖帝知道此事后大怒，下令一定要找到罪魁祸首，严嵩毫不犹豫地就让丁汝夔当了替罪羊，丁汝夔临死时悲愤地说："严嵩误我！"通过严嵩在这件事情发生过程中的种种表现，张居正彻底认清了严嵩欺上瞒下、表里不一的小人嘴脸，因此也下定了与他划清界限的决心。

严嵩权势熏天，张居正根本无力改变现状，所以只能选择消极逃避。他以回乡养病为由，离开京城三年之久，那是因为他已经通过严嵩的种种举动看清了他的真实面目。在家蛰居的时间里，张居正也逐渐变得成熟起来。

张居正把明察看得非常重要，从小的方面说，明察其他人言行的本质，有助于保护自己不受伤害。张居正之所以没有同严嵩发生正面冲突，是因为他从根本上认识到，严嵩占据了连接上下级的中枢地带，他的主张是不能准确地被传达到皇帝那里的，所以他采取了走为上之计。从大的方面讲，明察直接关系到国家的命运，假如嘉靖皇帝能够明察，严嵩这样的小人又怎能得势呢？

所以，当一个人刚刚进入职场时，要坚持"沉默是金"的原则，少说、多听、多思考，对身边的同事进行深入、透彻的了解，认清谁是君子，谁是小人，只有这样，才能采取进一步的应对措施。

具体说来，"小人"无论是欺上瞒下，还是表里不一，抑或散布流言，其目的都是为了获取某种利益。企业里的中层干部负责沟通上下级的联系，掌握的资源比较丰富，这一职务与王振、严嵩类似，所以他们是保持企业内部信息通畅的重要环节。经常接触企业高层人物是中层干部的优势，也是能让他们获取利益的关键。

若是"小人"占据了中层职务，他们就只会向上级汇报有利于自己前途的情况，甚至不惜歪曲事实。与此同时，上级下达的指示如果损害了他们的利益，他们也会采取一定的对策来保护自己的既得利益。作为职场中的一名普通员工，不必把精力过多地放在防备他人的问题上，只要做好自己的本职工作，就不会有人找你的麻烦，别人也没有理由找你的麻烦。

无论与什么人交往都要注意距离问题，特别是那些"小人"，要运用刺猬法则来对待。在寒冷的天气里，刺猬们要聚在一起取暖，又要避免被彼此刺伤，因此对距离的要求十分苛刻。在职场中，不可避免地要与"小人"打交道，因此要找到一个合适的距离，既对自己有利，又不至于被伤害。

掌握好"心理距离效应"的刺猬法则之前，首先要识人，这样才能划分距离。看清小人嘴脸的主要方法就是明察，从不同角度观察对方，然后像张居正一样采取合适的措施来应对可能发生的问题。

⊕ 别被光环迷惑了眼睛

张居正被称作"宰相之杰"。其二十三岁中进士，先后为国家当政十年。因其起用名将戚继光、提高行政管理效率等功绩载誉千古，谥号"文忠"。对于治理臣民众生，他的管理方法"工于谋国"而立等见效，令人称奇，我们不妨借鉴一下这位管理天才的阅人方略。

张居正的名言是"世不患无才，患无用之之道"，他前后主持十年国事的用人体验，提出看人容易出现的六大误差：徒眩于声名、尽拘于资格、摇之以毁誉，杂之以爱憎，以一事概其平生、以一眚掩其大节。就是说，不听名声而看行为，不问资历而看潜力，不听闲言而看功实，不凭好恶而趋理性，不以一事论英雄，也不以一错定平生。

阅人之道正如看一场魔术表演，对头脑清醒的观众来说，尽管在观看时不断发出尖叫，却不会把它当成真的。但也有些观众真的被魔术师"忽悠"了，以为自己真的在某一时刻见证了"奇迹"。与之类似的是，很多人都相信"耳听为虚、眼见为实"——既然是自己睁大双眼见到的，那么就一定是真的，但是，亲眼所见也未必是真，精明过人的张居正在刚刚进入官场时，也曾被严嵩那"美丽"的外表所欺骗。

与张居正相比，刚刚进入职场的年轻人，由于对自己的前途充满了憧憬，所以在面对全新的工作环境时，更容易受到自己双眼的欺骗。

刚刚进入职场的年轻人，一般都会有一段适应期，在这段时间里，他要做的就是多向老员工请教，迅速了解自己的工作并融入环境，同时也会自觉不自觉地在心里对新同事进行初步评价，使自己即将到来的职场生涯早日步入正轨。

"师父领进门，修行在个人"，一个职场新人能否把自己在学校学到的为人处世的道理应用于职场，就要看他能否把观察到的感性信息赋予理性的内涵，进而逐渐成为一个成熟的职场人。

一般来说，新人会按照自己的标准去衡量哪些人"利人利己"，哪些人"不利人不利己"，哪些人"损人不利己"，接下来他就会主动接近那些"利人利己"的老员工，希望从他们那里得到帮助，而对于那些"不利己不利人"、"损人不利己"的，则会选择敬而远之。

职场新人之所以被人称为"菜鸟"，不是没有原因的，尽管他们觉得自己的观察够细致、够认真，但也很容易掉进陷阱。背后长着翅膀的，不一定是天使，也可能是"鸟人"；头上顶着"谦谦君子"光环的，很可能是"岳不群"，新人如果认定自己的眼光正确，就很可能成为第二个"林平之"，被伪君子利用。

遥想张居正当年，二十出头就中了进士，真可以说是雄姿英发、踌躇满志。古代文人"五十少进士"，科举考的是文科，而文科生的特点就是喜欢卖弄文采，张居正少年得志，在文采上必然也有过人之处，所以初入官场，喜欢诗词歌赋的张居正，也就会在自己的领导和同事中寻找志趣相投者，最后他发现，诗词做得最好的，居然是明朝的政府首脑、内阁首辅严嵩。

严嵩中进士的时候比张居正大不了几岁，也是个才华横溢的雅士，他擅长写青词，因此博得了崇信道教的嘉靖帝的赏识，甚至被时人称为"青词宰相"。

这个耀眼的光环令涉世未深的张居正感到头晕目眩，几乎没有经过任何的"挣扎"，内心的天平就倒向了严嵩。他开始效仿前辈，先是为朝廷写一些歌功颂德的文章，然后，又不时地给严嵩写一些拍马屁的诗词，总之，是不遗余力地展现自己的文采，以这种方式推销自己，最后，他在与严嵩的"文学切磋"中对这位老前辈作出了评价，把他当成了自己的榜样。

但是，在"青词宰相"这个光环的背后，却是一副贪赃枉法、欺上瞒下、排挤异己的丑恶嘴脸，尤其是1550年蒙古人进犯大同、宣府，严嵩谎报军情，顺便让兵部尚书丁汝夔当了自己的替罪羊。

撕掉了伪装的"狼外婆"令张居正这个"小红帽"感到无比的失望，也让张居正陷入了官场生涯的第一个低谷。也就是说，当张居正发现自己对严嵩的评判是错误的时候，内心不可避免地产生了一种幻灭感。

过了很长一段时间，张居正在批评与自我批评中逐渐意识到，亲眼所见也未必是真，因为对手实在是太狡猾了，他总是把狐狸尾巴藏得严严实实，把自己打扮成一只忠心耿直的猎狗，如果你不小心，就会被咬上一口。只有明辨虚实，才能弄清楚事情的本质，懂得进退取舍。

职场中的争斗虽然没有生与死的斗争，却也不是任何人都能玩得转的。职场新人最大的不足就是经验匮乏和头脑冲动，而经验却不可能从书本和课堂上学到，只能一点一滴地积累，在这种情况下，保持一颗平常心就成了明辨是非的关键，但"晕轮效应"却往往让人无法以客观冷静的态度去评价身边的人和事。

人们彼此进行评价，标准可能是多方面的，主要包括工作能力、性格、人品、外在气质等，而个人的好恶通常会成为左右人们判断力的最重要因素，心理学上将只看表象的心理现象也称为"晕轮效应"。

这种评价好比照逆光相，自己的个人好恶就是对方身后的光环，因此很难看清对方的真面目。张居正自己是才子，所以才会对同样是才子的严嵩充满了好感，由此看来，初入职场的年轻人不应该被个人好恶所左右，必须摆脱晕轮效应的影响。

晕轮效应不仅会对初入职场的年轻人有影响，对企业管理者的影响同样不小。有些领导喜欢根据个人好恶来用人，喜欢谁就把谁安排在"好"位置，讨厌谁就把谁安排在"坏"位置，甚至是直接一脚踢开。

拿春秋时期的齐桓公来说吧，小白同志不计前嫌，任用曾经向自己打冷枪的管仲为相，最终得以称霸中原，也算得上是一位善于用人的领导了，然而到了晚年，齐桓公却犯了察人不明的错误，尽管管仲临终前再三告诫齐桓公："小白啊，易牙和竖刁这些人都是谄媚之徒，千万不可重用。"但齐桓公并未将管仲的建议放在心上——不过也确实是易牙和竖刁太善于伪装了。总之，老眼昏花的小白这时竟犯了糊涂——重用了这两个小人，结果两个人趁他病重时发动变乱，而风云一时的齐桓公死后竟然没人收尸。

晕轮效应是最容易发生的。所以，职场新人要慧眼识别"狼外婆"，谨慎自己的态度，避免对方产生不好的晕轮效应。

终归还是要靠自己的奋斗

张居正的父亲因病而死，十天后张居正接到家人送来的丧信，当日也就没有上朝。朱翊钧从次辅吕调阳的奏疏中得知了此事，于是，提笔给张居正写了一道谕旨，差司礼监太监李佑送到张居正的家中。

按明代礼制，张居正的父亲死了，他必须辞职回家守制两年。明代，内外官吏人等都有丁忧的制度，在遇到承重祖父母、亲父母的丧事时，自闻丧之日起，不计闰，守制二十七个月，期满起复。

英宗正统七年有令，凡官吏匿丧者，俱发原籍为民；正统十二年又令，内外大小官员丁忧者，不许保奏夺情起复。

所谓"夺情"，即指在二十七个月中，由皇上特别指定，不许辞职。在明朝立国以来，除投身军队的人，在朝大臣是较少被"夺情"的。

张居正照例得提请回原籍守制。但他内心十分矛盾，于公于私他都不愿在此时回乡。一方面，朱翊钧还年幼，他们母子都离不开他这个深谋老练的顾命大臣；他自己已推行开的尊主权、课吏职、行赏罚、一号令的举措及准备着手进行的在全国范围内丈量土地、改革赋税制度、推行一条鞭法等改革方案还有待进一步谋划和执行。

从个人的私利来考虑，自己数十年来从湖广江陵的乡间走到现在的权倾朝野这一步，也确实来之不易，生怕日久生变。

更令张居正想不到的是，就在他因丧没有上朝的第四天，官员竟都去祝贺次辅吕调阳。根据明朝不成文的故事，首辅去位三日以后，次辅便可把座位从右边移到左边。这次，内阁僚属和翰林院的学士、侍讲读学士、修撰、编修、庶吉士们都纷纷穿上红袍到内阁道贺。

张居正去留还未最后确定，他们却都向次辅吕调阳道贺。真是人未走茶已凉，把张居正气得咬牙切齿。

当张居正知道皇帝要"夺情"的态度时，就故作姿态上了一篇《乞恩守制疏》，在叙述了一通父子人伦当守制的道理后，又说自己年纪只五十三岁，"丁忧"的时间也不过是二十七个月，到那时，身体尚还康健，只要皇上不嫌弃，还可再召回任用。

年幼的朱翊钧未悟出其中的奥妙，他此时只有一个念头，就是不让张先生离开京师回籍守制。于是他又给先生下了一道圣旨：爱卿笃孝至情，朕非不感动,但念朕十岁上先皇辞世,先生受托尽心辅导……朕于幼冲之年,垂拱仰成,顷刻离卿不得,安能等得三年?况且爱卿身系国家安危,又岂是一般的金革之事可比?请强抑哀情,勉遵前旨,以不负我皇考委托之重,勿得固辞。朱翊钧抬出了死去的先皇,希望张先生就此而留下。

张居正通过连日来的几辞几留,"夺情"心愿不仅如愿以偿,而且他在朝中的地位和威望也得到了空前的提高,天子盛赞他的无双忠孝、盖世大功,是他今后继续当国受之不尽的资本。

每个人都希望自己能够取得成功,但成功的道路充满了坎坷,遇到困难,很多人脑海中闪过的第一个念头就是:赶紧找人帮忙。但是,别人是没有义务帮助你的,把成功的希望寄托在别人的身上,就等于把自己的命运交到了别人的手上,一旦所托非人,那么成功的希望就会大打折扣,甚至十分渺茫。

张居正出身卑微,祖辈没有显赫的荣耀与尊贵的地位,但他并没有灰心丧气,凭着自己的努力获得了成功,书写了一部个人奋斗的传奇。

对于一个刚刚进入职场的新人来说,总想踩着别人的肩膀往上爬,又或者想借取悦上司来达到升职加薪的目的,确实有些为时过早了。新人入职后的当务之急是了解环境,就像一个刚刚满岁的婴儿,连走路都跟跄,我们怎能要求他跑起来呢?职场新人只有谨言慎行,站稳了脚跟,才能进一步谋求发展的机会。

很多人都明白求人不如靠自己的道理,但是在职场中应该怎么把握这一点呢?如果你在职场中听到了某种关于暗箱操作的传闻,即认为自己也可以这样做,也不能太过心急,因为你是新人,不值得冒这种"不成功,就成仁"的危险。

刚入职场的新人虽然应该以熟悉业务和了解环境为主,但也并不意味着面对机遇时只能选择沉默,张居正已经为今天的职场新人们做了一个很好的范例——也就是说,你可以采取一些试探性的行动。

例如,当你发现上司喜欢别人的奉承,你完全可以在日常交流时对他进行适当而得体的赞美,不过这种赞美不宜过度,否则效果就会适得其反。

谈话的深入程度取决于双方的感情发展程度,如果你是个新员工,这就表明你没有机会与领导走得太近,所以说话时切忌过火。

假如你的赞美与你新人的身份不相符,就会使你的话显得比较夸张,让上司产生一种被愚弄的感觉，这样你的职场命运也就走到尽头了。因此一定要记住那个关键词，即"试探"。

总想着依靠别人的人其实手里攥着一把双刃剑，用好了可以披荆斩棘，用得不好就会伤及自身。

张居正认为，依靠别人不如依靠自己，只有依靠自己，独立自主地发展才是长远之计。政治是生与死的斗争，一着不慎就可能导致满盘皆输。

在这个圈子里，"姜还是老的辣"这句话绝对有着非常重要的现实意义，所以，只有行事谨慎、目光高远的人才能获得更为长久的政治生命，而那些急躁、张扬的人则属于"愣头青"，他们的政治生命通常都很短暂，有时政治生命的终结就意味着个人生命的终结，这是很可悲的。

在张居正看来，前途还得通过自己的努力来获得，只要具备发展的潜力，再加上自身的努力，那么就可以抓住转瞬即逝的机遇，获得更大的权力，也就可以获取更多的机会，至于别人的帮助，如果能够得到当然更好，如果不能得到也不必急躁，因为做官实际上就是"熬"官。

孔子说："君子求诸己，小人求诸人。"这句话也说明了"求人不如求己"的道理。对自己严格要求的人是君子，他们做事一切靠自己；总是对他人求全责备的是小人，他们做事常常依赖别人。君子并非无欲无求，只不过他们通常奋发图强，依靠自己的能力而为之。对小人而言，利益得失是最要紧的，面对利益，他们患得患失，所以只要能够达到目的，用什么手段都是在所不惜的。

依靠自己并非要求人们在学习、工作和生活中拒绝他人的帮助，因为在现代社会，相互协作是必不可少的。鉴于此，美国管理学家提出了蓝斯登原则：在你往上爬的时候，一定要保持梯子的整洁，否则你下来时可能会滑倒。也就是要依赖个人实力进退有度，才不至进退维谷；宠辱皆忘，方可以宠辱不惊。

张居正的政治轨迹中，个人的奋斗占据了主导地位，正是由于他的自信，以及应对各种复杂局面时所表现出来的那种沉着、冷静的超强心理素质。

处理好与他人的关系，在合作的过程中做到团结、和谐，并化解一切矛盾才是关键所在，而这些工作则完全需要自己动手。当你发现自己的付出与回报相差甚远时，就要总结经验教训，反思做事的态度和方法是否有问题，然后尝试在细节上进行调节和改变。

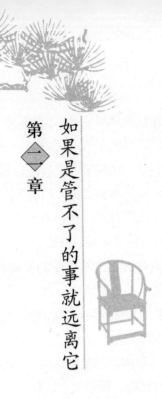

第二章　如果是管不了的事就远离它

身在职场，或有心、或无意，都会有与人发生矛盾的时候，由此可能给自己带来防不胜防的灾难。俗话说："是福不是祸，是祸躲不过。"要想有效地规避风险，就应该低调做人、低调做事，不该说的不说，不该做的不做。张居正能够几十年顺风顺水，很少遇到麻烦，就是因为他有一套独特的自保之道。如果我们能够好好学习他的经验，那么自然可以大事化小、小事化了。

◎ 枪打出头鸟

中国历史上常常有这样一些人，他们一方面熟读孔孟之道，一心报效国家，而另一方面又头脑僵化，教条、机械、片面地去看待问题。在面对复杂问题的时候，他们简单化的做法，虽然出自一片丹心，却丧失了以更好的方式解决问题的机会。

明嘉靖年间，严嵩父子网罗仇鸾等人，把持朝政，对外勾结敌寇丧权辱国，对内残害忠良，欺压百姓，侵吞库银，朝野上下对其恨之入骨，是明朝头号大奸臣。杨继盛不畏严氏父子权势浩大，党羽众多，一直在与严嵩进行着斗争。

嘉靖二十九年，蒙古土默部首领俺答汗，率军犯我大同，大同总兵仇鸾畏敌不战，并以重金贿赂俺答汗，使俺答汗未损一兵一卒，便直逼北京郊外。

在严嵩的授意下，几十万明军屯而不战，眼看着敌军烧杀掳淫数日后，大摇大摆地离去。事后，仇鸾非但无罪，还晋升为太子太保，统领京营。

随之仇鸾又勾结外敌，以开"马市"为名，与敌媾和。杨继盛挺身而出，给嘉靖皇帝上《罢马市疏》，直言皇帝："互市者，和亲的别名也。""我明朝地广人多，只要奋发图强，就一定能打败敌人。"

因朝中十有八九是严嵩党羽，纷纷说杨继盛的坏话，嘉靖听信谗言，将杨继盛投入天牢。杨继盛在狱中受尽酷刑，皮开肉绽。

杨继盛在大牢里一直被关了三年，严嵩没找到杀害杨的丝毫证据。此时，社会上声讨严贼的呼声一浪高过一浪，一些大臣和名流、侠士也在积极筹划营救杨继盛的良策。

严嵩深知杨出狱后对自己的利害，于是想用借刀杀人计，除掉杨继盛。一天，要处斩一批囚犯，严嵩便把杨继盛的名字混在其中，昏庸的明世宗，哪知其中有鬼，只看了前面的几页，便批斩。人们听说杨继盛要处斩，四城百姓蜂拥赶到西市，为杨继盛送行。

每个人都需要有一种"明知山有虎，偏向虎山行"的魄力，但前提是得像武松一样，具备打死老虎的本领。如果面对一只暂时不想吃人的老虎，明明知道自己没有武松的本事，却非要冲上去打老虎，那么很可能老虎没被打死，自己反而葬身虎口了。

这个道理按说地球人都知道，但偏偏有个火星人不懂，他就是明朝的杨继盛。老杨正直刚烈，以为可以凭借自己一人之力扳倒奸臣严嵩，结果自然是飞蛾扑火。而张居正的老师徐阶却能二十年如一日地采取隐忍态度，保存有生力量，最终抓住机会，一举击垮了严嵩。

在今天的职场中，一些公司甚至是整个行业内部，往往存在很多不合理的现象，各种各样的"潜规则"大行其道。

说到底，"潜规则"盛行还是因为有人从中推波助澜，比如，有些领导虽然干啥啥不行，但却吃啥啥没够，凭借手里的权力，总是干一些损公肥私、任人唯亲、赏罚不明的事情。这种行为令人气愤，但小人得志，他人要么无可奈何、要么敢怒不敢言。

又如：有的员工工作能力一般，却拍的一手好马屁，因此得到了上司的器重和提拔；而有的员工埋头苦干、正直无私，到头来却依旧原地踏步，甚至受到领导的批评、同事的冷嘲热讽。社会上很早就流行这样一句话："说你行，你就行，不行也行；说不行，就不行，行也不行。"

对有些初入职场的年轻人来说，他们没有过多的阅历，也不知道社会竞争的残酷，看到职场内部群魔乱舞，就天真地以为冥冥中有种力量指引自己去扫荡群魔、廓清寰宇——为有牺牲多壮志，敢教日月换新天。

这些人的激情和理想固然值得赞赏，但如果没有经过理智的思考，那么这种激情只能算是冲动。冲动是引诱人们走向失败和毁灭的魔鬼，由于一个人面对不合理现象时头脑很难保持冷静，经常是不计后果地贸然行动——大不了辞职不干，谁能把我怎么样？此处不留人、自有留人处！

但是，如果冷静下来想一想，辞职不干还是自己的初衷吗？自己本来是想在这片广阔天地中大展作为的，却没想到自己所面临的对手如此强大，到头来搬起石头砸了自己的脚、赔了夫人又折兵，这样做值得吗？

退一万步讲，即使真的值得，谁能保证在另外一个企业就不会遇到这样的情况呢？如果不能改掉冲动的毛病，那么不管到哪个企业，都会遭遇碰壁的命运，一个职场新人很可能就会由原来的踌躇满志变得怨天尤人，甚至是一蹶不振，抱着"认命"的态度向种种不合理的事物妥协，这难道不是人生的一大失败吗？

官场是特殊的职场，在官场中，一个人如果不能谨慎为官，就不仅是丢掉工作的危险了。明朝的大奸臣严嵩专权误国，做了很多坏事，却没有受到任何惩罚。包括张居正在内的很多人都对严嵩产生了不满。杨继盛这个"愣头青"抱着舍我其谁的勇气向嘉靖皇帝上疏弹劾严嵩，没想到反而被严嵩陷害而死。

张居正尽管痛恨严嵩，但有了杨继盛的前车之鉴，他开始明白一个道理：即使眼前有再大、再多不合理的事情，但自己人微言轻，根本不可能改变什么，更不可能扳倒大权在握、党羽众多的老严嵩，那么就绝对不能冲动、蛮干，否则，不仅不能实现自己的愿望，反而还会付出惨痛的代价。所以，最好的办法就是装孙子——近来学得乌龟法，得缩头时且缩头！

在这一方面，张居正的老师、内阁次辅徐阶可以说是很有心得，与严嵩斗了几十年，徐阶一直采取隐忍的态度。张居正得到老师的真传，面对严嵩时，不是唱赞歌，就是拍马屁，总之是保存实力，避免惹祸上身。

多年以后，徐阶终于抓住机会，把严家父子赶下了台。张居正多年的忍耐终于换来了回报，他被徐阶提拔进内阁，为实现自己改革弊政、富国强兵的理想奠定了基础。

火星人杨继盛意气用事，不能忍耐，最后被奸臣害死，虽然获得了正直敢谏的美名，但不仅没能实现自己的壮志，反而被送回了火星。

张居正能够隐忍不发，静待时机，最终当上了首辅，实现了自己安邦定国的宏愿，这是多么大的反差啊？

其实，可以用一个著名的理论来解释杨继盛所做的无用功，这就是奥卡姆剃刀定律：保持事情的简单性，抓住根本，解决实质，我们不需要人为地把事情复杂化，这样我们才能更快更有效率地将事情处理好。

况且多出来的东西未必是有益的，相反更容易使我们为自己制造的麻烦而烦恼。面对不合理现象，职场新人应该看到其简单的一面，而不应该深究其复杂的一面，否则只会使问题越来越复杂。记住这句话："切勿浪费较多东西去做用较少的东西同样可以做好的事情。"

初入职场的年轻人，首先应该明白一件事，不管多么优秀的企业，在它的内部都会有这样或者那样的不合理现象，如果自己胸怀大志，想要改变这些不合理的现象，那么绝对不能冲动蛮干，首先应该考虑一下自己是否有这个能力，其次还要考虑自己所处的环境是否给自己提供了合适的条件。如果这两者都不具备，或者二者只具其一，那么眼下就需要暂时忍耐，不断磨炼自己，等待时机成熟之后再一展身手。

小心软刀子

史臣评论说：张居正通晓并认识时代所起的变化，敢于担任国家大事，在神宗初期的政局中，使衰落和窳颓的典章制度得以恢复和振兴，不能说他不是实干的济世之才。可是由于他权柄掌握得太威猛，差不多要威胁到皇上，结果使灾祸在他死后降临。

名利名利，名在前，利在后。一个人名气大了，就会集万千宠爱于一身，一般人难以企及的荣耀和利益往往也就紧跟着来了。所以，很多人都梦想着自己有朝一日能够成名。但实际上，名气这个看不见、摸不着的东西是一把双刃剑，因为与它相连的不仅是利，也可能是祸。

想当年，年轻的张居正就曾因为名声太大而引起辽王的妒忌，结果连累了自己的祖父。

原来张镇在辽王府里做侍卫，经常带着孙子张居正到辽王府，一来二去，辽王就认识了张居正，两人虽然同岁，但爱好却大不相同，一个整天只想着寻欢作乐，而另一个却是从小就被人称为"神童"、胸怀大志的少年天才。

辽王的母亲毛太妃恨自己的儿子不争气，经常在辽王面前夸赞张居正，这让辽王感到很不满，于是对张居正产生了强烈的妒忌心理。

十六岁那年，张居正一下子考中了举人，赞扬张居正的声音居然一度压过了老百姓对辽王的痛骂声，妒火中烧的辽王为了给张居正点儿"颜色"看看，就以祝贺为名与张镇 PK 酒量，老实巴交的张镇怎能是久经考验的辽王的对手呢？没几杯就喝趴下了，但辽王还不罢休，派人继续给老头灌酒，结果没几天张镇就去世了。

如果张居正的名气没有那么大、受到的称誉没有那么多，辽王怎么会嫉妒张居正这个普通老百姓呢？那么，张居正的祖父也就不会被害死了。

张居正本来并没有什么错，但拥有权势的辽王认为张居正有错。张居正的错误就在于光芒四射，完全掩盖住了辽王，辽王很生气，后果当然也就很严重了。

经过这次事件后，张居正就在心里埋下了一颗复仇的种子，同时也开始思考如何才能复仇。这件事使他认识到了手中握有权力是多么的重要，同时也让他明白了一个道理：一个人越是才华横溢，就越应该保持低调，学会懂得收敛自己的锋芒，不要让那些光芒刺得别人睁不开双眼。只有这样，才能避免灾祸主动找上门来。

张居正做了官以后，始终都不敢过分张扬、刻意显示自己的才华，当他面临种种危机的时候，也正是靠着藏锋露拙的功夫才得以自保的。

以今天的职场为例，年轻人一般都很好胜，他们卖力地工作，希望能够从中展现自己的才华，获得上司的赏识和器重。但是，凡事都有个限度，一旦锋芒太露，就很容易给自己带来麻烦了。

俗话说，人怕出名猪怕壮。如果一个人在工作上表现得过于突出了，就会引起同事甚至是上司的不满和嫉妒。

身边的同事就会对他冷嘲热讽：

"就显着你能！"

"活儿都被你抢着干了，我们是不是该下岗了！"

"就会在领导面前装相！"

……

上司，尤其是顶头上司，因为下属的优秀表现，也会时时刻刻感到担心和猜疑：

"他会不会取代我，成为这个部门的领导？"

"他会不会被破格提拔，成为我的上司？"

"功劳都被他抢了，我这个领导成了摆设了？"

……

在这样的环境下，纵然一个人才华多得走路都啪嗒啪嗒往下掉，但如果缺少应对的经验，又没有良好的心理素质，就很难再继续保持良好的工作状态。若仅是让大家奚落几句，也许还不会有什么麻烦，但若是惹人忌恨，那么灾祸恐怕真的就在眼前了。不说别的，如果在工作过程中同事故意不合作，领导故意给你"穿小鞋"，这种滋味儿恐怕谁都觉得不好受吧。更有甚者，还会有人故意挖好陷阱等着你往下跳呢！没看屈原吗，别人连坑都没挖，自己就跳河了。

初涉职场的人才，往往都急于显露一下自己的才能和实力，盼望尽快得到他人的认可和刮目相看。因而表现得锋芒毕露、急于求成，凡事都要争个"先手"，有时动不动还要来个"抢跑"。但是，过早地掀起和卷入竞争，也会形成某些潜在的被动。

其一，是无形中将自己放在一个较高的起点和定位上。因为你处处显露自己的才干和见识，人们就会产生一种心理定势，认为你总能比别人强。一旦你有遗漏和失误，别人轻则说你还欠火候，重则落井下石，幸灾乐祸地说这是自高自大的最好报应。

其二，会过早地卷入升迁之争。升迁之争存在的一个普遍规律便是淘汰制，通过不断地淘汰来实现金字塔式的职位升迁。过早地进入这个程序，就意味着有可能过早地遭到淘汰。况且有时的淘汰有可能是一种机遇和运气，有时会是人际关系失衡后一种权宜的矫正，更甚或是一种不公平不光彩的人为私欲的暗箱操作和利益交换。过早地卷入，可能会成为无辜的牺牲品。

其三，是根基不稳，虽长势很旺，但经不住风撼霜摧。倘若你没有厚积薄发的底牌，却一股脑儿地将十八般武艺悉数亮出来，便是应了中国那句忌语：

"好话不可说尽、力气不可用尽、才华不可露尽。"一旦成强弩之末，连鲁缟都穿不过，那肯定会被嗤之以鼻，逐出场外，到那时岂不心血白费、努力落空？

在《三国演义》中，有一段"青梅煮酒论英雄"的故事，说的是刘备帮助曹操消灭了吕布以后，跟着曹操来到了许昌，汉献帝听说刘备是中山靖王之后，赶紧跟刘备认了亲，刘备摇身一变，成了刘皇叔。

曹操知道刘备很会收买人心，而且胸怀大志，决不会一直蜗居在许都，于是特意请刘备吃饭，然后试探他的真实意图。曹操虽然奸诈，但在演技方面还是稍逊刘备一筹，刘备故意演了一出"闻雷落箸"的好戏，竟然让曹操相信了自己确实没有英雄所应具备的豪气和胆识，也让曹操放松了对刘备的警惕。后来，刘备摆脱了曹操的掌控，最终割据一方，建立蜀国，成就了一番霸业。

藏锋露拙就是说在自己实力还不够强大的时候，就不去过多地展示自己的才华，子曾经曰过"不在其位，不谋其政"。意思是告诫我们，如果在职场中还没升到一定的职位，就不要事事都管，好像非你不行似的，这样很容易招惹祸端。

子又曰过："割鸡焉用牛刀"，意思就是告诫我们，在职场中，纵然自己的才华噼里啪啦往下掉，也应该在合适的时候再让它掉，收敛锋芒并不是要束缚住自己的手脚，畏首畏尾地什么也不敢做，而是要保持低调，踏踏实实地做工作，有了成绩不要揽到一个人身上，必要的时候可以把荣誉和利益与上司和同事一起分享。

要时刻记住一点，你要追求的，决不是眼前这小小的荣誉和利益。现在韬光养晦、收敛锋芒，是为了在合适的机会到来时，将能够尽情地展现自身的才华，干出一番惊天动地的大事业。

著名的"大雁法则"告诉我们：北雁南飞，排成一行，总有一只头雁引领，但这个头雁是大家轮流当的。所以，不要总做出头鸟。

如果只让一只大雁领头，当它疲劳的时候整个队伍的速度就会慢下来，经常换领头雁可以保持整个队伍的速度。轮换头雁也是应对猎人的方法，如果想要生存得更久，就应该避开猎人的目光，收敛领头雁的锋芒。

低调攒人品

1577 年，张居正当上首辅已经五年了，这一年张居正的父亲死了。

按照大明朝的礼制——孝道——张居正应该立刻辞职，回到老家，为父亲丁忧三年。

这件事令张居正的对手们感到非常高兴，只要张居正这只老虎一走，他们这些猴子就可以称大王了。

事情的严重性张居正当然明白，他通过二十多年的艰苦抗战才把胜利的果实摘到手，怎能轻易让猴子们抢走呢？虽然上有国家的政策，但张居正有自己的对策，为了保住胜利果实，他暗中策划了一场闹剧：授意一些官员向万历皇帝上疏，命张居正"夺情"——名义上为父亲守孝，但仍旧在朝廷处理公务，实际上依旧把首辅的权力抓在了自己的手中。

张居正平时习惯了一言九鼎的场面，本以为这件事情是一碟小菜，但他根本没料到此举会惹来众怒。"丁忧"是祖制，张居正"夺情"就是不孝，连做官的资格都没有，更别说当内阁首辅了。

所以，很多人针对这一点，对张居正发动了猛烈攻击，甚至逼得张居正险些拔刀自刎。

虽然这场风波因为万历皇帝的全力干预被平息了，但朝廷中有很多官员都对张居正心存怨恨，也为张居正死后家人遭难埋下了祸根。

杀人一万，自损三千。在这场争斗中，张居正虽然保住了自己首辅的位置，但却失去了人心。

张居正过于贪恋权力、相信权力，以为可以凭着皇帝和自己的权力让百官默不做声，"夺情"并不是什么光彩的事情，本应该刻意回避、低调处理，但他却毫不避讳，十分张扬，从而让很多满脑子想着"百善孝为先"的朝廷官员对张居正产生了反感，但张居正并没有反省自己的失误之处，反而极力鼓动皇帝用暴力手段解决问题，最终使大部分官员对他的态度由反感上升到了愤怒，为以后埋下了后患。

所以说，即便是张居正这样贵为内阁首辅的大人物，如果不懂得保护自己，都会陷入这么大的麻烦，那些刚刚进入职场的新人，就更应该引以为戒了。

这个世界上，从来就没有过十全十美的人，不管一个人看起来如何完美，也总会有一些这样或那样的弱点，人们将其称为"软肋"。

在一般情况下，一个人的弱点可能并不会给自己带来什么危害。但若处于激烈竞争时，一些别有用心的人就会专门往他的"软肋"上戳，使他在竞争中处于不利地位，甚至完全败下阵来。

张居正，这样一个被称为大明第一牛人的强者，也曾在复杂的官场棋局中走出昏着，把自己的软肋暴露在对手面前，使自己陷入十分被动的局面。

很多刚刚进入职场的年轻人都有一种初生牛犊不怕虎的劲头儿，争强好胜、目空一切的情绪让他们觉得自己的两把刷子完全可以应付所有困难，因此，他们就会抓住一切机会去展示自己的才华。但是，由于急功近利，很多人展现出来的并不是才华，而是自己的隐私、缺点。

"同行是冤家"——两个人若不是同事，那么就不见得互相为敌，但一旦成为同事，就自然而然地成了敌人，如果因为自己粗心大意而把自己的软肋暴露在敌人面前，那不是找死是什么呢？上司就更不用说了，他们比同事更可怕，有时候为了获得利益，他们会把新人当成利用的工具。总而言之，如果职场新人把自己的"软肋"暴露在对手面前，那就只剩下被动挨打的份儿了。

职场中，每个人都觉得自己所做的是正确的、理所应当的，所以他们就会把身边的每个人当成表面上或潜在的敌人。"卧榻之侧，岂容他人鼾睡"，谁也不愿意让一个对自己虎视眈眈、令自己感到如芒在背的人一直待在身边，所以他们会想尽一切办法来打击对手。而最好的方法，莫过于找到对手身上的弱点，一举将其击垮。

在优胜劣汰的职场竞争环境中，只有保护好自己的"软肋"，才能立于不败之地；谁能够抓住对手的弱点，谁就占据了打倒对手的先机。

对于刚刚入职的新人来说，由于缺乏职场内部"政治斗争"的经验，很容易在一些表面是朋友、实际是敌人的同事面前丧失警惕，推心置腹地把自己的隐私和缺点告诉对方，以为这样就可以加深自己与同事之间的"友谊"，这种幼稚的想法恰恰让对手达到了自己的目的。

有的时候，即使是自己有意或无意之间表现出来的一言一行，也会被对手牢牢抓住，进而大做文章。这一点，别说是职场新人，就是久经考验的职场老手，有时也会头脑发昏，犯下严重的错误，给自己带来很大的麻烦，就连张居正这个纵横官场几十年的老手也不例外。

一般人处于光线比较暗的场所，双方彼此看不清对方表情，就很容易减少戒备感而产生安全感。在这种情况下，彼此产生亲近的可能性就会远远高于光线比较亮的场所。心理学家将这种现象称之为"黑暗效应"。

在黑暗效应的影响下，职场新人很容易暴露自己的弱点和软肋，要知道，过于坦诚，是自己受伤的软肋。

社会上，既有君子，也有小人，不是每个人都心怀善意，奸诈之人很多。在平常的行事上，要有所保留地坦诚，才是正确之道。

诚信得没原由，只会将自己置于危险境地，时刻引来重重杀机，那将是十分糟糕的状态。做人，过于坦诚，随意流露心性，这种不计后果、伤害的行为，会让自己完全暴露于他人的眼线之下，把自己推向一个非常尴尬的位置。

现实中，笑面虎、老好人，比比皆是，很多人会采用伪善的手段，掩盖掉自己的真实目的。你在不了解对方的情况下，随便交心，倾吐苦楚或委屈，会让自己陷入万劫不复的困境。

不要被他人的一句问候、一个笑脸，打动得温情脉脉，放松了警惕。一旦你因此痛哭流涕、推心置腹，完全没有防人之心，很可能惹来杀身之祸。江湖险恶，最毒的是人的心。一定要改掉自己爱乱说、胡说的习惯，遇到危险性人物，尽可能封锁信息，减少上当受骗的概率。

身在职场，言语、行为的失误，性格、能力方面的缺陷，甚至是一些个人隐私，都可能成为敌人对自己进行攻击的"明枪"和"暗箭"，如果不在这些方面注意保护自己的话，就很可能出现"大意失荆州"的危险。《三国演义》中，关羽勇武非常，令敌人闻风丧胆，但他有个致命的弱点，就是太过骄傲，除了自己的大哥刘备、三弟张飞，谁都瞧不上眼。东吴大将吕蒙正是抓住了关羽这个"软肋"，与陆逊联手，先是用言辞卑微的书信骗过了关羽，然后趁着关羽攻打曹操的时候，突然对荆州发动了偷袭，等到关羽明白过来的时候，自己也只能败走麦城了。

职场就是没有硝烟的战场，它的残酷程度丝毫不亚于真正的战争，对那些想在职场干一番大事的人来说，在与对手的较量中，无论自己处于什么位置，是优势也好，劣势也罢，都不要急于发动进攻，要先想一想如何巩固后方，不要让对手乘虚而入。

谨记一句话：小心驶得万年船！

◯ "黑锅"让别人去背

人生不如意事十之八九，在职场中，更不可能事事顺心。有的时候，因为上司的错误，往往使整个团队的工作都出现差错。这时，上司为了推卸责任，就会找一个下属当"替罪羊"，人们往往将这种情况称为"背黑锅"。

人们都说"姜是老的辣"，但张居正这块"老姜"也有险些替人"背黑锅"的时候，幸好他及时抽身退步，才避免了一场大麻烦。

在"王大臣案"中，张居正就险些替冯保背上陷害高拱的"黑锅"。事情的起因还是冯保和高拱的矛盾。

在职场中，一个人如果辞职了，就意味着两个人的矛盾也平息了。但官场却不同于职场，古代官员的辞职并不意味着政治生命的结束，因为他还有东山再起的可能。

虽然冯保在张居正的默许下把高拱赶出了内阁，但冯保对高拱依然恨得咬牙切齿，非要把他置于死地才甘心。

正巧此时皇帝的侍卫在皇宫附近抓住了一个名叫王大臣的逃兵，冯保认为这是一个彻底打倒高拱，甚至是让高拱丧命的好机会，于是便拉着张居正一起策划了一个陷害高拱的阴谋。

在严刑拷打之下，王大臣"招认"，是高拱主使自己刺杀皇帝的。张居正尽管心里不想做这样龌龊的勾当，但一想到可以借此机会巩固自己的地位，防止高拱再次夺权，再加上冯保的劝说，他最终还是默许了。

在这里，张居正和冯保两个人根本算不上是上司和下属的关系，但为了共同的利益——继续打压高拱，直至将其消灭，使自己的地位变得更加牢固，两个人还是联合在了一起。

令人感到意外的是，很多大臣一听说这件事，都本能地认为高拱是被张居正陷害的——阴谋本来是冯保策划的，张居正只是默认，并没有直接参与什么行动，但按照事情这样发展下去的话，"黑锅"就要由张居正来背了。

于是，很多大臣都到张居正家里去为高拱求情，这个计划遇到了冯保和张居正没有料到的巨大阻力，而张居正又犯了一个致命的错误——把经过自己窜改的王大臣的口供交给了几个大臣看。

这让那些大臣抓到了把柄——口供是不得私自涂改的。张居正知道不好，于是劝说冯保不要再继续进行这个计划了，但冯保却不肯听——两个人一旦起了矛盾，那么事情成功的概率就很低了。

张居正只能采取一个非常手段：派人给王大臣吃了哑药，第二次审理案件时，王大臣无法说话，负责审理案件的官员在张居正的授意下，胡乱地了结了这件案子。

在这样的危急关头，张居正首先应该考虑如何自保，冯保是个太监，而且名声本来就不好，所以群臣的注意力集中到了张居正身上。如果处理不好这件事，那么"勾结太监、陷害高拱"这个"黑锅"张居正就背定了，其结果也是不堪设想的。

张居正正是看清了这一点，才匆忙了结了这件案子的，这样既可以维持自己不想陷害高拱的初衷，同时也等于是拉了冯保一把，否则，冯保可能就难逃陷害高拱的责任了，一旦冯保出事，那么张居正恐怕也不能自保。最终，张居正不仅甩掉了即将落在自己背上的"黑锅"，而且摇身一变，成了一个拯救冯保、高拱于水火之中的"好人"。

人的本能都是趋利避害的，上司找人"背黑锅"，也是为了自保。几乎所有人在感到大祸临头的时候，都会想办法躲避危害，那为什么还会有人愿意"背黑锅"呢？

原来，"背黑锅"也是有好处的，替上司背了"黑锅"，就会赢得上司的好感，让上司把自己当成心腹。民间有句俗话，叫做"舍不得孩子套不着狼"，可谓道出了那些愿意为上司"背黑锅"的人的心声。

当然，"黑锅"不一定是上司让下属背的，也可能是同事之间出于"义气"才这么做的，但不管怎样，"背黑锅"就意味着代人受过。

有的时候，为了搞好上下级之间的关系，在上司有难处的时候帮他一把，确实是好处多多，利大于弊。但是，并不是什么样的"黑锅"都可以随便替别人背的，如果事先没有考虑好后果，就无条件地承担本应由上司承担的责任，那么结果可能会很惨。

那些想通过替上司"背黑锅"来换取自身利益的人，往往利益没得到，反而让自己得到了开除或降职的处分。

有些人职场经验太少，或者轻信上司的许诺，于是就天真地认为：只要自己帮助上司逃过这一难，上司日后一定会好好报答自己；即使在承担责任的时候遇到一些危险和阻力，上司也会设法来解救自己。

殊不知，责任本来应该是团队成员共同承担的，作为上司，他的责任比下属还要大，如果为了帮助上司逃避责任，下属就把所有的责任都揽到自己身上；那么本来应该由大家均摊的责任都压到下属一个人身上，在很多情况下，这种责任根本就不是下属一个人能承担的了的，有些人还为自己替上司"背黑锅"能得到上司的器重而沾沾自喜，可是在不知不觉间大祸已经临头了。

任何利益都应该凭借自己的力量光明正大地争取得来，用"背黑锅"的办法换取利益，既不光彩，也未必划算。因为你一旦受到了严厉的惩罚，就追悔莫及了。

对一般的职场人而言，无论做什么事情都不要冒险、不能粗心大意，要做到事事要有根据，这样即使出了问题也有充分的回旋余地。

替上司背黑锅的行为是十分危险的。一般而言，有关工作的指示和命令，是由上级发出的，下属只是执行而已。照理说，责任在上级。希望通过帮助上司逃避责任来解救自己，是很幼稚的想法——责任是大家共同承担的。

很多工作都是上下级或同事之间一起做的，所以一旦出了问题，首先要分析责任应该由谁来负，性质严不严重，决不能在不假思索的情况下就随便答应"背黑锅"。如果是一些重大的恶性事故，如造成重大的经济损失、政治影响的事故，那么无论如何，都不要去承担责任。

职场中的替罪羊定律是指，企业管理中有"职能羊"，这种管理者的职责范围与其他部门的工作交集比较多，矛盾自然也多。

理论上来讲财务部门正符合这个特点，但恰恰相反，出于企业管理控制的原因，财务部门往往会独立于理念冲突之外，相反，前沿部门，诸如营销部或是市场部，因为疏离于企业的管理核心，最容易成为职能羊。

总之，要最大限度地保护自己，不做职场替罪羊。若是触犯了法律，就更应该懂得法不容情的道理，法律面前，任何人都不可能徇情保护你，即使上司或同事在面前许下了多么动听、让人动心的虚假承诺，也千万不能相信。

如果上司非要将责任推到你的身上，甚至是恶意栽赃、陷害，那么就必须毫不客气、实事求是地进行申辩。为了防止这种情况出现，在工作过程中，要事先做好记录，留下可以证明自己清白的资料。

任何工作都有一定的风险，如果不注意保护自己，那么结果就可能是：好处都被别人捞，"黑锅"由你一人背！

❀ 学会站队

嘉靖时期有两场有名的政治斗争：一场是夏言与严嵩的斗争，另一场是严嵩与徐阶的斗争，在这两场斗争里，严嵩都是核心人物。

在这两场历经数十年的政治斗争面前，张居正肯定要做出反应：第一，他要面临一个站队的选择，也就是向左走还是向右走，应加入哪一个政治集团的选择。第二，因为靠近权力中心，而他自己的官职又不太高，所以张居正不用过分卷入两场政治斗争的旋涡，也就是说，他可以在这两场最为精彩的政治斗争里冷静、客观地学到很多东西。

张居正在掌权之前，也就是在他实行万历新政之前，他还经历了另外两场著名的政治斗争，分别是徐阶跟高拱的斗争，以及高拱跟张居正的斗争。这两场斗争中，张居正卷入程度越来越深，甚至成了政治斗争的主角，并最终获得了胜利。

站哪个队，跟谁混？按道理要找最高的当权者，张居正也应该选择严嵩阵营，因为严嵩是内阁首辅，是宰相。徐阶虽然是礼部尚书，但跟宰相还是没得比。

从要向高层汇报思想、提建议的角度，当然应该去严嵩那儿；另外，就加入某个政治阵营的角度说，严嵩这边儿也更有势力，加入进去个人也更有发展前途。所谓"良禽择木而栖"，这个"择木"俗话里就是"攀高枝"，宰相这边明显比礼部尚书那边高，所以怎么看张居正也没有必要犹豫，他的选择应该很明确：去严嵩那儿。

但是，这个时候的张居正却犹豫了，因为他知道，自己的选择将会对他的政治生涯造成重大的影响，他要慎重。张居正虽然不了解严嵩，但直觉上觉得不能跟严嵩靠得太近，因为张居正从骨子里感觉到：严嵩虽然是个权臣，但跟自己心中所想象的政治家的形象相比，总还有不小的距离，反倒是自己的老师徐阶，一身正气，一心为国，虽然此时权势远不如严嵩，但总让张居正觉得那才是他发展的方向。

张居正在做出这个选择的时候，是需要冒很大风险的，因为当时随着徐阶地位的提高，嘉靖皇帝越来越倚重徐阶，严嵩看到后，就想着法子打压和迫害徐阶，不仅徐阶，凡属于徐阶政治集团的人，他都会打压、迫害。

严嵩当时权势熏天，官场上很多人都不敢跟徐阶走得太近。张居正却是一个特例，他一方面跟徐阶走得很近，另一方面跟严嵩的关系处得也很好，严嵩虽然看到他跟徐阶的关系很近，也不是很在乎，继续器重他。

张居正虽然从"庚戌之变"中认清了严嵩的本质，也从政治立场上与严嵩集团划清了界限，但他还是一如既往地与严嵩保持着良好的接触。

逢年过节，甚至严嵩过生日的时候，他还是会写祝贺的诗文，甚至在明知严嵩、徐阶矛盾加剧的情况下，也会很自然地提起自己与徐阶的交往。这既让严嵩保持了对自己的好感，也让严嵩错误地认为，自己与徐阶的关系并没有达到什么了不起的地步。

这就是张居正聪明的地方，有些东西越藏在暗处越让人猜忌，越放在明处越让人放心。一直到严嵩最后被徐阶扳倒，张居正从私人关系上也一直保持着与这位大奸臣的接触，这不能不说是一种比较突出的政治胆识。

江湖险恶，有人的地方就有江湖，有江湖就有争斗，一个人只要身在江湖，就永远无法躲避江湖争斗的旋涡。

有人会说，江湖是武侠小说里虚构出来的，现实世界中并不存在。但是，请看今天的职场中，哪个企业的内部，甚至是办公室内部没有几个小团体呢？小团体是相对于整个企业、整个办公室而言的，小团体的"带头大哥"往往是某个部门的实权人物，他们为了获得更大的权力，都会拉拢一些人，结成利益联盟，然后展开异常激烈的竞争。

职场新人，尤其是那些才能出众，表现优秀的新人，也成了小团体竞相争夺的"香饽饽"——新人加入某个小团体之后，就意味着这个小团体的实力得到了增强，在与其他小团体争斗的时候就能够多一些胜算。

这种情况下，有些不知深浅的职场新人就有些飘飘然了——我竟然如此重要，领导都争着抢着要拉拢我，看来我离升职加薪的日子不远了！但是，聪明一点儿的职场新人却能够凭着自己敏锐的嗅觉察觉到危险和机会同时来到了！

当一个职场新人面临加入哪个小团体的选择时，实际上就是一场以自身前途为筹码的豪赌。要知道，在中国，素来有"一朝天子一朝臣"的说法，如果站错了队、投错了山头，一旦小团体的领导垮掉，那么所有小团体的成员在这个企业的职场生涯基本上就算到头了，即使没有离职、降职这么严重的后果，恐怕也不会再得到升迁的机会了。

职场竞争，有时比战争还要残酷。所以，当聪明的职场新人面临这种艰难选择的时候，就需要好好费一番思量了。

职场中，小团体的争斗就像一个庞大的飞速旋转的旋涡，要想做到置身事外是很难的，所以当我们面临两位领导同时抛来的"橄榄枝"时，接哪个与不接哪个是大有学问的。

张居正的聪明之处在于，他首先考虑的是如何保全自己，严嵩权势熏天，而且心狠手辣，如果与他为敌，那么肯定是贻害无穷；至于徐阶，张居正相信老师一定会明白自己的苦心的。

所以，他在表面上接过了严嵩向他抛出的"橄榄枝"，使严嵩相信他成了"自己人"，而暗地里，张居正又把天平倾斜向了徐阶一方。当然，这一切做得不动声色，徐阶和张居正心领神会，只把严嵩一个人蒙在鼓里。所以，张居正既避免了在严嵩当权时遭祸，也避免了严嵩倒台以后受到牵连。

当然，成功是不可复制的，经验是用来学习领会，然后再融会贯通恰当应用的。职场新人面临的情况可能与张居正不尽相同，所以不能在不加分析、考虑的情况下照搬照用——这可是典型的教条主义啊！

不过，万变不离其宗，从张居正的例子中，我们还是可以总结出一些规律来的，把这些规律当做自己恪守的原则，就能做到处乱不惊，步步为营。

在职场中，你可能会发现形形色色的小团体。即使你不是个与世无争的人，也不要轻易加入到任何一个小团体中。

在职场中有一个酒与污水的定律，意思是一匙酒倒进一桶污水，得到的是一桶污水；把一匙污水倒进一桶酒里，得到的还是一桶污水。

所以说，不管新人是酒还是污水，最后只能陷入小团体的污水之战中。

因此，不管什么时候，都要把自保作为最基本的目标。"留得青山在，不怕没柴烧。"如果自己面临卷入小团体争斗旋涡的危险，要先看看自己能否不参与。

如果自己实在无法躲避，那么也应该仔细分析，哪一方的前途更加光明。切记一点：目前势力最大可能只是强弩之末，势力较弱的也可能成为明日之星。明白了这一点，就不难做出明智的选择了。

◎ 距离产生美

古人云："来说是非者，便是是非人。"也许有人会带着一种嘲讽的口吻说："搬弄是非是小人的一大显著特色。"的确，几乎所有人都鄙视小人造谣生

事、中伤他人的行为，但如果一个人只知道鄙视小人，却不知道应该以一种什么样的态度来对待小人，那么迟早自己也会成为"小人故事"里受伤的那个角色。

张居正不是小人，但他懂得如何与小人相处，最终成为"小人故事"中最大的受益者。

当领导被小人迷惑之后，小人便会扬扬自得地以为自己成了领导的"心腹"，于是更加起劲儿地收集下属和同事的言行、隐私，这样不仅可以弄清楚职场内部的势力关系，也可以抓住被嫉妒者的把柄，然后报告给领导，借助领导的力量来除掉他们的眼中钉、肉中刺。

身在职场，就要与形形色色的人打交道，为了避免惹祸上身，所以当遇到喜欢搬弄是非的小人时，尤其要小心应对。

孔子说："唯女子与小人为难养也，近之则不孙，远之则怨。"老夫子的话在今天看来，是有一定道理的：小人这种动物，要与他保持适当的距离，不能太近，也不能太远。对小人的态度太过亲热，就会失去自己的尊严和名誉；对待小人太冷淡，则可能让小人心怀怨恨，做出对自己不利的举动。在这一方面，张居正的处理可以说是不温不火，恰到好处。

在中国历史上，太监几乎可以说是小人的代名词，尽管太监里也有好人，但却不能代表大多数。史书上留名的太监基本上都与专权误国脱不开干系，有些皇帝害怕大臣不忠，就重用身边的太监，所以也很容易受太监的蒙蔽。

冯保就是一位喜欢造谣告状的太监、小人，他与内阁首辅高拱的矛盾已经成了公开的秘密。高拱的才能有目共睹，就是为人过于傲慢，而且非常专横，对当太监的冯保更是一百个看不起，所以冯保忌恨高拱几乎是确定一定以及肯定的。而且，由于高拱对张居正的多次"敲打"，也让张居正感到如芒在背，整天担心自己被高拱给赶出内阁。

对冯保来说，他要做的就是等着高拱犯错，然后向新皇帝万历告一状，把高拱赶走。错误不用多，一句话就可以。高拱也是不争气，很快就成全了冯保。

隆庆皇帝临死之时，拉着高拱的手说："太子就拜托您了。"高拱在万分悲痛之下，说了一句话："十岁天子，何以治天下！"意思是说：靠自己一个人的力量来辅佐一个十岁的小皇帝治理天下，压力实在是太大了。

冯保听到这句话之后非常高兴，安排好了之后，他跑到万历皇帝和李太后那里，说高拱为臣不忠，图谋不轨，因为高拱在先帝驾崩之时说："十岁孩童，如何做天子！"

在这里，冯保充分展现了小人本色，他把高拱的原话改动了几个字之后，使含义发生了巨大变化：十岁的孩子怎么能做天子呢？高拱是对隆庆皇帝选的接班人不满啊！难道他想废了万历皇帝，甚至有篡位的野心？

万历皇帝和太后听了冯保的话以后大吃一惊，赶紧下了一道圣旨：罢免高拱内阁首辅的职务，令他立刻离开京城，回家养老。因为一句话，高拱的政治生命立刻被终结，真的被连窝端了。

冯保在陷害高拱之前，曾经派人到张居正家里，把计划告诉了张居正。张居正听了以后，既没有明确表示同意冯保的做法，也没有把冯保的计划告诉高拱。不说话就是默认，于是冯保对高拱下了黑手。

在这件事情上，张居正之所以保持沉默，也是迫于无奈：冯保虽然是个太监，但却是万历皇帝身边的红人儿，被万历皇帝亲切地称为"大伴"，对皇帝的影响实在是太大了，尽管张居正受儒家思想教育多年，不赞同向高拱背后捅刀子，但他也不敢在这件事上得罪冯保。张居正只能采取默许的态度。

高拱不能处理好与冯保的关系，结果被冯保设计陷害。经过这件事以后，张居正更加深刻地意识到，要想巩固自己的地位，那么就千万不能得罪冯保——甚至是其他太监，不管是冯保也好，还是其他太监也罢，都要处理好自己和他们之间的关系。否则，一旦太监在皇帝耳边说自己的"闲话"，那么自己也会大祸临头的。

直到去世，张居正一直都安稳地坐在首辅的位置，很重要的一个原因，就是因为他十分妥善地处理了自己与冯保之间的关系。要知道，小人的报复心是最强的，有个成语叫做睚眦必报，说的就是这一类人。如果得罪了小人，那么关于你的闲话就会产生，而且上司听到的概率也比别人要大得多，这就是小人的能量。

除了不得罪小人，还要尽量保持与小人的距离——距离太远，会让小人觉得你看不起他，从而对你产生怨恨，这样当然不可以。

像张居正那样，就算支持冯保，也不明说，而是采取一种默许的态度，你做，我不说。这就可以了，否则就很可能被冯保拴住，成为一条绳上的蚂蚱。

一般来说，小人对别人的隐私都有着异乎寻常的兴趣，他们喜欢打听、议论别人的隐私，所以当小人向你打听某些人的隐私，或是说某人的坏话时，就应该巧妙应对了：你说，我听，事后我不说；你问，我答，一问三不知。

在小人的字典里，是没有"诚信"两个字的，所以他们不会为别人保守秘密，如果他们从你嘴里听到了别人的秘密，那么用不了多久，你的话就会传到别人的耳朵里。

古人早就告诫我们，宁可得罪君子，不要得罪小人。身在职场，难免会遇到喜欢搬弄是非的小人，当职场内部因为小人的缘故而流言四起时，聪明人就应该学会如何与小人相处：对于那些喜欢传播流言的小人，既不能和他们沆瀣一气，也不能横眉冷对。最好的办法就是使双方的关系既不太远也不太近，既不刻意讨好也不过于苛刻。

心理学上有"自己人"效应，就是说要使对方接受你的观点、态度，你就不惜同对方保持"同体观"的关系，也就是说，要把对方与自己视为一体。对待近之则不逊远之则怨的小人，不妨试试运用自己人效应，使小人放松警惕，只有这样，才能避免来自小人的伤害。

现代职场中，人际关系非常复杂，在与同事相处的时候，一个人如果不在细节上谨慎对待，就会出现得罪了人自己还不知道的情况。也许有人会用"成大事者不拘小节"这样的话来反驳，的确有些"小节"是不必在意，但是，有些"小节"往往会给人带来大麻烦。

张居正就没有吸取此类教训，也许他是知道的，但因为自己的地位太高、权势太大了，连皇帝都怕他三分，绝对的权力导致绝对的腐化，张居正变得非常骄傲，于是就在细节上出现了很多的纰漏：例如张居正在给皇帝的奏章中自称为"孤"，那可是皇帝专用的称谓；百官们也趁机拍马屁，奏章里甚至不敢写"正"字，这也是皇帝才有的避讳；张居正还说过"我不是宰相，而是摄政"；在他家还挂着"日月共明，万民仰大明天子；丘山为岳，四方颂太岳相公"的黄金对联——下联的意味比上联还高，也就是说，他把自己的地位放在了皇帝之上。

所有这些行为都是大逆不道的，如果换了别人，十个脑袋也不够砍的；但他积威已久，从来没有注意到这些能要人命的细节，所以死后才被万历皇帝狠狠地清算了一把。

成也细节，败也细节，既然细节那么重要，那么我们应该从哪些方面着手进行注意与改正呢？其实方法未必很复杂，往往都是通过一些小事来体现出技巧。

例如，恰逢单位中有了好事，那么此时应该及时通报给大家，如果有同事暂时有事不方便，那么你也可以帮助其代领。这样可以帮助你迅速融入这个集体当中来。如果你自己知道就完事了，也不和大家交流，大家就会觉得你太不合群，缺乏合作精神，也就会慢慢疏远你。所以切莫忽视细节，细节在很多时候才是决定你成败的关键。

管住嘴巴

说话是一门艺术，会说话的人能够让听者由衷地感到舒服，也比较容易达成自己的目的；不会说话的不仅办不成事，还很容易得罪人。

很多成语都是告诫人们要管住自己的嘴，以免为自己招来祸患，如"言多必失"、"直言贾祸"、"祸从口出"等等。张居正很早就意识到了这个问题，所以他的话往往都是经过深思熟虑的，在不该说话的时候，他也能够控制住自己的情绪，先是暂时隐忍，然后才寻找机会实现自己的目的。

高拱当上内阁首辅以后，十分害怕有人抢班夺权，因此对内阁其他成员总是怀着深深的敌意。张居正的地位岌岌可危，自己数十年的心血很可能在某一天付诸东流，那可真是"辛辛苦苦几十年，一朝回到解放前"了。要是换成别人可能早就急得跳起来，就差抄家伙砍人了。但是张居正依旧不动声色，不过表面风平浪静，暗地里他可是一点没闲着，联合冯保，直接来阴的，一棒子打翻高拱，让他永世不得翻身。

与张居正相比，有些职场新人的表现可以说是相当不成熟，他们年轻气盛，性子急躁，跟别人说话的时候也是心直口快，想到什么就说什么，结果自己得罪了人还不知道，有的甚至因为一句话说错了就给自己招来大祸。其实这些人也许并非不知道自己有这个缺点，但往往是事到临头的时候就控制不住自己，那种感觉真的是如鲠在喉，不吐不快。因此，他们也感到很迷茫。

在职场上生活，就像武侠中形容的"江湖"一样，到处是明枪暗箭刀光剑影。即使平时同事相处非常融洽，但请你要在聊天的时候管好自己的嘴巴，不然就很容易"祸从口出"。说话不经大脑，是直率的表现，但是在职场，也是不成熟的表现。很多时候，你说的话，恰恰是老板或同事最不想听到的。

的确，这个社会本身就是非常复杂的，在为名利激烈争夺的职场中，一不小心，自己的一句话就可能得罪人。俗话说"说者无心，听者有意"，随口的一句戏言也很可能成为别人攻击自己的利器。很多嫉贤妒能的小人就专门等着有人出现"口误"，然后搞一些小动作，把或明或暗的对手整垮。

在这样险恶的环境下，应该何去何从呢？说出口的话就像泼出去的水，是无法收回的，所以，最好的办法就是管好自己的嘴，该说的时候说，不该说的时候就算肺都气炸了也要把嘴闭紧。

牙齿那么坚硬，却是最容易掉落的；舌头那么柔软，却能够安然无恙。张居正从中得到了很大的启示，"假话全不讲，真话不全讲"，这句话虽然有些势利与庸俗，但用来指导职场人如何待人接物，却堪称至理名言。

说话惹祸的情况无外乎以下几种情况：戳中了别人的痛处、惹来别人的猜忌、破坏了大家的兴致。最危险的一种，是自己的话被有些别有用心的人利用，对你进行诽谤、中伤。

祸从口出，因此一定要做到说话谨慎小心，帮助自己趋吉避祸。如果不想被他人出卖、算计，或是想维持某种关系，一定要改掉口无遮拦的毛病，尽量少招惹是非。克制自己的性情，采用恰当的语言，是维护良好关系的关键。

说话不在多，在关键时刻表达自己的观点即可。什么话该说，什么话不该说，能达到什么样的效果，或在对方心理产生什么样反应，是一个精细活，值得个人仔细考究。学会"该怎么说？该如何说？"才不会惹祸上身。因此，如何避免祸从口出，将极大考验着人的智慧层次。

战国时魏国的范雎才华横溢，齐王想收买他却遭到了拒绝，范雎把这件事情告诉须贾，妒忌他的须贾诬告他通敌，几乎把他打死，又把他抛进茅厕，蒙受奇耻大辱。后来范雎死里逃生，改名换姓来到秦国，依靠自己的才华当上了秦国丞相。后来须贾出使秦国，范雎把自己伪装成落魄的样子，来见须贾，须贾心生恻隐，送给范雎一件袍子。范雎见他还有良心，就没杀他，羞辱一番后放他回去了（当然也有他的政治目的）。

当然我们在职场生活中不必让对我们不满的人血溅七步，只需要从容应对，尽量少树敌，或让敌手阴谋不能得逞即可。这样能显示出你的宽容大度，会让其他人心服口服。

对于那些做事或讲话有些急躁的人来说，在你发表意见之前，一定要三思而后行，考虑周全之后再说出来。不要急于发表意见，有时如果说不好自己的看法是否适合，就索性不说。

可以在发表意见之前，先问自己三个问题，如何确实合适，那就说出来。第一个问题："我现在很冲动吗？"第二个问题："我现在的言谈举止会让别人感到不舒服吗？"第三个问题："我如果说出来了，会引起不好的事吗？"

你还可以强制让自己忘掉那些让你生气或情绪激动的因素，只是就事论事，在说话前一定让自己基本平静下来。还可以通过心理暗示的方法，不断告诉自己有着极为广阔的胸怀，这种小事何必着急。并在日常生活中，时刻注意培养此种气质，这样长期坚持，就可以摆脱自己急躁而口无遮拦的状况了。

对嫉妒你的人的行为举止要始终保持警惕，三思而行，进行冷静判断。这种人一旦出现异乎寻常的举动往往都是别有用心，企图陷你于不义，所以此时要注意仔细分析其动机与可能带来的突发情况，审慎处理，以免自己在不知不觉中上当吃亏。

古人早就告诫我们，宁可得罪君子，不要得罪小人。一句随便说出的话，却弄得别人十分"不得意"，有点"一石激起千层浪"的意味。

这种现象在心理学上，被称之为"瀑布心理效应"，即信息发出者的心理比较平静，但传出的信息被接受后却引起了不平静的心理，从而导致态度行为的变化等，这种心理效应现象，正像大自然中的瀑布一样，上面平平静静，下面却溅花腾雾。

如果能够坚持低调行事，不炫耀自己，不急不躁，就算对别人不满，也要将自己的真实想法隐藏起来，暗中发展自己的实力，壮大自己，也就是不要逞一时之气，徐图发展。另外，还要谦虚谨慎，不要因为张扬而树立敌人。

有时也得"夹着尾巴"做人

有这样一些人，他们总是幻想凭借一己之力来改变身边的整个环境。然而，一个人的力量何其有限，在连生存都成问题的情况下妄图去改变环境，简直是痴人说梦。

一个思想成熟的人应该明白这样一个道理：环境是无法轻易改变的，要想实现自己的理想，首先应该学会适应环境，然后再利用环境为自己谋划未来。

在处理个人与环境关系的问题上，张居正为我们指明了方向，在他看来，"形势"之"势"就是"适合"之"适"，人需要主动适应环境，而不能要求环境适应自己。而他本人，恰恰经历了从改变环境到适应环境的转变。

同样，在职场当中，一个人也是无法轻易改变周围环境的。一个人的力量是有限的，而整个集体的力量却没有限量，二者相比较，个人的力量势必处于下风。我们平时经常听到的"个人利益要服从集体利益"，正好说明了这一问题。

在一个组织中，不同的人会结成利益集团，这些利益集团有大有小，势力也各不相同，但有一点可以肯定，那就是任何一个利益集团的实力都要大于个人，就算你有能力打击其中的某一个或某几人，也无法消灭掉整个团体。

因此，我们应该记住，在职场中生存，即便是周围环境令你无法忍受，甚至说环境本身就是个违背常理、违背潮流的大错误，你也不能急于改变它。

如果你按照自己的意愿做了，一般会有两种恶劣的结果：一是得罪了单位里的某些人，使之对你恨之入骨；二是触动了整个组织的利益，使得你所在的团队从上到下都对你"口诛笔伐"，让你难寻容身之所。张居正初入官场时，就是因为看到了这一点而使自己的热血"降温"的。

1549年，年仅二十五岁的张居正向嘉靖皇帝呈上了《论时政疏》，上面列举了当时朝廷存在的六大弊病：第一，皇亲国戚骄横腐化，占用了大量社会资源；第二，官员任用不合理，无法做到人尽其才；第三，官场腐败现象严重；第四，北方边境军备力量薄弱；第五，由于统治阶层的奢靡、腐化，致使国家财政入不敷出；第六，朝廷言路闭塞，皇帝不能及时看清国家的弊病。

平心而论，张居正所提六点问题针针见血，大明王朝如果不把这些问题解决掉，迟早要走上"倒闭"之路。按理说，张居正的《论时政疏》是"企业"改革的金玉良言，企业老总——嘉靖皇帝理应重重赏他。

可是在当时，张居正的做法却触动了多数"高层"的切身利益。因此，尽管张居正的《论时政疏》有利于整个大明王朝的发展，但是却不被高层所认可。至于嘉靖帝，则一心想得道成仙，根本不在乎什么政治腐败、财政赤字，只要没有人抢班夺权，他就可以安安稳稳地过自己神仙般的生活。

正是在这种情况下，张居正的合理化建议如泥牛入海一般，交上去就没了下文。聪明的张居正终于明白，他以一个小小的翰林院编修的身份想要改变整个朝廷现状，无异于螳臂当车，最终结果就是，车还是会向悬崖冲去，而自己则会在车轮的碾压下粉身碎骨。

幸运的是，张居正及时看清了形势，他深知，凭借一个人的力量是斗不过整个官场的，与其去改变环境，还不如让自己先适应环境，等时机成熟再去考虑如何重整朝纲。

就这样，吸取了职场经验教训的张居正请假三年，他利用这段时间反思自己的行为。当他想好以后再次回到官场时，风格跟以前大不一样了：他不再以一名小职员的身份去议论高层领导人的得失，而是夹起尾巴做人，对任何人都恭恭敬敬。

正因为这样，他才得到了领导的一致认可，就连他一直恨之入骨的严嵩也对他颇为看好；也正因为这样，张居正才得以在与自己意愿未必相符的官场环境里如鱼得水。假如他一味地与环境对着干的话，恐怕他将死无葬身之地。

在现实生活当中，这种类似的情况恐怕并不算少：

企业内部存在分配制度不公平、人浮于事等现象，即使你是出于好意向领导提出整改意见，还是可能会遭到喜欢吃"大锅饭"的人的围攻；尽管领导有权下达改革命令，但是当他面对无数双愤怒的眼睛时，也只能违心地批评你两句（这还算是好的情况）。

这样一来，你不但没能成为"改革先驱"，相反，还会遭到大家的排挤，最终极有可能在这股逆流中被淘汰出局，同时还会被人扣上"不合潮流"的帽子。

人在不同的环境里，由于长期的耳濡目染，其性格、气质、素质和思维的方式等方面都会有明显的差别，正如人们常说的"近朱者赤，近墨者黑"。这种"泡菜效应"揭示了"人是环境之子"的道理，

所以说，如果你无力改变环境，莫不如老老实实地去适应环境，这样一方面可以使你远离灾祸；另一方面，也可以帮助你减少抵触情绪，使你过得更舒心，增强生命的包容力。客观环境是否能对人造成影响，个人的态度占了重要部分。只要你不愿意，外界再恶劣的因素，也无法强加于你。

遭遇环境的冲击，一定进行妥善处理。否则，暗潮越积越重、灰色越抹越深，会让生命遭受致命的打击，造成元气大伤。长期身陷心理的危机，如果得不到解决，将会大大损耗生命的成本。

人，只有建立起思维的包容性，维持一种开放性的态度，才能从意识上摆脱现实的禁锢。这种思想上的重生，将大大降低人的期望值，摒弃环境的阴暗，

从而大大提升生命的满意度。否则，在一次又一次的失望与僵持中，只会让人滑向崩溃的堕落边缘。

作为职场中的一员，最大的忌讳就是妄图以个人之力与整个团队为敌。即便你是出于好意，是想要改变落后的现状，也很有可能因此而遭来其他人的忌恨。

也许你并不在乎别人对你的看法，而只关心整个团队的发展，可是你要考虑清楚，你这样做就好比拿着鸡蛋撞石头，石头纹丝不动，可是鸡蛋却碎了。问题的关键就在于，你这枚鸡蛋碎得毫无价值！

因此，如果你无力改变环境，莫不如老老实实地去适应环境，这样一方面可以使你远离烦恼，另一方面，也可以帮助你减少抵触情绪，而不是整天跟环境怄气。

总而言之，作为一名职业人，千万别跟环境过不去，千万别自己找不自在。

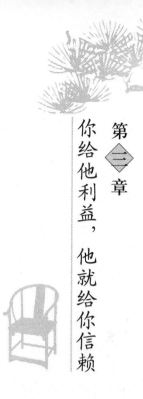

第三章 你给他利益，他就给你信赖

"天下熙熙，皆为利来；天下攘攘，皆为利往！"每个人进入职场的最直接目的就是获得利益，养家糊口。但是，要想获得成功，凭一个人的力量是远远不够的，还需要在自己身边凝聚起一群乐于帮助自己的人。那么如何才能让别人帮助自己呢？很显然，能够让对方在帮助自己以后获得利益是个不错的办法。也就是说，以利益为纽带，把自己和别人联合起来，才能够实现"共赢"。在这方面，张居正也有不少值得借鉴的经验，只要仔细揣摩，就一定能够获得帮助，让自己早日成功。

❖ 双赢是最好的选择

世界上没有无缘无故的给予或付出。政治家们都把"没有永恒的朋友，只有永恒的利益"当做至理名言，因为他们相信：在利益的诱惑下，朋友可以变成敌人，敌人也可以变成朋友。这一切的根源，就是最简单、最实惠的两个字——利益。不管一个人是高尚还是卑贱，他们所做的一切付出都是为了获得。

明朝建立伊始，就不断对蒙古族进行招徕，对来朝贡的蒙古人给予优厚的待遇，既授给官爵，又赏以物品，其意就在换取北方边境的安宁。

但是，一旦获得安宁，蒙古人就有了想法：明朝的天下是从我们手里抢去的，我们还要把他抢回来，重新享受原来的荣华富贵。

从明朝弘治十七年（1504）到嘉靖十一年（1532），蒙古和明朝之间的边境贸易中断了将近三十年，其间双方大多是以兵戎相见的。

这其中的原因是利益分配的冲突，因为根据蒙古族的习惯，掳掠所得一般都要平均分配，蒙古贵族们获利并不多，所以才会不断发生战争。

这时，蒙古人的首领俺答汗派使者向朝廷提出了重新开始边境贸易的要求，但明朝对言而无信的蒙古人已经失去了信心，因此拒绝了俺答汗的要求。

俺答汗不死心，但不再派遣使者，而是直接把大军开到明军大营外面，还找人传言：如果通不成，就不得不抢了。

在职场中，这样的例子屡见不鲜，合作的双方不满足以前的利益分配方式，一方以合作关系为要挟，要求多分配一些利益。此时，利益的纽带面临着是解还是散、是紧还是松的决策。

面对这个问题，内阁的两位重臣高拱和张居正的意见是一致的，明朝想要和平，蒙古人要获得生活资料，要想避免战争，就要让双方的目的都实现。因此张居正提出了四个字："封贡、互市"。

这四个字包括了三件事：首先是"封"，就是明朝封俺答等人为官，当然，俺答他们自然不会到北京或者其他地方政府中去上班，这个官只是一个虚衔，象征意义更多一些；然后是"贡"，就是俺答他们要向明朝纳贡；最后是"互市"，双方在边境找一个合适的地方，设立市场，双方自由交易，这叫互市。

这样的话，蒙古贵族能得到大量赏赐，平民也可以通过交换获得必要的生活资料，自然就不会骚扰明朝的边境了，而明朝也可以获得向往已久的和平。双方都获得了利益，而且会使蒙古人在经济更加依赖于明朝，发动战争的可能性也极大地降低了。

张居正在处理明朝与蒙古的关系时，就明确地认识到，战争不能给双方带来经济利益，于是采用互市的办法解决了双方的矛盾。

在激烈的竞争中，只有合作才能共赢，如果想选择一个人作为合作伙伴，那么就应该让对方知道跟你合作以后，他能够得到什么；如果有人向你抛出"合作"的橄榄枝，那么你也应该搞清楚，你接受了对方的邀请函，将会付出什么、得到什么。没有利益，选择和被选择也就无从谈起。

朱元璋建立明朝以后，以元顺帝为首的蒙古人退居漠北，蒙古人重新回到了游牧、狩猎的生活状态，蒙古人为了生存不得不经常侵犯明朝的边境，劫掠一些必要的生活物资，这就引发了明朝和蒙古人长久的战争。

但是，战争场面不是中原王朝的统治者所希望看到的，蒙古人也不想整天过着一种打打杀杀、饥一顿饱一顿的生活。在这种情况下，"封贡互市"势在必行。

事实上，早在明朝之前，中原王朝的统治者为了保证北方边境的安全，就已经开始通过边境贸易对北方游牧民族进行羁縻和笼络：游牧民族通常会向中原王朝称臣，表示一种政治上的臣服，中原王朝则通过对朝贡者给予优惠的"赏赐"让他们获得经济上的利益，由此形成了历史上游牧民族和农业民族之间互依存的关系。这就是合作者之间利益共存的表现。

只要进入职场，每个人都要面临利益的驱使。要使双方的合作关系保持协调，就必须以利益作为联系双方的纽带。如果一方的利益受到了损害，双方之间的合作就有可能破裂。

要合作，首先要有利益为基础，有了互惠利益才有可能产生选择者和被选择者。所以，在职场中，要善于发现无处不在的利益，这样，无论是选择者还是被选择者才能有利之所趋的动机。在职场中，不能在任何方面都处于绝对劣势，否则就丧失了进入利益追逐圈的资格。就像这里的游牧民族，如果没有特殊的资源，如果不表现得臣服，也就没有了可逐之利，就不可能被认为是合作的对象。

能够获利是形成合作的前提条件，所以，职场中，无论是选择者还是被选择者是靠彼此之间潜在的利益联系在一起的。有了利益的纽带，双方才能产生合作者之间的信任关系，合作才能顺利地进行下去。

在职场中摸爬滚打的目的，就是为了获得利益，其中就免不了要与别人合作。当利益成为双方的纽带时，就意味着双方的合作开始了，合则两利，斗则两败；当利益的纽带被扯断时，双方没有了合作的可能，就会变成敌人，那么谁也不可能得到利益。

要知道，在为利益博弈的过程中，得到利益多的一方并不一定是全胜的一方，失去利益的人也并不是完败的一方。失之东隅，收之桑榆，只要纽带还存在，终究会得到利益的。

所以，在职场中，要善于发现各种潜在的利益所在，和这些利益的所有者建立纽带的关系，要善于将潜在的敌人通过利益纽带演变为潜在的同盟。

要想抓牢利益这根纽带，就不要被利益蒙蔽了双眼。如何不被利益蒙蔽双眼呢？在看到利益时，要时刻注意"互惠"二字。

"给予就会被给予，剥夺就会被剥夺。信任就会被信任，怀疑就会被怀疑。爱就会被爱，恨就会被恨。"这是心理学上的互惠关系定律，如果能够清醒地应用在利益上，那么利益的纽带就会被应用得炉火纯青。人有三分是理智，七分是感情。士为知己者死，这就是利益纽带能够达到的最高境界。

利益是最强大的黏合剂，也是最具离间效果的稀释剂。人们可以为了共同的利益而牢牢抱成一团，也可以为了同样的利益而分崩离析。有句话怎么说来着，这个世界上没有永远的朋友，也没有永远的敌人，只有永远的利益。

◇ 察人性，顺人情

张居正说过，考察一个人的本质，顺应他的欲望，之后就可以趁机开始为自己谋划了，随后事情就会顺理成章。

当张居正向内阁首辅的位置奋斗的时候，他就清楚了与冯保的互利关系。冯保不但是司礼监的头号秉笔太监，仅次于司礼监掌印太监孟冲（高拱的人）的二号人物，而且深得皇帝、李贵妃的宠信，是在后宫中非常有影响力的人物，而更重要的是他与高拱有不共戴天之仇。只要拉拢了他，就有了很大的把握扳倒高拱。

张居正熟读史书，自然清楚太监这股政治势力的可怕：太监可以说是非常古老而传统的职业，早在商朝的时候，就已经出现了，此后历朝历代都有。由于其特殊的职业性质，所以长年陪伴在皇帝身边，日久生情，一些太监得到了皇帝无以复加的宠信与信任，于是可以呼风唤雨，权势熏天，把持朝纲，手握重兵，甚至杀掉皇帝，导致王朝灭亡。其中涌现了无数的风云人物，如赵高、张让、宗爱、李辅国、鱼朝恩、王振、刘瑾等等，都在历史上书写了血雨腥风的一页。

隆庆六年（1572）六月二十五日朱翊钧继位，年仅十岁，冯保与高拱的关系恶劣，于是张居正与冯保联手除掉高拱，高拱罢官归乡。后张居正成为首辅，在取得太后、皇帝的支持，以及内相冯保的配合下，才亲政多年。

冯保贪财好货，史载张居正先后送给冯保名琴七张、夜明珠九颗、珍珠帘五副、金三万两、银二十万两。冯保花费巨款，给自己建造了寿坟，张居正写了《司礼监秉笔太监冯公预作寿藏记》，对他歌颂不已。张居正这样做的原因是什么呢？

张居正作为一个领导者非常清楚员工的个人人格和组织人格之间的联合与妥协的关系。太监是冯保的职业，这份特殊职业所需要的组织人格极大扭曲了他的个人人格，他必须从组织中获得更多的东西才能满足他被扭曲的个人人格。所以，冯保在工作中对权力、财富的欲望非常强烈。张居正在保证自己的利益的前提下，会满足冯保的这些欲望，否则会将冯保推到他的对立面。

在张居正看来，冯保在工作岗位上的作为还是有利于组织的发展的，虽然他的有些作为影响了组织的名声，但完全以"清水"的标准来要求他，那结果只能是"无鱼"了。所以，在利益一致的情况下，适当地为了个人人格可以降低组织人格的要求，而这个度就是双方都有利可图。张居正图的是内阁的地位，冯保图的是个人人格的张扬。

等到万历时张居正和冯保便一内一外，全面掌握大权，冯保很聪明，他知道自己在搞政务治理国家方面不如张居正，也知道自己不是张居正对手，所以他没有像魏忠贤一样去夺权，而是与张居正结成同盟，张大人对他自然也要表现得够意思，容忍他的一些不法行为。所以直到张居正去世，两人一直关系很好。

说到张居正容忍冯保，就要说说人的两种人格，一个人进入职场以后，人格就会分化为两个：个人人格和组织人格（或者说是职场人格）。个人人格追求绝对自由；而组织人格要求必须放弃一定的个人自由，生存的压力必须使一个职场人放弃一定的个人人格，而顺从于组织人格。但这种顺从也是有条件的，就是能保证个人的利益回报，让人们感到自己受到了尊重，合乎每个人的人性。

春秋的时候，齐襄公派连称、管至父去守卫边关，告诉他们明年瓜熟的时候，派人把他们接回来。结果第二年瓜熟的时候齐襄公不认账了，说下一年瓜熟的时候再让他们回来。可是下一年还是被告知再等一年，连称、管至父受不了了，起兵把齐襄公杀掉了。连称、管至父就是受不了齐襄公强加给的组织人格，说白了就是不满于齐襄公侵犯了我的利益还忽悠我，结果惹出了大祸。

人都想成为利益的掌控者，因此，组织的领导者希望员工放弃较多的个人人格，遵从更多的组织人格；而个人则希望能牺牲较少的个人人格就能获得组织的认可。因此，职场中的领导者和员工都在进行成本和收益的比较分析。利大于弊当然就继续在这里干，弊大于利，那么对不起，我们就分道扬镳吧！

那么怎么才能留住人，而且让人才感觉在你这里待着很爽呢？有句古话说是：水至清则无鱼，人至察则无徒。这说明人不能太精明，什么好处都一个人占着，要考虑到别人的感受，顺应人情。要是都像齐襄公那样说完的话转眼就不认账，今年拖到明年，明年再拖到后年，那组织迟早要大乱套。准确的做法是照顾一下别人的情绪，既然他不愿意在边关干了，就把他弄回来，就算不把他弄回来，也应该安抚他，别惹出事来。

在职场中，一个组织的负责人，应该聪明地不要将组织人格和个人人格分得泾渭分明，而一个聪明的员工，也不能太过彰显个人人格而将组织人格压在最低层。这其中的度就是双方都能有利可图。

说起来容易，做起来却不简单，一个聪明的组织负责人应该如何把握这个度呢？张居正说过要"察人性，顺人情"，以此为基础给出员工想得到的利益。

忠于专业，不忠于组织是很多职业人的突出特征，这和个人品质无关。"人往高处走，水往低处流"，市场经济给了人们自由选择职业的权利。作为个人不仅要维护和发展自己的个人人格，还要维护和发展自己的组织人格；作为管理者，不但要看组织成员的个人人格，更重要的是看组织成员的组织人格。就冯保而言，他的组织人格是不健全的，因此张居正"察人性，顺人情"地给了他更多的个人人格，冯保在看到更多的个人人格的利益上，能够忠于组织（不影响张居正权力和地位）。

因此，在利益一致、双方互利的情况下，不过于看重"清水"，给出一些利益，能使员工更加忠诚于组织，这样双赢的事情何乐而不为呢？

具体地分析一下张居正与冯保的合作过程，不难发现个人人格和组织人格是这样来协同：保证双方利益是一致的，就是要认同组织的共同目标；双方能从对方身上得到帮助，就是要有协作意愿；善于沟通，就是要善于"察人性，顺人情"；最后做到遵守组织规范，就是个人人格和组织人格协同之后找到新的人格自由。

要做到这一点其实也很简单，这就是要发挥职场中的薯片定律。薯片是高热量的不健康零食，但很多人都很喜欢，可以说是一种习惯性的心理依靠。薯片有很多口味，善于发现别人最希望的"口味"，并努力让自己符合这些要求，投其所好。

比如说，上司喜欢图表形式，那就多做点图表给他看，无论是会议行程，还是度假安排。这不仅显示出你对上司喜好的尊重，长此以往，他会觉得你是一个不可或缺的得力助手。

✪ 要啥给啥，只要你张学颜好好干

张居正在打算施行一条鞭法的时候就意识到必须控制好主管财政的户部，这里将是推行改革大业的关键部门。

而当时户部缺乏一个明智、有胆识的领导。所以，在进行一条鞭法的改革之前，必须对户部进行大换血，寻找一个得力的干将执掌户部。但是户部手握财政大权，同时处理对现有亏空的整顿，所以户部尚书必须比较清廉，有胆识，善于理财，而且还必须能尽心尽力地推行一条鞭法的改革工作。

这么严苛的条件，谁才能担当起这样的重任呢？张居正觉得还是辽东巡抚张学颜比较合适。因为张学颜前不久曾上书，揭发辽东御史刘台贪污受贿，巧取豪夺，并以非法所得在家乡放贷买田，逃避赋税，鱼肉乡里。尤其难得的是，他列举了地方赋役的诸多弊端，言简意赅，一针见血，显然有能力胜任户部尚书一职。因此张居正写了请予任命张学颜为户部尚书的奏疏。

一个领导要善于将一个合适的人才放到合适的位置，但事情并没有因此而结束，有能力并非意味着有意愿，张居正必须让张学颜对改革大业产生兴趣，情愿为之努力。

首先，张居正给予了张学颜充分的信任，并在推行新政方面达成了共识，这样就为进一步沟通，共同朝着同一目标前进打下了坚实基础。

要推行一条鞭法，首先就得将天下田亩丈量清楚，这样才好合理分配。张居正及时提出先在全国范围内丈地亩、清浮粮，并请朝中大臣就此各献良谋。此时，张学颜清楚改革事关重大，牵涉到方方面面的利益，如果张首辅决心不足的话，自己很可能在中途就要倒霉，所以就试探张居正的决心如何。张居正多精明的人物啊，立刻看出了他的用意，立即表示出非常坚定的决心，给张学颜吃了定心丸。

因此，张居正给予的第二个激励就是责成户部尚书张学颜亲自主持清丈。

凡庄田、民田、职田、荡地、牧地，通行丈量，限三年完成。所丈土地，除皇上赐田外，一律按地办纳粮差，不准优免。同时，张居正还替张学颜扫清了清丈过程中的一切障碍。

清丈田亩的告成为全面改革赋役制度提供了条件，户部尚书张学颜亲自起草的一条鞭法终于到了能够全面推行的时候了。可以说是张学颜对一条鞭法的制定与推行居功至伟，而也正是一条鞭法在很大程度上成就了张居正在历史当中的赫赫声名。

官场就是职场，人们常常面临这样的困惑：领导者知道的只是员工能与不能，而不知道员工愿不愿意。领导者在面临激励问题的时候，最难以接受的情况就是员工不知道任务是什么，不知道怎样做才算是好。

一个公司的销售和市场管理部门经常要求一线的业务单位提供各种数据报告。一段时间后业务单位的员工开始抱怨："为什么他们要这么多的报告？他们难道不知道我们在一线有自己的业绩指标要完成？他们不能自己做吗？"因为他们认为上级指派给了他们工作以外的任务，并且需要无偿完成。自己的工作任务增多了，而没有收到任何好处，当然要怨声载道了。这就是上级领导没有理会员工是能不能还是愿不愿意的问题而导致的后果。

面对这样的问题，上级部门应该怎么办呢？如果这时公司的最高部门要求业务单位在提交某项报告的同时，还要把这一工作的重要性告诉业务单位，而且要把这样做的好处列出来，如果业务单位完成得很好，还要给予奖励。对于业务部门来说，数据是最有力的事实依据，又通过强调与奖励，在他们的潜意识里树立起了数据能够带来好处的暗示，因此在提供数据时就不会再抱怨了。最后的结果是业务部门提交的报告质量经常获得总部的欣赏和感谢。

上级部门并没有下命令生硬地要求业务部门必须上报数据，虽然这样做可以达到让业务部门上报数据的目的。业务部门是能够完成任务，而不是愿意完成任务。这样，带有明显的强迫意味，可能会给业务部门带来不好的心理感受，甚至影响到长远的工作效率。如果让业务部门的员工发现上报数据可以给自己带来潜在的利益时，他们就会非常愿意上报数据，同时还会增加他们工作的积极性，提高业绩。

这样看来，员工在工作态度上，能不能够或是愿不愿意是具有很明显的区别的，那么，如何将员工的能力转换为意愿呢？

职场中的每个人都有着不同的需要，只有满足了其独特的需要，才能以最小的代价获得最好的激励效果。著名管理学家马斯洛把人的需要分成了五个层次，这些需要由低到高分别是：生理的需要、安全的需要、情感和归属的需要、尊重的需要和自我实现的需要。人们在满足了低层次的需要后，会渴望高层次的需要的满足。在不同的需要层次上，每个人重点追求的东西是不一样的，有的人看重情感，有的人渴望权力，有的人最大的愿望是扬眉吐气，有的人希望被其他人认同……无论是什么需要，满足了需要就是获得了利益的满足，尽管这利益也许与权力、财富、名声等等没有太大关系，但就是因为这种利益的获得，使人获得了最大的满足，从而激发出更多的热情与潜力。

将其能力转化为意愿，这就是按其需要，给予其利益，最终化为激励。因为激励源于自发的才是最有效的。这就是激励中的"横山法则"：好的管理是使得被管理者能够自主管理自己。有自觉性才有积极性，无自决权便无主动权。

张居正没有过多干涉张学颜的整个工作，只是给予了他充分的信任，以及给他的工作提供了权力和保障上的方便。因为张学颜最需要的就是这些，这就是张居正的激励方法。

每个职场人都不希望被约束和压制，每个人都希望合作顺利；如果一个领导人只懂得约束和压制，那么结果往往适得其反。如果人的积极性未能充分调动起来，规矩越多，管理成本越高。聪明的管理者懂得在"需要"和"激励"上下工夫，了解员工的需要，然后满足他。只有这样，才能激起员工对企业和自己工作的认同，激发起他们的自发控制，从而变消极为积极。

雪中送炭最难得

如果锦上添花的人越来越多，雪中送炭的人却越来越少，那么得意者恐怕会更加心花怒放，而失意者则会倍感凄凉惨淡，这就是人们经常说的"世态炎凉、人心不古"。不过，正因为少有雪中送炭的人，才更加显出了这些人的可贵与独特。事实证明，懂得雪中送炭这门艺术的人，往往都能够在事业上取得辉煌的成就，张居正就是一个典型的例子。

张居正曾经说过：大的德行能够包容属下，大的道义能够容纳众人。趋利避害是人之常情，应该宽恕别人使人心安定。所以为了保持清明的政治而驱除犯错的人，不如对犯错的人施以德，用恩惠来收服他们。

事实上他也是这么做的，表现在对待王崇古上。王崇古在万历四年因戚继光部发生的"棉衣事件"而受到牵连，虽然贪污的不是他本人，但却是在他手上发生的，所以事后王崇古曾一度委靡不振，宦途也人受影响。

"棉衣事件"发生后不久，兵部尚书谭纶就因积劳成疾死在任上，按张居正最初的想法，理所当然应该由王崇古来接任，但在"棉衣事件"事件的影响下，如果让挂兵部尚书衔的王崇古到兵部主事，势必引起人们的诟病与非议。

所以，张居正改推南京兵部尚书方逢时接替谭纶，王崇古职位不变。尽管此前张居正已经把王崇古的外甥张四维提拔为辅臣用来安抚王崇古，但王崇古仍觉得自己有些委屈。

王崇古还是有资本表现出委屈的，张居正也认为他是有大功于朝廷的良臣。隆庆五年（1671），正是由于他大胆建议接受当时最强大的蒙古部落首领———俺答封贡的要求而创立互市，一举解决了数十年与蒙古部落的边界战争。

因此，从功绩和才干这两方面来看，王崇古都应该成为部院大臣。所以，当人们逐渐淡忘了"棉衣事件"后的一年之后，张居正推荐王崇古担任户部尚书一职。

当领导让下属感到委屈的时候应该怎么办呢？千万不要让下属的委屈变成怨愤，否则领导会在下属心中失去一些感情分。正确的做法是不着痕迹地卖出点"人情"。

让一位指挥千军万马的边帅来当锱铢必较的财政大臣，似乎有些不伦不类，但如此安排，正体现张居正雪中送炭时的不着痕迹。因为当时的户部在财政制度上大致已趋完善。王崇古履任后只需谨守章程办事，即可控制局面。

而更重要的是，此时皇上已批旨允行在全国展开清丈田地，这一工程被张居正视为涉及社稷安危的头等大事，执行起来必然要触动许多势豪大户的利益，而受到种种阻拦，需要征战多年的王崇古坚如磐石的杀伐之心，由他出掌清丈田地之责，便可以排除险阻，威慑群小，而且可以让王崇古无论是在兵事上还是在财政上都能显示出他的本领。

王崇古不仅没有因"棉衣事件"而受到张居正的排挤，反而让他在更大领域发挥出他的能力，而他确实也干得非常出色。这就是张居正雪中送炭收获来的"人情"效应。

人们常说"胜败乃兵家常事"，但一个人在职场中不断沉浮起落也是一件很令人心酸的事。当一个人在工作中遇到挫折的时候最渴望的是什么呢？当然是一双雪中送炭的温暖大手了，而这个雪中送炭的人不仅能够赢得善良的美名，通常也会有一些意想不到的收获。

在别人失意的时候，如果说落井下石的行为是压倒骆驼的最后一根稻草，那么失败之后的雪中送炭行为，往往可以变成孙悟空的救命毫毛。

俗话说：晴天留"人情"，雨天好"借伞"。感情是人与人之间交往的基础，而人情是拉近感情的有利元素。当一个人有恩于他人时，他人会想方设法地回报这份感情债，这种感情能够影响他人做原本不想做，或者不喜欢做的事。

职场中的人际关系非常复杂，人情也可以成为自己获得利益的有力武器：人情可以帮助一个人驾驭他人，也可以帮助一个人获得升职加薪的筹码，这就是人情带来的影响力。为什么人情能够发挥如此重要的作用？这是因为人情可以使人在负债心理的影响下，产生感激之情，这种感激之情是人们愿意为某个人或事物无偿付出的基础。所以，在职场中，如果想让他人为自己服务，就要学会利用"人情"有效地影响对方。

如何"卖出""人情"呢？晴天留"人情"，雨天好"借伞"是"卖出""人情"的第一原则。锦上添花纵然能使人风光无限，但其功效一点也比不上雪中送炭，因为以德报怨的人更令人佩服。

《淮南子·人间训》中说："积爱成福，积怨成祸。"无论处于何种环境中，该帮助他人时，伸手助人都会积爱成福；无论对你的朋友还是敌人，都要学会宽容大度，做到得饶人处且饶人。对于身处困境的人，如果在你能力允许的范围之内，能够给予对方适时适当的帮助，都将具有雪中送炭的功效，而这帮助无关乎多少，或许只是一句简单的安慰，也许就给你带来了终身的福报。因为于对方而言，你的举动也许会让其永生难忘。这样当你有求于对方时，对方便会心甘情愿地回报你，在你的雨天里，为你撑起一把伞。

众所周知，关羽之所以在华容道放走曹操，就是因为曹操。关羽是忠于蜀国的，为何会在如此重要的战场上，放走日后有可能灭掉蜀国，并可能杀死自己的曹操？

原因可能就是在建安五年时，曹操亲自征讨刘备，攻陷下邳，打败了关羽，鉴于关羽智勇双全，试图劝其归降于自己。于是，曹操拜关羽为偏将军，封汉寿亭侯，并且给予了无微不至的照顾。后来关羽斩杀颜良后逃离了曹操，曹操手下打算追赶，曹操劝阻说："彼各为其主，勿追也。"正因为曹操先前对关羽的"至仁至义"，所以一向视义气为生命的关羽在关键时刻放走曹操也是在情理之中了。

曹操在其有权有势的时候，曾施恩于关羽，这虽然不是雪中送炭，但这其中的"人情"却是不可抹杀的。因此当其在华容道落难后，要求关羽要知恩图报。关羽虽然犹豫不决，但最后还是念在"人情"的分上，放走了曹操。

人与人之间的"人情"是非常微妙的且有规律的，当有人觉得亏欠你"人情"时，会在负债心理的影响下，想方设法地将"人情"还给你。此时，如果你有求于对方，那么对方会很乐于接受你的请求。正如锦上添花不如雪中送炭一样，人情的影响力也有一定的时机性，在他人危难之际，你一分关心比平日十分关心的影响力都会大。

职场的风云变化要求我们不仅要学会向他人送"人情"，还要懂得选择时机。正如著名管理学家詹姆斯·柯林斯所说的："千方百计请一个高超的专家医生，还不如请一个随叫随到且价格便宜的江湖郎中。"

在送"人情"的时候，贵在能够雪中送炭。除此之外，还要注重方式。比如，在送"人情"的过程中，应该把对方的利益放在明处，而不是把自己的利益放在明处，这样可以在送对方人情的时候也能达到自己的目的。

张居正提拔王崇古当户部尚书就达到了这样"一箭双雕"的作用。如果在帮助别人的时候表现得过于在意自己的利益，那么留给别人的印象就是"有目的"、"太功利"，很难让人感激，或形成负债心理。另外，在送人情的时候还要权衡利弊，千万不能犯了越帮越忙的大忌。

◎ 给人利益也得动脑子

在职场中，往往你所期望的事、期望的职位不一定马上能得到，特别是不能立刻拥有同事或下属对你的期待或信任。这时你不能急，你需要一些计谋，而不是单凭蛮力。

张居正说过：勇敢者的争斗，不如智慧者的谋略。靠武力去争取，不如靠智慧来达到目的。直接的武力攻伐，不如对他们先讲清楚道理，再用感情来打动他们，再用利益来诱惑他们。否则即用迅雷不及掩耳之势对敌人发起进攻，使敌人闻风丧胆，然后再图谋他们。获得他人的信任和佩服，智慧比蛮力更有用。以利益为基础的感情攻势是一个非常有效的方法。

张居正的好朋友高拱在达到了他人生权力生涯的巅峰后，先后挤兑走了陈以勤、赵贞吉、李春芳、殷士儋，他也青云直上升到了首辅，这时他觉得高枕无忧了，他实在没有预料到，内阁中除了自己以外仅存的那个人，会是即将把他赶下台的人。而这个人，可比陈以勤等人难对付多了，凭他高拱，还不是那个人的对手。

这个人自然是张居正。张居正是如何扳倒高拱的呢？高拱看赵贞吉不顺眼，挤兑走了；看李春芳不顺眼，挤兑走了，看殷士儋不顺眼，又挤兑走了。现在我还没有被挤兑走，不是因为我的资历比他们强，而是因为我现在和高拱的关系还算不错，再加上我又没什么势力。

有朝一日，他看我不顺眼，把我也认定是他的威胁，也会把我挤兑走吧！这可不行，你高拱喜欢首辅的位置，喜欢一人之下万人之上的感觉，但是，非常不好意思，我张居正也喜欢做首辅，我从进入官场的那一天起，就认准了首辅那个位置，只有做到那个位置，才能施展我的抱负，现在我是次辅，离首辅只差一步了，怎么可以在这个时候倒下呢？而这个位置，只能容下一个人，现在是你，不把你整下去，我是不会坐上去的。

张居正非常清醒：高拱根深蒂固、位高权重，朝中党羽又多，和隆庆皇帝关系又"铁"；张居正虽是次辅，"两人之下，万人之上"，但还是单枪匹马、孤身一人，还不是高拱的对手，所以，他想整倒高拱的想法还只是停留在理论阶段，想要上升到实践阶段，他不仅需要合适的时机，还需要一个助手，一个得力的助手，但是怎样才能笼络住这个帮手，让他与自己共抗高拱呢？

天下熙熙，皆为利来，所以他找到了被高拱长期压制，不得晋升的冯保。并以事成后让冯保成为司礼监掌印太监作为利益纽带，把自己与冯保紧密地联系在一起。

冯保诬陷高拱说过"十岁孩童，如何做天子"，栽赃高拱企图另立新君，这就威胁到了李太后与万历皇帝的根本利益，也就是皇权，这样就把自己、冯保、李太后、万历皇帝牢牢地用利益绑在了一起，形成了一荣俱荣，一损俱损的局面。

于是乎对于高拱可能进行的另立新君的行为感到极度恐慌的李太后与小皇帝就先下手为强，立即下旨摆平了高拱，让他回老家该干吗干吗去了。

张居正在扳倒高拱的过程中几乎没有用到自己的武力，而是很好地使用了冯保这张牌。处在明处的冯保吸引了高拱全部的攻击火力，躲在背后的张居正为冯保出谋划策。

高拱在失败了之后才知道：张居正这位他曾经无比信任的老同事、老战友，才是自己真正的对手。张居正能够做到藏身幕后，在最意想不到的时刻给高拱来上致命一击，当然得力于张居正充分利用了自己的过人智慧，抓住几个关键人物的心理，并以利益为诱饵，使得他们可以供自己驱使，最后成功让高拱滚蛋。

张居正的成功和高拱的失败都说明了一个道理：只有在智慧的帮助下，以利益为诱饵与合作条件，武力才能真正发挥作用。那么，在职场中，利益联合智慧能使我们办起事情来事半功倍。

为了让下属更好地履行计划，有的人反复叮嘱，甚至给出利益作为奖励，但下属仍然没能完成预定的计划；而有的人只是一个眼神、一个动作、一句话语，便激发下属无限的潜能，最终成为胜利者。给出的利益是一样的，而收到的效果却有天壤之别。

为了赢得下属的支持，有的人在下属面前夸夸其谈，但下属们却始终徘徊不前；有的人却能不动声色地在铁杆同盟的簇拥下轻松博得众人的追捧。

为了和同事搞好关系，有的人每时每刻都在尝试着近距离接触，给予无微不至的关心和照顾，但同事却表现出反感、厌烦的情绪；而有的人只是偶尔的接触，却能赢得同事的好感——并不是种豆就能得豆，种瓜就能得瓜。

一个新入职场的空降兵如何迅速地取得老板的信任，从而获得利益？因为"空降兵"不是自己亲手带出来的，上司对"空降兵"的心理，多半都是将信将疑的。

上司或许对"空降兵"的才能有信任，对其人品则拿捏不准。但是之所以着急请"空降兵"，大多因为出问题了，或人员不够了，老板也没有工夫等你"热身"，他需要的是尽快取得足够的利润。

所以，"空降兵"最大问题是如何迅速"作战"，而不是考虑如何将"战斗"打得更好，因为这在老板看来是浪费时间，会更加不信任你。在迅速作战的同时考虑战术和战略，这样取得老板真正的信任。

另外，对老板的原有人马，子弟亲信，尽可能地团结拉拢，老板虽然怀疑他们的才能，但不会质疑他们的忠诚。老板身边总有个别人成事不足，败事有余，"空降兵"初来乍到，要尽量避免和他们在利益上有冲突。

遇到老员工的刁难，千万不能低头"妥协"，唯唯诺诺，那样他会更瞧不起你。你要做的是动之以理，再晓之以情。最后记住：事后向他们虚心请教，真心感谢，给这种老员工一个台阶下！

首先，你要明白这是一种社会现象更是一种职场现象，在哪里你都会遇到同样的问题。

其次，正视自己的处境，做好自己该做的，不管别人怎么说，自己要把自己的能力和魄力一点点地释放出来，时间久了别人会看到你的业绩和成绩，时间久了老板或者你的上司会器重你，你的实力强大起来，那些人会无可奈何地妥协。

无数的事实告诉我们：这些老员工并不难以相处，只要找准他们的"穴道"，刚出道的初生牛犊们，也能与其融洽相处，迅速适应环境。

职场利益法则告诉我们，信任虽然是以利益为基础，但是用智慧来经营信任会比只用利益来经营信任会使得信任更加安全、可靠。

🔘 自我表现也是一种能力

张居正认为：一个人在坚守大的操守的前提下，能够适当给人一些小的恩惠，就能获得别人的好感，进而为自己创造成功的条件和机会。

严嵩当权时，张居正写过一首赞美他的诗：

"扶植原因造化功，爱护似有神明持。君不见，秋风江畔众芳萎，唯有此种方葳蕤！"

严嵩贵为首辅，权倾朝野，他不缺钱，不缺官，缺的就是别人对他的阿谀奉承，张居正抓住机会，适当地给严嵩拍拍马屁，让严嵩心满意足，张居正自己也得以在险恶的官场中得以自保，甚至略有发展。

张居正还写过一些歌颂朝廷的应景文章，如他在《贺元旦表》中写道："臣等秩首班行，恩深眷遇，涵濡德泽，同万物以生辉，拜舞衣冠，仰九天而称贺。"也许有人会以为张居正是一个只会以浮华辞藻写应景文章的庸俗文人。事实上，他虽然先后对严嵩、冯保、李太后献媚，但是他目的却不在于谋取私利，而是为了获得更大的权力，实现自己的政治抱负。

张居正不甘心久居人下。而人们都知道在官场上要想更进一步，在上层必须有能够罩着自己的人。徐阶第一个向他伸出了橄榄枝，表示愿意提携他。张居正也很感激徐阶，但是他相对来说还是更希望靠近严嵩，毕竟严嵩是内阁首辅，眼下最得宠的大臣。有了他的器重，自己就可以在仕途之中要风得风，要雨得雨。严嵩也注意到了这个年轻的翰林，毕竟是金子走到哪里都会闪光，但与徐阶所不同的是，严嵩将张居正看做是一个近乎于弄臣的人，虽然时常会邀请他做客，并让其代笔草拟一些奏章与应景文章，却始终没有重用张居正的意思。这也让张居正有了一份惆怅，但是张居正此时还是对严嵩抱有很多好感的，并撰写了很多贺表与应景文章，为严嵩歌功颂德。

每个人都向往着成功，但很多情况下，成功并不是靠一个人的努力得来的，只有与别人共同合作，实现共赢，才能获得属于自己的成功。

那么，你又如何能保证别人在寻找合作伙伴的时候一定会选择你呢？那就必须让你自己变得有价值，对方能在与你的合作中获得利益，只要从你的身上获得的利益大于要付出的成本，那么，他就有可能选择你作为合作伙伴。

张居正正是凭借着自己在官场中表现出来的才华和善于察言观色、适当逢迎才获得了上级的重视和提拔，进而干成了一番事业的。

成功的机遇往往偏爱有准备的头脑，只有时刻准备着付出，并且及时付出行动的人，才会得到命运女神的垂青。很多人都认为自己是一匹千里马，但在遭遇挫折和困境的时候总是感慨伯乐太少了。实际上，伯乐并不少，只不过伯乐没有选择你这匹千里马而已。

无论是做人还是做事，都不能只想着如何索取，还要学会付出，这样你才能有更大的收获。要想被伯乐相中，首先要让他看到你的千里马的潜质。职场如战场，在这激烈的职场竞争中，如何让你在众多的人才中脱颖而出，如何让你成为这个岗位上的无法取代的人，是一件非常艰苦的工作。

是金子早晚都会闪光，但如果金子表面被灰尘蒙住，别人无法看到金子的光芒，又如何会选择你呢？只有把灰尘拂去，让自己的金光闪现，别人才会对你感兴趣。在老板或上司的眼中，能容得下一个闲人吗？答案是否定的。

如果你在工作中无所事事，成为一个"闲人"，那么就算你再有才华，但上司无法看到，你也就失去了继续发展的机会。所以，一定要让你的上司看到你身上的才华，让他们认为你能为他们创造更大的价值，他们才会重用你。

要引起别人的重视，进而被选择，自我表现或许是有必要的，因为自我表现也需要本事。自我表现并不像有些人想象的那样简单。张居正虽然也自我表现，但他在自我表现的时候傲骨犹存，有自己的节气和抱负。如果没有了这些节气和抱负，自我表现就成了献媚，受人鄙夷。

那么，在职场中如何自我表现能让人发现你的好处而又不给人卑微的感觉？

自我表现的首要目的是为了引起别人的注意。而要引起别人的注意必须让他明白他能从你身上获得好处。严嵩能够发现张居正的可用之处，是因为张居正表现出了极佳的文字能力，用他的文学才华能够帮自己摆脱一些不好的名声。张居正的自我表现正好达到了严嵩的目的，也成功地为他获取了严嵩的好感。

所以，要想被人选择，首先要显露出能够被选择的人所需要的特质，目的在于引起选择人的注意、赞赏，并让他知道这一特质是他所需要的。其次要表现出归属感。归属感源于高度的影响力，可以以超凡脱俗的远见、梦想可望成真的蓝图，甚至一套周密可行的计划方案为媒介。最后，要清楚自己是怎么样的人、要得到的是什么，否则就容易自我表现过头了，成为献媚，反而引起对方的反感。

什么样的特质让人认为自我表现的人值得被选择呢？可能是热情洋溢、理想色彩浓厚、坚持到底的决心或决不认输的干劲，但最重要的是要保证言行一致。

张居正与那些只懂得逢迎拍马的献媚者的最大不同就是重承诺、令人信任、睿智、有责任感、有勇气和抱负。具备了这些特质的自我表现者才能最终被选择。事实上，成熟后的张居正值得百分之百地信赖，即使面对强大的压力、胁迫和艰难，也没有动摇。所以，在职场中，要时刻做好被选择的准备，努力培养这些特质。

在平时的工作中，如何表现这些特质呢？自我表现有正大光明的时候，也有随风潜入夜的时刻。

正大光明的自我表现有：勤奋与认真是永远不可能被别人忽略的，因此不要推脱一些你认为冗长及不重要的工作，因为你所有的贡献与努力都会有人注意；要不断充实自己的专业知识，发挥特长，当你的上司或老板发现你的工作能力超出他们的想象与判断时，他们会更加深刻地记得你。

适当的时候，还是应该有自己的主见，不要只是一味伺候或按照别人的吩咐做事，要有承担责任的勇气。目光短浅，毫无主见，或者思维能力有限，永远不能将你列入升迁之列；要在工作中表现出创造性，因为一个没有鲜明的创新意识，循规蹈矩的人，在老板面前是很难得到赏识的，因为这类人大多缺乏个性，工作少有创意。

最后，自我表现也不等于个人英雄主义。不要将个人英雄主义带入工作中，因为真正的人才除了在业务上出类拔萃之外，还应该有良好的团队协作精神。否则，即使他有多大的本领，老板也不会赏识。

当然，无论是哪种方式的自我表现都要记住利益法则：利益是一切合作的基础，选择的人只有预见了利益，才会做出选择，你才会有被选择的机会。

好人缘不会从天上掉下来

张居正说：人们都知道黄金丝帛贵重，而不知道有比黄金丝帛更为贵重的东西。谋略不够深远，行动不久就会遇见很大的阻力。别人选择小利，我看重志向；人们看得近，我考虑深远。未雨绸缪，是有智慧的人才能够做到的。

张居正用他的言行以及作品在官方和民间塑造了一个"居庙堂之高则忧其君，处江湖之远则忧其民"的高大形象。要别人信任，首先要树立形象，张居正一直都在为他的形象工程添砖加瓦。

当年张居正刚刚成为进士，并选为庶吉士，开始了自己的官场生涯，还是一个默默无闻的官场新丁，这时他遇到了已经是朝廷重臣的徐阶。

按说像张居正这样没有资历，也缺乏背景的小官拿不出什么东西让徐阶高看一眼的，但是张居正却以自己超强的软实力，出色的才华成功赢得了徐阶的重视，并从此之后戮力提拔。

其实张居正的才华始终都是存在的，只是未必每个人都会欣赏，就算欣赏了也未必就能重用他。此时的张居正就是普通的沙子，而一旦遇到了赏识"沙子"的徐阶，沙子就变成了金子。

张居正还十分高调地表现出他的忠君爱国之心："割股割股，儿心何急！捐躯代亲尚可为，一寸之肤安足惜？肤裂尚可全，父命难再延，拔刀仰天肝胆碎，白日惨惨风悲酸。吁嗟残形，似非中道，苦心烈行亦足怜。我愿移此心，事君如事亲，临危忧困不爱死，忠孝万古多芳声。"这是张居正所作的《割股行》。古人传言，孝子割大腿上的肉给父母吃可以治病，张居正将孝与忠相提并论，表达了自己对君主和国家的无限忠诚。这既是感情的一种抒发，同时也是张居正亲手树立的形象工程。

张居正的这些作品虽然是他有感而作的，但是这些作品让人们充分看到了他的忧民之情和忠君之心。张居正付出了"情"和"心"，收获的却是朝野当中很多人的认同，这是一种长线的隐性投资，最后给他带来了丰厚回报。

虽然说互惠原则能够使"沙子"因为附带"人心"而带来"金子"般的价值，但无论是"沙子"还是"金子"，它们都是有价值的。所以，无论人心是如何获得的，利益始终是获得人心的基础。

市场经济都遵循等价交换，像沙子换金子这样的不等价交换可能吗？在职场中，人们都希望自己付出得少而别人回报得多，人都存在自私的心理。

心理学认为，互惠效应能够引发不等价交换，因为人们习惯于对他人的某种行为，要以一种类似的行为去回报对方。由于回报的方式很多，所以也就具有灵活性；如果回报的方式未必是最好的，但只要是对方最想要的，那么至少对对方而言，他的付出就产生了最大的收益。

也就是说，只要回报能让对方感到很满意，送沙子与送金子产生的实际效果是一样的，很多职场现象都充分证明了这一点。那么，沙子是如何变成金子的呢？这取决于一种叫"人心"的东西。

心理学则将这种人际关系之间的相互满足称为互惠效应或互惠原则。根据互惠原则，人与人之间的感情是可以相互交换的。在通常情况下，谁先施以恩惠，谁就越能够从这种交换过程中受益，这些人往往能够通过"沙子"般的恩惠，有效地影响他人为自己服务，最终获得他人的信任，得到了"金子"般的回报，进而实现自己的目的。

很多商家在做生意的时候都会打出"买一送一"的旗号，其实，所谓的"买一"，是要顾客拿出大笔的钱来买一件比较贵重的商品，而所谓的"送一"其实就是一些价值较小的附带品，这不就相当于"沙子"吗？但它满足了顾客某一方面的需要，使顾客产生了获得好处的心理，从而增加了商品的"人心"，这就使"沙子"发挥出了"金子"的作用。以互惠为基础产生的"人心"完成了一次"沙子"换"金子"的交换。

所有的成功者都具有一个同样的特性——他们都知道如何有效地同别人交

往，人缘好的人总是比其他人更容易得到自己所需要的信息和资源。所以，为了使我们的事业持续向前，我们确实需要时刻编织人际关系网络。记住：当你需要的时候再做，就太晚了。

你也许不必跟他们一起打高尔夫，也不用下班后跟他们一起喝啤酒，但是，如果你想保障自己长远的成功，就一定要做点什么。

在工作中建立各种人际关系，最重要的一个原则就是保证"等价交换"。

"等价交换"，听上去好像是教你做唯利是图的小人，其实不然。我们每天都遵守这个原则，只是自己没有意识到罢了。

人们不愿意谈论"等价交换"原则，但它确实根植在每一种关系中。"等价交换"可能是很明确的，比如"我给你工资，你替我好好干活"。也可以是非常隐蔽的，比如"我推荐你，将来你给我开费用支票时痛快一点"。这是人际关系中大家心知肚明的潜规则。

职场中的很多事情同样可以运用这样的方法。英国著名经济学家穆勒曾说过，按自己的方式去追求利润，而不是蓄意去侵犯他人利益，或阻碍他人获得利益，这才是智者的做法。所以，职场中如果你想利用他人为自己做事情，就要学会向对方施以他所需要的恩惠，让对方在内心深处产生对你的感激和信任，就在对方试图寻找内心平衡的时候，你所想的事情以及你将要让对方做的事情，将会被对方主动地完成。

◎ 直接给皇上当老师

万历登基，既为皇帝，在他的世界里没有人和他平等。在两位皇太后之外，他所需要尊敬的人只有两个：一个是张居正张先生，另一个是"大伴"冯保。这种观念，不消说是来自皇太后那里。张、冯两人结合在一起，对今后的政治形势产生了相当深远的影响。这一点，自然也不是当时不满十岁的万历皇帝所能理解的。

张居正似乎永远不开口则已，一开口就能揭出事情的要害，言辞简短准确，使人无可置疑，颇合于中国古语所谓"夫人不言，言必有中"。

万历和他的两位母亲对张居正有特殊的尊重，并称之为"元辅张先生"，其原因说来话长。在隆庆皇帝去世的时候，高拱是当时的首席内阁大学士。自以为是先皇的元老重臣，不把新皇帝放在眼里。新皇帝有事派人询问高拱的意见，他竟敢肆无忌惮地对使者说："你自称奉了圣旨，我说这是一个不满十岁的小孩的话。你难道能让我相信他真能管理天下大事吗？"在他的眼里，天子不过是小孩子，太后不过是妇道人家，这种狂妄跋扈和人臣的身份是决不能相容的。

趁此机会，张居正立即献上奇计，建议采取断然措施解决高拱。1572年夏，有一天百官奉召在宫门前集合。一个宦官手执黄纸文书，这是两位太后的懿旨，也是新皇帝的圣旨。

黄纸文书一经宣读完毕，跪在前列的高拱不禁神色大变。他已经被夺去官衔职位，并被勒令即日出京，遣返原籍。按照惯例，他从此就在原籍地方官的监视之下，终身不得离境。

张居正在艰危之际保障了皇室的安全，建立了如此的殊勋，其取高拱而代之自属理所当然。除了首辅以外，张居正还兼管对万历的教育。小皇帝的五个主讲经史的老师、两个教书法的老师和一个侍读，都是他一手任命的。他还编订了供万历学习的教科书，有机会还亲自讲授。

橄榄枝象征着和平与合作，在必要时也可以作为一种策略来达到自己的某些目的，甚至是一种威胁的手段——爱好和平的人决不会乞求和平，就是这个道理。所以橄榄枝不但是一种姿态，更是一种战术，只要善加利用，就能够顺利地达到自己的目的。

张居正在侍奉万历皇帝的时候，因为皇帝年幼，便当起了皇帝的老师，向皇帝灌输为君治国的道理，并且在一定程度上获得了成功，这也是抛橄榄枝的一种形式。

我们在职场生活中，也应该学会在适当的时机，向适当的人抛出橄榄枝，这样接住你的橄榄枝的人才有可能在适当的时机拉你一把，使你离成功更近一步。

为什么要抛出橄榄枝？动机又是什么？要想别人接住你的橄榄枝，首先你本身就要有一定的实力，你是否有特殊的可供人分享的技能和经验很重要。同时，你是否愿意所得到的技能和经验"回赠"给他人？

所以，在抛出橄榄枝之前，要做一个深刻的自我分析。你具备什么样的知识和技巧？你对自己的事业有激情吗？你能做什么其他的贡献？你有能力激发起别人的兴趣吗？你有可供分享的有趣经验吗？你影响过其他人吗？你想对此投入多少时间？如果这些问题都有一个肯定的回答，那么接下来就要考虑一个最重要的问题：抛出橄榄枝是为了获得什么样的利益？

俗话说：习得文武艺，卖与帝王家。张居正饱读诗书、纵横官场多年的目的是为了实现他的政治理想，为此，他需要一个桥梁。因此，他把橄榄枝抛向了万历。这是橄榄枝战术的第一步。

决定了将橄榄枝抛向谁之后，第二步，就要确定这个橄榄枝接受者的需要和特点。接受者能从你想给予的东西中获得什么收益？接受者的目标是什么？他或她需要发展何种技能？接受者的特点中哪些对你来说是十分重要的？

很显然，年幼的万历皇帝必须学会作为一个皇帝必须具备的帝王术。张居正利用自己的特殊身份把万历安排到自己的身边，每天言传身教，万历小朋友从十岁登基起就开始接受张先生的一对一教育。

第三步要拉近你与橄榄枝接受者之间的关系，得到对方的信任。受限于对方进行沟通，让对方了解你，清楚你的实力，这是奠定你们之间合作的基础。因为抛不抛橄榄枝在你，接不接可就在别人了，所以你扔之前必须保证别人能接，否则到时橄榄枝掉地上就完了。

张居正从小就被称为神童，在成长过程中更是不断学习，不断进步，聪明才智绝非常人可比，而在他教育万历的过程中，更是集中体现了他善于让别人接受自己的特点，利用万历处于儿童时期，可塑性强的特点，将自己的思想灌输给年幼的万历皇帝，使其与自己一条心。这就是他抛橄榄枝的具体方法。赢得李太后的信任也是重要的一环，只有这样才能稳固自己的权位，同时也能更好地笼络万历皇帝。

第四步是根据接受者的特点，因材施教。现在看来，张居正给万历的教育是十足的"素质教育"。张居正使用"荒唐邸报"的方法来与十岁小孩沟通国事；为了体恤小孩天性，张扬童心，张居正在万历生日时送给他风葫芦，从而配合"经筵"系列讲座，提高学习兴趣和效果；为了警醒小皇上政事不可懈怠，张居正在御座两侧创设贴满文武官员姓名的围屏。

当小皇上潜心诗文时，张居正用隋炀帝、陈叔宝、李煜的事例提醒他，作为皇上对诗文浅尝则可，不要学亡国之君，要把精力放在帝王之道的大学问上来；张居正还亲自编写"乡土教材"《帝鉴图说》，教小皇帝明辨是非，别胡作非为。张居正为了能让万历接住自己的橄榄枝，可谓是煞费苦心。

万历皇帝在其在位的早期还是体现出了一个明君应有的素质，达到了张居正既定的教育目的。但是值得注意的是，由于张居正在后来的沟通与交流中，也在不经意间出现了一些失误，导致万历出现了强烈的逆反心理，最终导致已经被接住的橄榄还是被万历丢弃，改革大业功亏一篑。所以抛出橄榄枝之后还有很多工作要做，千万不要被暂时的成功蒙住了眼睛。

职场中的人们常常有这样的感觉：从你身边溜走的东西在某个时候又重新回到了你身边。无论你的橄榄枝抛得成功与否，这也是给予后获得回报的另一种情况。

抛出橄榄枝的目的就是得到回报，而回报有时是实实在在的，比如，生意上赚了更多的钱；有时的回报是我们感情上的极大满足。而每个人根据需要的不同，对回报的认可也是不同的。正如丘吉尔所说的："我们靠我们得到的东西生存，我们靠我们给予的东西生活。"

所以，无论回报是物质的还是精神的，在职场中建立一个抛橄榄枝的关系网是非常有意义和有用的。因为利益的给出者也是利益的回收者。当建立橄榄枝的关系网越来越自然的时候，抛橄榄枝的事情对你来说就会变得越自然。最终，它会变成你的思考方式和与人联系方式的一部分，也会成为你生活的一部分，你也会因此而收获良多。"关系网的真正价值在于它可以使你的生活变得更精彩。"英特尔公司全球范围教育主管罗兹·胡德奈尔如是说。

第四章

大事讲原则，小事讲风格

做事实际上就是一个与人打交道的过程。为了达到目的不择手段显然是一种无耻的行为，但一味坚持所谓的原则也很难让事情获得成功。张居正能够成为明朝第一首辅，说明他具有很强的办事能力和高度成熟的政治智慧。大家可以从张居正的经历中找到一种既坚持原则，又能灵活掌握的做事风格。

既要"管"也要"理"

1568 年，进入内阁不久的张居正针对国家存在的各方面问题，向朝廷上《陈六事疏》。他在《陈六事疏》中说，嘉靖末年以来，朝廷纲纪不振，法律起不到威慑和警戒的作用，把模棱两可称之为"调停"，将委屈迁就称之为"善处"，结果法律成了压制民众的工具，对位高权重的人却起不到任何作用，很多政令都无法顺利下达到地方。

张居正认为，处理违法乱纪的行为不可以徇私情，法律应该一如既往地严格，不宜采取突击严打的措施。他把振纪纲、重诏令的关键放在严明赏罚上，认为只有让大家感受到法律的公平，朝廷才有威严，制度才能被人们信服，从而形成自觉守法的意识。

张居正整饬吏治就是要寻找一批新的干部，不仅从旧的官员队伍中寻找出来，还要开辟新的人才渠道。

他的第一步就是京察，就是所有的京官都要自我检查，你六年官怎么当的，你的政绩和失误是什么。四品以上的官员通通给皇帝写汇报，四品以下的官员通通给吏部写汇报。然后由皇帝和吏部决定这些官员的去留。同时，让所有四品以上的官员推荐人才，也让各个部门和各个地方推荐人才。

当时，中国的官员是两万七千名文官，十万名武官，吏也有十万名。北京每一个部里面大概有三百多名官员。

真正称为"官"的必是九品以上。没有"品"的，聘请的公务员叫"吏"，"官"和"吏"是分灶吃饭的。还有"官"和"僚"。"吏"是不动的，美国也是这样的，我们明朝也是这样的，一把手老换，底下办事的不换。

一把手来了以后带来师爷是"僚"，这是他私人的工作班子，这不是"官"，是"僚"。这样的一种干部队伍，"官吏、官僚"所有的人加起来将近二十三万人，真正有品级的文官是两万七千人。两万七千人要裁掉六千人，只留两万一千人，这么大的裁员工程，张居正决定三个月做完。

张居正心中的理想是国富民强，所以他领导的改革也是从经济着手。他知道经济的前提，首先要把干部队伍抓好。三个月裁掉六千名干部，动作之大，来势之猛，让所有人震惊。不仅仅是贪官、昏官、冗官，官场上所有的人都感到了危机感。

"管理"二字实际上可以分为"管"和"理"两个方面，但是在实际操作中，管理者却往往只重视"管"，而忽视了"理"，因为前者更加直接，也更加具体，而后者则比较抽象和复杂。

"管"确实是一种好的方法，它能让人们遵守游戏规则，服从组织的既定制度。但是，什么策略都不是万能的，如果只是一味地强调"管"，就会让被管理者逐渐丧失遵守制度的自主性，长此以往，组织内部的上下级关系就会变得冷漠，工作氛围也必将死气沉沉。

可是如何打破这种不好的氛围，实现"管"和"理"的双管齐下呢？张居正认为，处理政事的关键在于辨别优劣、严明赏罚，奖励有功之人，惩处有过之人，因为法令的顺利贯彻需要以明确的制度做基础，而自觉性则需要严明赏罚作保障。

法律的公正是基础，但是统治者在治理国家时，如果片面追求严刑酷法，人民就会把心思放在思考如何逃避法律制裁的问题上，虽然不犯法，却失去了廉耻之心。

同理，企业的管理者也不应该太倚重规则，而是应该把管理的重点放在如何让员工自觉遵守企业的规章制度上，让他们对游戏规则、企业文化和管理者的理念有深刻的认同感，所以"管"要辅之以"理"。

有经验的企业管理者都会重视处理"管"和"理"之间关系的问题，因为处理好这个问题就能使员工感受到制度的公平与威信。所以说，在管理员工的过程中，虽然规则和制度非常重要，但是也应该让严明赏罚的观念深入人心，这样员工的自觉性才能被调动起来。

通常来讲，只"管"不"理"的组织是人心涣散的，在这样的环境里，人们往往装出服从制度的样子，但内心深处却并不认可管理者的理念，以至于大家消极怠工，绩效难以保证。

究其原因，那些只管不理的管理者并没有错，因为他们往往看重企业的利益，而忽视员工的利益。但是，如果想让自己的团队能始终像一台崭新的机器那样高速运转，就必须要协调好每个零部件之间的关系，零部件受损，整个机器都会运转不畅。

同样的，集体的成功离不开个人的努力，如果管理者想让整个组织都得以正常运转，那么务必要将"管"和"理"进行有机结合。

现代化的企业管理强调"管"和"理"的充分结合，其中最重要的一点就是赏罚分明，这也是确立制度的公信力的最好方法。

《韩非子》中有这样一个故事：鲁国人为了开垦荒地，就焚烧一片堆满柴草的沼泽，结果引发了火灾，火势迅速蔓延到国都附近，鲁哀公立即组织众人去救火。人们到了火灾现场，发现没有人负责救火事宜，就去追逐四散奔逃的野兽了，导致火越烧越旺。

鲁哀公无奈，只得向孔子求助。孔子就说："救火是一件危险的差事，狩猎则是人们最喜欢的消遣方式；救火的人得不到奖赏，不去救火又不会受到惩罚，所以人们自然就会舍弃救火之事，而选择追逐野兽了。"

鲁哀公又问："那我该怎么办呢？"孔子说："事情紧急，对众人逐一进行赏赐恐怕来不及了，而且国库的财产也不够给大家分发的，所以现在只能用刑罚。"于是鲁哀公就按照孔子的建议下令说："不救火的，按投降败逃罪论处；追逐野兽的，按擅入禁地罪论处。"命令下达后没多长时间，火就被众人扑灭了。

在这里，韩非借孔子之口强调了严明赏罚的重要性，以火灾隐喻赏罚不明的毁灭性后果。鲁哀公如果及时对参与救灾的人予以奖励，同时规定擅离职守者将要受到严惩，大火恐怕会更快被扑灭。

所以，如果不能做到诱之以赏，就应该至少做到劝之以罚。可以说，处罚也是管理的重要组成部分之一，如果这一环节缺失，那么法令不行、职责不明，被管理者心中也不会对制度树立起应有的敬畏之心。

英国证券交易所前主管 N. 古狄逊曾经说过："一个累坏了的管理者，是一个最差劲的管理者。"所以，不做一个被累坏的主管，这就是著名的古狄逊定理。要做到这一点，就要有一个合理的授权制度。而要使权利的分配发挥出作用，就要做到赏罚分明。

只罚不赏的管理者就像古代的暴君，容易众叛亲离；只赏不罚的管理者就像昏君，威望尽失；只有严明赏罚，懂得用赏罚来调动下属积极性的管理者也是明君。而在现代职场中，如果管理者没有做到严明赏罚，那就很难处理好"管"和"理"之间的关系，就很容易影响到员工的工作进度和质量。如果这种势头不能得到及时的制止，企业的前途也将受到很大的影响。

◈ "斩草不除根"也是一种策略

1572 年，在位仅仅六年的隆庆皇帝死了，趁此机会，张居正和太监冯保联手，把内阁首辅高拱排挤出了朝廷，冯保如愿以偿地当上了司礼监秉笔太监，张居正也名正言顺地成为首辅，他终于有了放开手脚，大胆革新的机会。

但是，有一个问题却是张居正不得不解决的：虽然高拱被赶回家了，可是在朝堂之上却有很多高拱的旧相识，有的还是高拱一手提拔上来的人，这些人该如何处理呢？

明朝的政治格局总是风云突变，之前的夏言、严嵩和自己的恩师徐阶都是前车之鉴，说不定哪一天高拱也会东山再起呢？那个时候，这些尚在朝廷的官员一定会倒向高拱那一边，张居正的努力、张居正的理想，岂不是都要付之东流了吗？

这个问题就摆在眼前，而且必须妥善处理，否则就很可能在朝廷中爆发一场"大地震"。这时，连精于权谋和智计的张居正都感到非常棘手。

一般人的做法很可能就是把这些人该贬的贬、该罢免的罢免、该杀的杀，但是，张居正却有更深一层的考虑。

高拱选拔的这些人确实是很有能力的，虽然现在高拱已经成了自己的手下败将，但是张居正还是由衷地佩服高拱任用人才的眼光。此时，黄河依旧常常泛滥，治理黄河仍然非常需要人才，而高拱提拔的潘季驯就有效地解决了黄河泛滥的问题。

隆庆初年，广西壮族农民起义，杀将多人，影响很大，高拱任命殷正茂为右佥都御史巡抚广西，结果很快就平定了叛乱。

还有在俺答互市中起到重要作用的宣大总督王崇古也是被高拱提拔上来的。这些人都是百里挑一的能臣干将，怎能轻易把他们当成"草根"给铲掉呢？

"做大事者，不拘小节"，张居正是做大事的人，不愿意为了一己之私而做出自毁长城的蠢事。最终，他坚持以宽容的态度来待人，只要是高拱提拔的确实有才能的人，他就继续任用这些人，甚至是重用，这些做法体现出了一个成大事者应有的胸襟！

这些人果然没有辜负张居正的希望，在各自的岗位上做出了很大的成绩。所以说，一个懂得宽容的人是值得人尊敬的，他也会因此得到他人的爱戴。

宽容是一种美德，是一种好的心态，更是一种崇高的境界。宽容的人能够让自己的家人和朋友都敬服自己，也能让那些对自己抱有成见的人认识到自己的错误，与你为难；甚至是与自己站在对立面的敌人，你也可以通过宽容化敌为友。曾几何时，张居正和高拱明争暗斗，打得不可开交，但一旦高拱去职，张居正就对高拱以及站在高拱阵营的官员非常宽容，这一方面是出于政治需要，另一方面也是张居正做人的高明之处。

但是，在今天的生活中，我们经常可以看到有人为了鸡毛蒜皮的小事斤斤计较，还有的人睚眦必报，只要自己一得势，就会向曾经伤害自己的人开刀。

在职场中也是如此，"一朝天子一朝臣"的观念仍然占据着人们的思想。有的时候，办公室里会出现两个甚至多个小圈子，经过一番激烈的争斗以后，终于有一方赢得了胜利，对于那些不属于自己圈子的人，胜利者往往认为"斩草要除根"，为了防止对方反击，于是就采取打击、排挤的做法，只想让对方永世不得翻身。

但是，这些人中有很多是有能力胜任工作的，如果一味打击排挤，不仅不利于工作的展开和进行，也很容易让对方狗急跳墙，与胜者拼个鱼死网破。

"冤家宜解不宜结"，一旦自己占据有利地位，就应该想办法化解内部矛盾，使原来的敌人为我所用，只有这样，才能让自己站得更高，走得更远，否则就只能在内讧中消耗自己的力量，不能取得长远的发展。

很多领导发现自己无法在下属面前树立威望而烦恼，于是就想尽办法在企业的制度上做文章，想通过严酷的法则来树立自己的威望，但结果往往适得其反，下属们不仅没有对领导心服口服，反而形成了严重的抵触情绪。只要仔细想想就能明白，谁愿意在苛刻的条条框框下工作呢——而且他们的利益并没有增加，甚至经常会受到损害。

比如迟到一分钟就要扣工资、接个私人电话就要被点名批评，谁能在这样的环境下平心静气地工作呢？大家也许敢怒不敢言，但很可能会在当着你的面时，都勤勤恳恳地工作，可是一旦你离开了，他们的工作状态又变得懒散起来，难道领导能天天盯着员工干活吗？既然不能让下属提升工作效率，那么这种做法赶快停止才好。

古训曰："以德服人。"要想让员工和对手心服口服，就应该学着宽容待人，罗马不是一天建成的，事业的发展也决不会一蹴而就，把目光放得长远一点，对员工宽容一些，别对自己的下属要求得那么苛刻，尽量多给他们一些制度规定以内的自由空间，这样，他们的创造性才能得到发挥，也更容易提高工作效率。

只有员工的工作效率提高了，整个企业才能获得良性的发展，员工的待遇也会提高，他们才会对自己的上司产生尊重和感激的心理，进而更加提高自己的工作效率，这才是一个良性的循环。

西周时期，秦穆公外出打猎，不小心丢失了自己的骏马，于是他带着随从四处寻找。不久，他们就看见一群人已经把自己的马杀掉了，正围在一起吃马肉。

秦穆公看了不禁伤心，就对他们说："这是我的马。"随行的官吏们也打算抓住这些杀马的人治罪。这些人都非常害怕，惊恐得站了起来。秦穆公制止了官吏的行为，并说："我听说吃骏马的肉时如果不喝酒会伤及身体的。"于是又给了他们很多酒喝。结果，那些杀马的人都惭愧地走了。

过了三年，晋国攻打秦国，秦穆公被围困。以前那些杀马吃肉的人都奔走转告，说："咱们到了以死报答穆公给我们马肉吃好酒喝的恩德的时候了。"

于是这群人不顾性命地冲杀，击溃了包围秦穆公的军队，结果穆公终于打败晋国，抓了晋惠公回来。

英国行为学家 L.W. 波特认为：当遭受许多批评时，下级往往只记住开头的一些，其余就不听了，因为他们忙于思索论据来反驳开头的批评。

在很多时候，当下属犯了错误时，领导者都会严词批评一番，有时甚至将员工骂得狗血淋头。在他们看来，似乎这样才会起到杀一儆百的作用，才能体现规章制度的严肃性，才能显示出领导管理者的威严。其实，有的时候过于关注员工的错误，尤其是一些非根本性的错误的话，会大大挫伤员工的积极性和创造性，甚至产生对抗情绪，这样就会产生非常恶劣的效果。

所以，在管理事务中，我们要学会宽容下属的错误。但宽容并不等于是做"好好先生"，而是设身处地地替下属着想。在批评的同时不忘肯定部下的功绩，以激励其进取心，并有效避免伤害其自尊和自信。一个懂得如何顾全部下面子的管理者不仅会使批评产生预期的效果，而且还能得到部下的大力拥戴。

生活中难免有磕磕绊绊，事业中难免有尔虞我诈，职场上难免有斤斤计较，学会宽容一点，你也许失去了一片树叶，得到的却是整个天空。

❽ 令人头疼的"老油条"

对一个新人或是刚刚上任的年轻领导来说，最要紧的事情就是尽快融入部门组织之中，与大家打成一片，迅速适应企业的文化与整体环境。

新人可以以换位思考的方式来观察那些老同事，与他们搞好关系，发现并学习他们的优点，有助于你迅速熟练掌握各项工作技能。而且你还可以从老员工那里学到很多待人接物的方法，有利于你的成长。

但是，有很多老员工已经变成了"老油条"，他们在自己的工作岗位上已经干了很长时间，资格又老，经验又丰富，只不过出于各种各样的原因而始终没能得到晋升。

一般情况下，这种人的共性特点就是倚老卖老，张口闭口就是"想当年，如何如何"、"我吃的盐比你们吃的饭多，我过的桥比你们走的路多"这样的话！对于新人，尤其是对新来的年轻领导，他们也总是横挑鼻子竖挑眼，觉得对方不如自己干得好，总是满腹牢骚。因此，如何处理自己与"老油条"的关系成了一个非常棘手的问题。

老油条总是喜欢吹捧自己，有时还看不起人，这些也许会让你感到很反感，但是请记住，对于这些老油条不要不耐烦，应该始终保持尊敬的态度——起码是表面上的，虚心向他们讨教。

因为这一类人往往有着特殊的技能，在处理日常事务方面有着很高的水平，经常有着建设性的意见，对于公司的各个方面都有很深刻的认识。也许由于缺乏领导力而没能晋升，但综合素质还是很高的。

张居正进入官场之后，正是年轻气盛，想要大展宏图的时候，他一心想依靠自己的才学马上就可以干出一番大事业。此时他遇到了一个老油条，就是他的老师徐阶，与张居正的年少气盛相比，已经在官场摸爬滚打多年的徐阶总是一副淡定的样子，喜怒不形于色。

他目睹异族蹂躏京畿，首辅严嵩却天天打酱油，抱定反正杀不到我头上，至于百姓的死活与我无关的态度。这让他气炸了肺，但徐阶还是淡定如初。

最后受不了，回家待了三年，才明白徐阶是故意装孙子，能够忍住一口气，甘做缩头乌龟。张居正在老师的影响下，也迅速变成了老油条，开始四面讨好，并得到了徐阶的赏识与提拔，终于在官场中打开了局面，奠定了自己大展宏图的基础。

如果张居正当年及早与老油条徐阶多交流交流，多明白些这其中的弯弯绕，也许就不必空耗三年时光了。

其实当年徐阶年轻的时候，也有与张居正类似的经历。徐阶考上进士后，成为庶吉士，进入翰林院。不久因为勇敢地反对首辅张璁的恣意妄为，被贬到偏远地区当个小官。后来张璁倒台，也是老油条的夏言当上首辅，老于世故的他敏锐地发现了徐阶的才华，虽然他并不喜欢徐阶这个人，但折服于他的才气，将他提拔起来。而徐阶也逐渐成熟起来，不再热血冲动，有了更大的作为。

既然与老油条处理好关系这么重要，那么我们应该如何与他们建立良好关系呢？职场上有这样一条尴尬定律：苦干的不如巧干的，还有所谓干的不如看的，看的不如捣蛋的。

因而上去的不一定是能力强的，原地踏步的不一定是低能的。所以，在与"老油条"接触时，首先必须抱有尊重的态度，此类人由于自己的资历老，所以一般都是吃软不吃硬；另外不要轻易对它们的看法提出反对意见，这样有助于避免出现争执与麻烦，同时对于搞好人际关系也有着很大的作用；很多老油条都喜欢说新人做得不好，这时你可以趁机恭维几句，并讨教一些问题，这样他们一高兴，就可能教你几招，对你尽早适应业务有不小的帮助。

另外注意这种人往往都是非常好面子的，所以就算他错了，也尽量不要当面纠正他，这样容易出现冲突，要给他留面子，多尊重他才是上策。

假如老油条实在是有点过多干涉你的工作了，也尽量忍耐，表面顺从，但未必就真的按照他的说法去做。毕竟最后的决策权还是在你的主管领导那里。新人只要在表面给那些老同事留足面子就可以了，而你的工作内容与方式，只要你的主管领导认可即可，毕竟这是你的工作，你感到合适才是最重要的，老同事的建议只是参考。

另外，不与老员工起冲突的原因还有：领导往往借助老员工之手，对新人进行考核与评估，来观察新人是否合格，与能力上的优劣，如果你得罪了老同事，就会使得领导对你的印象分有所下降。

当然老同事处理问题的方式与角度往往与新人是不同的，从他们的处理方式中，新人可以建立起多角度思考与判断的能力。这是很重要，也是很有效的学习途径。如果你是新任的主管，也要借助老员工的经验，才能尽快把握好全局、了解团队，并建立起自己的领导地位与权威。

如果你是一个新到任的主管，就可以利用大家各抒己见的方式，有意在会议中制造建设性的冲突，老员工如果有自己的独特想法，就必须试图说服大家，这样就有机会了解到更多他的细节。这样有助于减少单独请教老油条意见的机会，以免他出现骄傲情绪，认为你这个新主管不过如此，同时也有助于提升整个团队积极动脑的意识。

另外，如果新的主管觉得这些老油条还是有可取之处的话，那么也可以帮他一把，在升迁方面指点他一下，也未尝不是与他搞好关系的好办法。也有利团队的整体发展。

心理学中有一种波纹效应，是说对群体中有影响力的人施加压力，实行惩罚，采取讽刺、挖苦等损害人格的做法时，会引起对立，出现抗拒现象，群体中的其他人甚至会故意捣乱，出现一波未平，一波又起的情形。

所以说，对待老同事老员工，领导者要绝对地重视其个人的心态及想法，发现有异常，要及时地给予引导，要使其感觉到自己被尊重，才有利于以更好的心态为公司做事。

一旦对其提出的建议不予采纳、不予考虑，让其感觉没有得到应有的尊重及认可，那么慢慢地他将变成以绝对打工的心态来工作，不会完全地把公司所有事当自己事来做，慢慢地会偏离公司，甚至离开。

❂ 千万不要贪得无厌

严嵩在《明史》中被排在了《奸臣传》的第一位，不是没有道理的，他靠着一手漂亮的青词获得了嘉靖皇帝的宠爱，而且他实在是太贪婪了，以至把大明朝的国库当成了自己家开的银行。

爱财如命的严嵩总是觉得钱放在自己家里才比较放心，于是利用各种手段贪污受贿，他被抄家后，仅仅上报的金子就有三万二千余两，银子二百余万两，此外还有数千件珠玉宝玩，但是据说抄收上来的家产都不到严嵩所有财产的十分之三，可见他有多么贪了！

同时，严嵩还在朝廷中安插自己的亲信，党羽众多，被称为"严党"，致使朝中官员对严嵩敢怒而不敢言，少数几个敢于上书弹劾严嵩的都被他处死或者发配边疆。

在严嵩的眼中，根本没有国家，只有他自己，甚至在发生"庚戌之变"这样的耻辱事件时，严嵩还命令兵部尚书丁汝夔不得出击，结果京城附近的百姓惨遭鞑靼肆虐，民不聊生，连嘉靖都对他颇有微词。

与严嵩相比，张居正基本上还算是一个公私分明的人。有人可能会说，张居正曾经买通关节帮助自己的儿子会试，甚至还让自己毫无执政能力的管家游七当五品官，引起很多人不满，这怎么能说他公私分明呢？

君不见一个考官能够不卖身居首辅高位的张居正的面子而没有被整死，这难道不正是张居正没有公报私仇吗？

你还可以对封建时期的所有官员进行人肉搜索，拥有十年"一人之下，万人之上"的官场经验的朝中大员们，有哪个在十年中才安排一个自己的人当个五品官？这也许正是张居正能安安稳稳地把首辅的位置坐到死的原因吧？

同样是大明的首辅，严嵩和张居正的区别主要在于能否做到公私分明。张居正凡事为大明着想，无论是实施考成法，还是一条鞭法，无论是改造驿站，还是整饬边防，他的出发点都是为了大明能够在自己的手上重新焕发活力。

张居正十年改革，大明从嘉靖末年国家粮仓不足一年之储，改革前财政空虚，入不敷出，赤字超过三分之一的境况逐渐转变为储粮可支十年，积银四百万两，国防日益强大的帝国。国家的利益得到保障，张居正才有回家葬父时的风光无限。

而严嵩凡事从自身出发，虽然自己的利益丰厚，可是却造成了嘉靖末年朝廷财政入不敷出的局面，最后落得个革职抄家的下场。

工作的目的是为了展示个人才华、实现人生价值。但工作的第一要义却是谋生，如果一个人混迹职场多年，却连基本的生活都不能保障，又何谈发展与提高呢？但是，人的欲望是没有止境的，当一个人获得一定的权力、地位之后，种种诱惑也随之滚滚而来，面对那些令人怦然心动的权力、财富、美色，恐怕谁都会激情澎湃，蠢蠢欲动。是拿来，还是拒绝呢？这可真是一个令人挠头的问题啊！

面对诱惑，严嵩贪了，而且贪得无厌，最后他倒了；张居正却基本上做到了不义之财不取、不义之事不做，所以他能够一直安稳地坐在首辅的位置上，虽然他死后遭到了清算，但那与贪财并无多大关系！

当然，如果你还身处底层，恐怕还遇不到这样的"烦恼"，但是由于工作原因还是可以得到一些便利条件：

如果你的职务能够通过不正当的手段拿到一些回扣，会不会拿呢？

如果你办公桌上放着一部电话，本来是让你与客户进行沟通的，但就算你拿这部电话打几个私人电话别人也不会知道，你会不会做呢？

如果……

确实，利用职务便利确实可以让你谋取一些私利，但这样做的同时却伤害了公司的利益。也许你目前的生活状况堪忧，但这并不是你损公肥私的理由。如果你总是做这种事情，迟早有一天会东窗事发的。最终不仅公司受到损害，你自己也会受到很大的危害。

这种情况就像很多人喂了一群鸡，大家都靠吃鸡蛋生存，偏偏负责喂鸡的人想吃得好一点，于是就偷偷地杀鸡吃肉，一只两只也许大家看不出来，时间长了，大家发现鸡蛋不够吃了，派人一查，原来鸡的数量已经少了一半。杀鸡吃肉的人肯定是罪责难逃了，但其他人也会因为鸡蛋不够吃而饿死。

每个人都想让自己生活得好一些，这一点无可厚非，但是，孔老夫子几千年前就告诫我们"君子爱财，取之有道"，每个人都想让自己的钱包迅速地鼓起来，有些"小聪明"的人于是开始动起了歪脑筋，殊不知"聪明反被聪明误"。如果是用一种不正当的手段来攫取利益的话，重则违反国法、家规，自掘坟墓。

人类社会没有绝对的自由，要想让自己获得最大限度的自由，就应该坚守法律和道德的准绳，这是做人的原则。没有不付出就可以得到利益的工作，要想让自己生活得更好一些，就应该努力工作，靠聪明才智换取工资。这是做事的原则。但是，有些人总想让自己凌驾于法律和原则之上，结果却反受其害。

在职场中，我们也应该做到公私分明，不借公司谋私利，因为只有这样才能保证公司的利益，只有保证公司的利益，个人的利益才得以实现。

公私分明在职场中也有非常具体的体现，大到上文提到的回扣问题，小到用公司的电话办私人的事情，这些都能危害公司或者企业的利益，虽然不大不小，但是这些却是一个人心态的体现。

有的时候，一个员工能否赢得上司的青睐，并不一定来自业绩，因为有的时候业绩的提升并不会那么明显，但是如果你的心态是为公司着想，维护公司的利益，那么上司极有可能对你另眼相看，维护公司的利益就是维护领导的利益。但是，如果你没有做好这些细节，就很容易给人心态不好的印象，这既影响自己在公司中的交际，也影响自己下一步的升迁。

因此，一个企业的员工，尤其是刚刚进入企业的员工要特别注意自身对企业带来的影响，养成公私分明的好习惯，这样才能行得正、站得端，在职场上做出一番成就。

而公司能做到公私分明的一个好方法就是采用"金鱼缸法则"，增加管理的透明度。各项工作在管理上增加透明度，就是要使领导者的行为置于全体下属的监督之下，有效地防止领导者享受特权、滥用权力，从而强化领导者的自我约束机制。这就是严嵩给我们的教训：透明公开是防止公私不分和不正之风的法宝之一。

◎ 搞定"阎王"身边的"小鬼"

"阎王好见，小鬼难缠"，意思是说：在阴间这样一个庞大的企业内部，阎王是大领导，他德高望重、礼贤下士，而小鬼则是企业内部的一些小官，他们虽然算不上领导者，但也算是机关内部的"人物"，如果有事想找阎王办，小鬼们通常是冷言冷语、百般刁难。

要想顺利地见到阎王，那么首先就应该搞定阎王身边的小鬼，张居正在几十年的为官生涯中，在搞定小鬼方面，就很有一套值得我们学习的经验。

在职场中，一个企业或单位的领导往往都是和蔼可亲、平易近人的，但领导身边的秘书、助理这类"身边人"、一些权力不大但又有些权力的小领导却成了下级或外人眼中的冷血动物。究其原因，还是中国几千年来的官本位思想在作怪。

俗话说"县官不如现管"，要想找领导办事，又要先汇报顶头上司，又要找领导秘书或助理安排，只要人家不高兴，你就见不到领导；就算见到了，等你一走，他就会在领导耳边说你的坏话，让你在领导心目中的形象轰然坍塌。

如果仔细分析"小鬼"的动机，无非是从"草根"变成了"阎王"的身边人之后，自觉身份提高，便有些得意忘形，以为不端点架子、不拿出点派头，就不足以显示自己的与众不同。还有的小鬼贪财，你要想见到阎王，就必须给他"意思意思"。总而言之，这些小鬼虽然谈不上罪大恶极，却是十分"难缠"。

对付小鬼最好的办法就是不要得罪他们，多说点儿好听的，时不时送点儿"见面礼"。最重要的是让他们有这样一种认识：你确实是从心里尊敬他、拥护他的。这样，他会觉得你是他的人、是他的朋友，你得了利益，自然也少不了他的好处。

张居正认为，与夹在自己和皇帝之间的人相处时，尤其要注意防止祸患，他怨恨你，就用仁德去回报他；他诋毁你，你就用赞誉来回应他；他猜忌你，你就用诚实来应对他。时间长了，他就会相信你、亲近你，双方的芥蒂也就没有了，事实上，他也确实做到了这一点。

当初，高拱就是因为没有处理好自己跟冯保之间的关系，结果被冯保陷害，无奈地离开了朝廷。张居正由此意识到，自己要想干出一番事业，就不能得罪冯保，因为冯保已经成为司礼监掌印太监，同时还兼任提督东厂的特务机关，被万历皇帝称为"大伴"，是皇帝身边的红人，一旦冯保使坏，那么皇帝就可能对自己产生怀疑，所以，当他与冯保发生矛盾时，他都尽量忍耐，使冯保不对自己产生抵触情绪。

万历二年，翰林院里出现了一双白燕，内阁里的碧莲提前开放。张居正为了粉饰太平，就把这些当做祥瑞之兆报告万历皇帝，意思是说，皇帝勤政，上天降下祥瑞来以示嘉奖。

不料，冯保自以为是一号人物，也想做出一副正直的样子，竟然当众批评了张居正：皇上年纪还小，怎么能让他接触这些东西，玩物丧志呢？

有一个大臣也趁机上疏弹劾张居正"妄献祥瑞，非大臣应有之谊"，这些都让张居正感到很没有面子，尽管心里十分恼火，但是他并没有表现出来，反而称赞冯保批评得对。

不久，冯保向张居正"推荐"自己的管家徐爵做官，张居正不但没有反对，还吩咐自己的仆人游七和徐爵结为兄弟，以便和冯保更好地联络。

志得意满的冯保想在老家修缮祖坟，并为自己建造陵墓，张居正知道以后，不仅吩咐保定巡抚孙丕扬马上动手操办这些事务，还亲自写了一篇《冯公寿藏记》，称冯保为"仁智忠远"，对冯保极尽阿谀奉承之能事，这些都让冯保非常高兴。

在古代，太监都受到士大夫的鄙视，只有被人称为"公公"的份儿，什么时候被称过"公"呢？而张居正却直接称呼冯保为"冯公"，可想这份巴结奉承的劲头有多么大了！但张居正不是傻子，因为他知道只有和冯保搞好关系，才能牢牢地控制住自己的权力，站稳脚跟，所以这份付出还是值得的。

在古代，皇帝是至高无上的，一般是没有人能够约束他的，但是大臣们却都有自己的领导。职场也是如此，除了老板之外，每个人都有自己的上司，无论在什么地方，如果不能和上司搞好关系，那么就会遇到很大的麻烦。

也许有人会说，如果我去找一个好上司就能一顺百顺了，但是，找到一个好上司的概率比找一个不买房就跟你结婚的女孩儿也容易不了多少，多数上司都有一些自己的小心眼儿，所以，常常出现的情况是这样的：要么认为你是垃圾股，根本不提拔你；或者嫉贤妒能，把你打入冷宫；要么安于现状，根本不愿冒险，取得长足的发展。

总之，你要实施的想法总是会遇到各种阻力，因为你的上司都不支持你，你当然是处于一个孤立无援的境地，这时你该怎么做呢？难道就此放弃吗？

放弃绝对是非常不明智的做法，所以，最好的做法就是放下架子来，好好和自己的上司交流，哈佛商学院教授罗莎贝斯·莫斯·坎特提出了坎特法则，即管理从尊重开始。尊重员工是回报率最高的感情投资。只有员工的私人身份受到了尊重，他们才会真正感到被重视，被激励，做事情才会真正发自内心，才愿意和经理打成一片，站到管理者的立场，主动与之沟通想法探讨工作，完成交办的任务，甘心情愿为工作团队的荣誉付出。

像张居正对待冯保一样，把小鬼的毛捋顺了，让他打消对你的疑虑，该提拔提拔，该推荐推荐，该支持支持，只要解除和小鬼之间的误会，让他明白你的诚意，这样他才能逐渐转变对你的态度，接受你提出来的计划和要求。

然而，虽然事情处理起来有很多可以讲究风格的地方，但请记住：虽然你对上司的毁誉用赞誉回报，甚至有时是巴结和谄媚，但是不要忘记自己的原则，这个原则就是你的计划归根结底是为了让公司取得更好的发展，上司的利益得到保障，只要上司的利益得到保障你自己的利益自然少不了。

没有哪个上司，会带着你一辈子。进入职场后，你总会遇到上司更迭的事情。而这种事情，往往发生在你刚习惯了某个上司之后，于是当新上司出现，重新进入磨合期的人便苦不堪言。

还有一些人，在自己的职场氛围里待久了，自以为非常专业，换了新上司后，发觉上司与职场习惯格格不入，便指责上司不够专业。

如此种种的例子，在职场中屡见不鲜。

通常我们与上司互相不适应的时候，总是怪上司这个不对，那个不对。不是说上司性格乖僻，就是说上司不专业，或者干脆说与自己犯冲。

但事实上，真的是这样吗？

其实，职场中互相不适应的事情是正常的，没有谁在一起可以迅速合拍，都要有一段磨合期。

但问题是，当一个新上司进入早就磨合好的团体时，这个上司就变成了外来者，显得很突兀。所以，不少人觉得，上司应该做出改变，来适应原来的团队。

现实往往相反，上司是不会改变的，他唯一能做的，就是用自己的方法高压管理，把从前磨合好的一切都打乱，重新洗牌来过。

由此可见，每个人都应该和上司处好关系，无论是为了自己能在职场中站稳脚跟，还是为了自己将来的发展，上司都是至关重要的一环，如果处理不好和上司的关系那么很有可能被淘汰，但是如果能和上司搞好关系，那么做什么事情都能取得事半功倍的效果。

⑰ 安排得当，小官也能办大事

1568 年，在张居正的安排下，抗倭名将戚继光离开了大明的东南边境，来到蓟州当了总兵。以戚继光的能力来看，即使当个蓟辽总督也是绰绰有余的，但张居正却偏偏让他做了官职并不显赫的总兵。这又是为什么呢？

张居正非常器重戚继光，但是他却不能让戚继光身居高位，因为当时很多朝廷官员都知道戚继光和张居正的私人关系很好，而且，明朝有一个重要规定：拥有兵权的边将不能和朝廷中的重臣私下往来，否则就会被认为是图谋造反。

虽然张居正是内阁首辅，他拥有的权力仅次于皇帝，但他也必须小心翼翼，尤其是在官员任免这个重大问题上，决不能让别人认为自己结党营私，否则那些视生命如粪土的言官们就会群起而攻之，一人之下万人之上的张居正同样也吃不消。所以，戚继光，委屈你了，你只能是个总兵，而且一当就是十几年。

不过，这一切都是张居正玩的障眼法，戚继光虽然是个小小的总兵，但实际上却掌握着蓟州、昌平、保定三镇的兵权。为了掩人耳目，张居正任命自己的学生梁梦龙为蓟辽总督，但私下却叮嘱梁梦龙一切军务都要听戚继光的，成为戚继光的事实上的副手。一个总督成为总兵的副手，看起来有些滑稽，但别人却真就没法挑张居正的麻烦。

世界上没有绝对的公平与公正，人与人的能力不同，你怎能要求能力低的人与能力高的做一样的工作、挣一样的工资呢？但是，公平和公正却不能抛开。那么，如何才能做到这一点呢？

从张居正的做法中，我们可以总结出两点经验，一是所有工作都要公开进行，让大家知道自己的任命并没有暗藏"猫腻儿"，这个位置需要什么样的人来坐，给所有人一个统一的标准，如果你不符合这个标准，那么就不要再抱怨什么，因为你技不如人，只能老老实实地服从安排。

当自己想对某人委以重任却受到很大阻力时，不妨采用明降暗升的手段，"小官办大事"、"特事特办"。事实摆在眼前，张居正并没有对戚继光委以重任，但却让戚继光的上司给下属打下手，即使有人对此不满，也没法拿到台面上来理论。

职场与官场很像，都是明面上一套，背地里一套，即使不能让所有人都满意，也不能授人以柄，达到一种"看上去很美"的境界。

职场从来都不是一个人的舞台，它是由若干个岗位上的若干个人组成的，虽然人员可以流动，但每个岗位却是不可或缺的。

对于那些刚刚进入职场的人来说，只需完成上司交给自己的任务就可以了，但对整个团队的管理者而言，他要负责的事情就太多了，其中很重要的一项工作，就是如何平息团队内部的矛盾，而团队内部的矛盾，又以人事变动最引人关注。

工作能力强、工作态度认真的人一定要重用，这一点毋庸置疑；但关键是不能让没有受到重用的人口出怨言或心怀不满，否则就会影响到团队内部的团结，使工作效率大为降低，甚至会造成内讧，使团队处于分崩离析的边缘。

汉高祖刘邦统一天下之后，封赏了跟着自己打天下的功臣二十多人，之后就偃旗息鼓，再也不提封侯的事情了，一些未被封赏的功臣们很是不满，经常聚在一起发牢骚。

后来，这件事被刘邦知道了，就问张良这些人都在谈论什么。张良回答说："陛下称帝之后封赏了萧何和曹参这样的亲信，又杀了不少曾经得罪过您的人。这些功臣既然都没有得到封赏，自然就害怕被您诛杀，所以就会产生叛逆之心。"刘邦听了以后满头大汗，赶紧向张良求教解决的办法，张良就建议他把自己最厌恶的雍齿封侯。高祖采纳了张良的建议，那些功臣在听说连雍齿都被封了侯后，也就不再担忧了。

领导的用人之道直接影响着整个团队的发展，如果他只凭自己的喜好用人，就犯了一个非常愚蠢的错误，因为私心影响着心态，成见禁锢着视野，对下属的私心和成见都容易让内心的天平发生偏移，进而失去了公平这个最基本的原则。

一旦失去公平这个原则，整个团队就会陷入蝇营狗苟、尔虞我诈之中，甚至祸起萧墙。汉高祖的错误就在于他没有顾及公平原则，结果险些酿成大祸。

在用人上最需要注意的就是：避免一般人才驱逐优秀人才。这种现象在经济学中称为格雷欣法则。本意是指在双本位货币制度下，如果称币值（重量或成色）高的货币为良币，币值低的货币为劣币，则二者并行流通时，良币功能将转化为收藏而退出流通领域。

所谓劣币，是指职场上的这么一种人，他们的职业修养、专业能力很一般，但他们花很大的精力去经营人际关系，去揣摩上级的意图，去打击陷害同僚，而花很少的精力去做对企业发展有增值的工作，对潜在的问题尽可能回避，只做哪些上司投入较大关注、容易表现功劳的工作。

所谓良币，是指职场上的另外一种人，他们对人际关系不敏感，全身心地投入对企业发展有增值的工作，为了推进工作，不惜得罪同僚，与上司有不同意见时，犯颜直谏，对自己职责范围内的事情敢于承担，他们相信，上司会客观公正地评价他们的工作，不需要自己去刻意表现。

企业老板会喜欢哪种人呢？老板们都会说，自己喜欢后一种人——良币。但实际上，企业里能爬到高层的，大多数是前一种人——劣币，后一种人——良币在高层真是凤毛麟角。

在同一企业，由于旧人事与薪酬制度惯性或者领导的偏见等，一些低素质员工与高素质员工薪酬大体相当，从而导致低素质员工对高素质员工的"驱逐"。可见，不偏私是多么的重要。

每一个下属都有自身的优点和缺点，关键是看领导如何恰当地使用这些人才却不让他们心生怨言。

根据工作需要，肯定会有人得到重用，有人被放在看似不重要的岗位，一个高明的领导，就应该平衡受重用和不受重用的下属之间的矛盾，"防民之口，甚于防川"，对待那些对自己用人之道心有不满的员工不能采取简单粗暴的手段，而应该以公平、公正的原则为基础，运用灵活的手段让员工各安其位，即使心有不满，也找不到惹是生非的理由。只有这样，才能尽量缓和内部矛盾，使整个团队获得更大的发展。

有多大的肚量就能容多大的人才

人无完人，每个人的身上都有这样或者那样的缺点，在工作中，我们经常会遇到这样的两类人，一类人办事能力强，但是在品德修养上存在着不足，也就是人们通常所说的"有才无德"；另一类人十分重视个人的品德，对别人也要求很严，但是他们办事只从道德出发，不怎么讲究技巧，也就是"有德无才"。

实际上，领导更想重用"德才兼备"的人，但这样的人实在是太少了，如果你是一个老板，总是抱着宁缺毋滥的态度来招聘员工，恐怕你的公司早就破产了。

发展企业不是搞精神文明建设，不能一味地要求员工在道德上完美无瑕，即使员工有一些小缺点，只要他有能力，就应该让他充分发挥自己的才干。在这方面，张居正这个实用主义者就基本做到了"唯才是举"，这也是张居正担任首辅的十年里，大明帝国能够出现短暂中兴局面的重要原因。

张居正用人有两个标准：一是有真才实学，能做事；二是听话。对于有能力的官员，张居正不怎么在乎他的品行是好是坏。为什么还要重用听话的人呢？因为张居正本身就是个做官的天才，他制定的政策需要有人忠实地执行，只要听话，就能在自己的岗位上干出政绩。

张居正曾说过："天生一世之才，必足一世之用。"意思是说人才的实际数量肯定是足够的，只是看当权者能不能发现他们。这个观点正好印证了张居正的实用主义的用人策略。

因为上天在多数时候还是公平的，所以它不会创造"完人"，即使是人们口中所说的"圣人"，也存在着缺点，连圣人都几百年、几千年才出一个，我们又怎能要求手下的人都是"完人"呢？正是认识到了每个人身上都存在着缺点，所以张居正并没有强求自己的下属，他看重的是能力，只要你有能力，只要你能力强，那么我就用你。

企业的老板到底要重用什么样的人，不能单凭自己的喜好，一定要对每个有潜力的员工进行细致的了解，只要员工的能力确实对公司的发展有利，那么即便他身上存在着一些道德上的瑕疵，也可以在做好监督、防范机制的情况下任用他。

隆庆初年，殷正茂率军平定了广西古田壮族的韦银豹和黄朝猛的起兵。隆庆四年，殷正茂又被当时的首辅高拱任命为提督两广军务。当时，东南边境的惠州、潮州、琼州多受倭寇的侵扰，殷正茂上任后就杀倭寇一千余人，表现出很强的军事才能，但他有个缺点，就是贪财。高拱也知道殷正茂这个毛病，所以派他带兵打仗的时候经常会多给他一些军费，以资鼓励。

但是，殷正茂毕竟是高拱的人，张居正上台以后，很多人都弹劾殷正茂官声不佳，殷正茂对自己的前途也不抱什么希望。但是，张居正并没有打压殷正茂，反而在万历四年任命殷正茂为户部尚书，殷正茂不降反升，十分知趣地投向了张居正怀抱。

张居正之所以重用殷正茂，就是因为他确实才干过人，能够为大明的和平稳定作出贡献，至于他贪财的毛病，那倒在其次，就当时的环境来说，"千里为官只为财"，有几个官员能像海瑞那样清廉呢？

史书上称张居正"重循吏"，"循吏"这个词源于司马迁的《史记》，《史记》中专门有《循吏列传》的篇章。一般而言，循吏都是好官，他们往往注重实践，从实际出发，为官一任，造福一方，其特点就是不太讲究规矩和言论，较为变通，做事效率高，不会整天口若悬河，胡吹大气，却干不出任何实事。

有能力的人自有他的好处。例如你领导着一家公司的销售部门，那么一个只会等客人上门，只会重复产品有多么好，只会因为自己的道德洁癖而对客人严格要求的员工对你没有任何用处，这样的员工唯一的作用就是把客人赶走。

与此相反，一个善于投机，不太讲规矩而更重视技巧，能够拉关系，走后门，揣摩客户的心理，能够吸引客户的员工却能为你带来更多的业绩，你的任务因此而超额完成，这样的员工才是你真正需要的。只要你能用恰当的制度要求和人性化管理，那么这样的人完全能发挥出他们的价值。

赵简子是春秋末年晋国一位很有成就的正卿，为了强大晋国，他在求贤纳士时就十分重视能力。当时有个叫杨因的人，在听说赵简子广招天下名士后，就赶忙前往应试。他在自我介绍的时候就说："我住在乡间之时，曾有三次被邻居赶走；我侍奉以前的君主时，曾经五次挂冠而去；但我听说国君很喜欢读书人，尤其重视才能，所以我特地前来求见。"

赵简子当时正在吃饭，听了下人的禀报后十分高兴。饭也没有吃完，就放下碗筷，慌慌张张地竟然忘了站起来，就跪着挺身准备出迎杨因。左右的人都上前劝谏说："这个人三次被邻居赶走，说明他的群众基础很差；五次辞去官职，说明他对国君并不忠诚；现在您看中的这个人，已经有八次不良记录了。"赵简子回答说："这就是你们不懂了。容貌娇美的女子，会被丑妇嫉妒；有才能的君子，易被乱世所疏远；正直的行为，恶人是看不惯的。"于是，赵简子以大礼出迎杨因，并拜他为相。自此而后，国家治理得果然很好。

三国时期，曹操曾发布《求贤令》，其中明确指出：如果一定要所谓廉士方可使用，那么齐桓公怎能重用管仲成为春秋五霸之首呢？如果因为陈平有"盗嫂受金"的名声就不重用他，汉家的天下恐怕早就被吕氏窃取了。曹操的用人之道就是"唯才是举，吾得而用之"。

著名管理学家彼得·杜拉克说过："卓有成效的管理者善于用人之长。"因此，要想富强一个企业，壮大一个公司，就应该重用那些有才能的人，这是用人的大原则；但是对于品德则应该变通一些，德才兼备的人固然非常重要，但是对于那些有才无德的人也应该有选择地任用，因才施用，发挥他们的能力，尽量避免他们的缺点，"不拘一格降人才"，这样的用人之道才能让你得到需要的人才。

管理者若能合理地用人，善于用之所长，工作自然得心应手。美国的钢铁工业之父卡耐基墓碑上的碑文说得最为精辟："一位知道选用比他本人能力更强的人来为他工作的人，安息于此。"

当然，卡耐基先生所用的人之所以能力都比他本人强，乃是由于卡耐基能够看到他们的长处，将他们的长处运用于工作。他们或许只是在某一方面有才干，也或许适于某项特定的工作，但卡耐基无疑是他们之中最有效的管理人。管理人的任务不在于重新改造谁，而在于运用每一个人的才干，从而达到以一当十、以十当百的效果。

◎ 二十一世纪最重要的是人才

在电影《天下无贼》中，葛优扮演的黎叔曾一语道破天机："二十一世纪什么最重要？人才！"这句话说出了很多企业领导者的心声。是的，谁拥有的人才多，谁就更能精通这个行业的发展状况，更能把握时代发展的脉搏，让自己领导的企业在风云变幻的商战中立于不败之地。这几乎是人人达成的共识。

可是，与此相反，如果一个企业总是人才外流，却没有新来的人才补充，结果人才越来越少，那么估计这个企业离破产也就不远了。

1572年，在经过了两百多年的不停折腾后，大明帝国已经变成了一块烤得焦煳的山芋，交到谁的手里，谁都会感到烫手。因为此时的大明帝国已经内忧外患，不堪重负，濒临破产。国库空虚，官僚机构臃肿，贪污成风都成了大明帝国最根本的弊病。这就是张居正在掌管了这个庞大的帝国后所面临的现状，那么他是如何做的呢？

头痛医头、脚痛医脚的办法显然是治标不治本，张居正实施的第一个措施就是针对官僚机构臃肿的考成法，用考成法对大明官员的业绩进行考核。

考成法实施后，六部和都察院都会把所属官员应处理的事情定一个期限，并分别登记在三本账簿上，一本由六部和都察院留作底册，另一本送六科，最后一本呈内阁。

六部和都察院按账簿登记，对所属官员承办的事情按月进行检查，每完成一件须登出一件，反之则要如实申报，否则以违罪处罚；六科亦可根据账簿登记，要求六部每半年上报一次执行情况，违者进行议处；最后内阁同样亦依账簿登记，对六科的稽查工作进行查实。吏部通过这样的方法评定官员的勤惰，督促公务，提高了政府的办事效率和执政能力。

这种方法终于让大明官场的官员冗杂现象得到了有效的解决，同时考成法还为大明帝国选拔了许多人才。张学颜因此得到了张居正的重用。

其实早在张居正的前任高拱当政之时，张学颜就被任命为右佥都御史巡抚辽东，当时他和辽东总兵李成梁就把辽东重镇守得很好。张居正成为首辅以后，更加看重张学颜，破格任命他为户部尚书，并由他主持清丈土地的工作，发挥了他善于理财的长处。张居正死后，张学颜仍然受到重用，这足以体现他的才华和张居正的用人眼光。

如果没有张居正用人上独到的眼光，那么大明帝国不可能在跌入深渊的路上还有回光返照的一瞥；如果张居正能多活几年，或许历史就会改变。

官场如此，职场也一样。可能有人常常抱怨自己企业的效率低下，机构臃肿，很多员工"在其位不谋其政"，这都是大多数企业的通病之一。

关于这一点，我们可以讲一个浅显的道理：一个和尚挑水吃，两个和尚抬水吃，三个和尚没水吃。这是为什么呢？为什么和尚多了，反而没水吃了呢？一个和尚要吃水必须要自己去挑，等到两个和尚了，这件事就不能一个人干了，所以两个人去抬水喝，可是到了三个和尚，三个人没法抬，只能是你推我，我推你，谁都可以干，但谁都不想干，结果和尚多了，反而没有水喝了。

在现实的职场中也一样，本来一个人干的工作，有几个人可以干，结果只能是谁都没有干。考成法的目的就是让每个人都知道自己要干什么，什么才是自己的分内之事。世界上并不缺少人才，而是缺少发现，所以"千里马常有，而伯乐不常有"。考成法的目的就是在所有的人中去粗取精，让人才脱颖而出。

但是，考成法只能让人才出现在你面前，至于究竟是个什么样的人才，还要你有火眼金睛才行。

有一种人最能考验你的眼光，这种人就是我们经常会遇见的所谓"通才"。这样的人总是自视甚高，认为自己无所不能。可是一旦真的对他们委以重任，其表现却往往是差强人意。所以作为企业的管理者，应该善于识人用人，也应该有一定的原则。真正的优秀人才是从实践中锻炼出来的，而决不是凭空捏造出来的。

得到张居正重用的张学颜为人谨慎，为官清廉，尽忠职守，而且还有地方工作的经验，所以张居正才破格提拔他为户部尚书，并负责重要的清丈土地工作。

所以说，当企业的管理者考虑人事时，必须要以员工的真实能力为基础。用人的关键在于如何最大限度地发挥员工的长处，而不是如何去避免其短处，因为每个人都或多或少有一些缺点和不足。只要你善于发现下属的长处，并加以利用，那么何愁不能管理好一个企业呢？

公元前202年，刘邦在垓下打败项羽，最终建立了汉朝。同年六月，刘邦召集群臣在洛阳的南宫开庆功宴，在宴席上，他总结了自己能够夺得天下的原因："如果要说运筹帷幄之中，决胜于千里之外，我一定不如张良；如果要说抚慰百姓供应粮草，我又不如萧何；如果要说领兵百万，决战沙场，百战百胜，我肯定赶不上韩信。可是，我却能做到知人善用，发挥他们的才干，这才是我们取胜的真正原因。而你们看项羽，他的手里只有范增一个人可用，但对范增他也不是完全信任，这就是他最后失败的原因。"

刘邦的总结确实说对了，战争的胜败，人的因素总是最重要的。日本经营之神松下幸之助说过："企业最大的资产是人。"著名的企业管理学教授沃伦·贝尼斯也说过："员工培训是企业风险最小，收益最大的战略性投资。"可见，人才战略是多么重要。

项羽拥兵数十万却没有战胜比他弱小的刘邦，因为他缺乏谋士，缺乏人才；张居正虽然深谙权谋智计，且有宰相之才，但如果没有具体的人来帮他实施，那么他的改革也终将无法进行，这都体现着人才的巨大作用。所以，每一个企业的领导者都应该重视人才，把人才的任用和企业的发展结合起来，这才是符合竞争需要的"人才战略"。

第五章

掌握局势首先要看清局势

处理具体的事情，需要讲究原则和技巧，而要想规划自己整个的未来，就必须要拥有一种掌控全局的能力；要想拥有这种能力，就要具备审时度势的战略眼光、抓住一闪即逝的成功机会。张居正一生无数次站在风口浪尖上，只要一不小心，就会从天堂堕入地狱，幸运的是，他靠着自己出色的才干和高度的智慧，一次又一次地化解了危机，成为一代宰相文杰。现代人与张居正所处的环境虽然不同，但对张居正的成功经验一样可以采取"拿来主义"的做法。

君子报仇，十年不晚

成功，是一个累积实力、见机而作的过程。当实力不够强大的时候，即使成功的机会就摆在眼前，你也不可能抓住。所以，面对一个个巨大的诱惑，没有金刚钻，即使把瓷器活儿揽到了手里，你也干不成，相反，还会给自己带来麻烦。

张居正同志教导我们说，在很多情况下，有些事不能勉强为之，在时机不成熟的时候，应该静下心来观察周围形势的变化，同时等待时机，然后才能把握住机会，实现自己的目标。

以职场当中最为敏感的加薪为例，如果你认为自己有充足的理由请求上司为你加薪，你会怎么做呢？是当机立断找上司谈，还是先观察一下环境再说？聪明的人一定会选择后者，因为你虽然具备了加薪的内在实力，但如果没有良好形势的策应，你一样会失败。

比如说，你是个刚入职场的新人，做得很好，但企业有规定："工作一年以上者才可参照绩效标准重新设定工资。"你如果干了几个月就提出加薪请求，不仅不会得到批准，反而会让领导怀疑你对这份工作的忠诚度。

再比如，你所在的企业刚刚经历了金融危机的洗礼，正值"百废待兴"的历史时期，如果你在这时提出加薪请求，上司一定会认为你小子缺乏企业责任感，竟敢在企业最困难的时候"趁火打劫"！其后果可想而知，他不把你开掉就已经够给面子的了。

其实不光是加薪，职场当中很多事都不可急于求成，尤其是人与人之间的斗争，更是如此。

在张居正还很年轻的时候，就已经懂得了"心急吃不了热豆腐"这个道理。

爷爷被辽王害死之后，张居正本想报仇，可是他也感到自己力量的弱小：人家辽王有权有势，而且又是以这种特殊的方式杀人于无影之中，自己这个刚刚有点儿功名的书生又怎么能扳倒他呢？

不过，少年老成的张居正并没有像如今很多初入职场的"毛头小子"那样因为上司欺负自己就奋起反抗，他抱定了"君子报仇，十年不晚"的信念，准备有朝一日时机成熟再找辽王算账。

于是，张居正当上翰林院编修以后，表面上继续与辽王交好，而背地里却四处收集辽王的罪证，等待着时机的到来。

功夫不负有心人，张居正的机会终于来了。隆庆皇帝登基以后，不断有言官弹劾辽王，隆庆帝就下令对辽王进行查办。张居正此时则趁火打劫，指出辽王准备谋反。尽管张居正对辽王的诬陷并未获得成功，但辽王也因其他罪名被贬为庶民。

从这件事可以看出，张居正是很善于把握时机的。他深知，自己以一个小小的翰林院编修的身份根本斗不过辽王，相反，还会把自己的前程赔进去。他静待时机，等到自己位高权重、辽王地位下滑的时候果断出手，这样才会增加成功的概率。

当今社会的职场人士，都应该从张居正身上吸取经验。我们如果能在适当的时间、适当的地点说出适当的话，做出适当的事，结果自然很好。但是，我们首先应该搞清楚，自己说话、做事的时机是否合适。

即使你的所作所为是正确的，如果是在错误的时间、错误的地点，也同样达不到预期效果。因此，我们首先应该看清形势，如果形势对自己有利就展开行动，如果对自己不利就马上停手，耐心等待机会的到来。从兵法的角度来说，这就叫"合于利而动，不合于利而止"。

战国时期，赵国大将李牧奉命在雁门关防御匈奴。当时，他根据匈奴骑兵骁勇善战、机动灵活的特点，实行坚壁清野的战略方针，使勇猛的匈奴人抢不到任何战略物资，只能在城墙外打转转。

赵王以为李牧一味地防守是因为胆怯无能，于是便派另一位将领取代李牧的位置。新任将领上任以后，一改李牧的政策，只要匈奴来犯，他就下令出击，结果赵军伤亡惨重。赵王不得已，只得再次请李牧出山。

李牧复职后，继续按照以前的方针与匈奴对峙。这样过了几年，匈奴人一无所获，他们都以为李牧是个懦弱之辈。实际上，李牧一直在等待时机。他感到匈奴人已经上了当，而自己手下的兵将个个都摩拳擦掌，于是便以小股部队将骄横无比的匈奴大军引入包围圈，最终将匈奴十万大军全部围歼，取得了对匈作战的最终胜利。

无论是张居正还是李牧，都是苦心经营多年之后才找到合适的机会的。然而在当今社会，人心浮躁，真正能静下心来等待时机的人并不多见。

有些人认为，人生是短暂的，把有限的生命耗费在无望的等待上实在得不偿失。其实，你只要弄清楚一点就可以理解等待时机的必要性和可行性了：如果你在应该等待的时候盲目躁动，那么你不但不会有所得，反而会失去一些机会。

这就好比车晚点了，而这又是你唯一的交通工具，你如果为了赶时间而步行前往目的地，就只能欲速则不达。你所应该做的是：利用等车的时间养精蓄锐，以便在车到来之际迅速上车，免得在熙熙攘攘的人群中被挤得东倒西歪。

我们再回到加薪的问题上。人们工作的主要目的之一就是为了赚钱，可是如果你在时机不成熟的时候贸然提出加薪请求，结果就是你得不到任何好处，相反还会影响你在上司心中的形象。假如你有更好的发财机会，你当然可以选择跳槽，可如果你没有别的路可走，就应该脚踏实地地工作，等到你做出了一些成绩、上司对你的关注度提高或是公司状况好转的时候，再提出加薪请求，这样才有可能达到理想的效果。

发展心理学研究中有一个经典的实验，称为"迟延满足"实验。实验者发给四岁被试儿童每人一颗好吃的软糖，同时告诉孩子们：如果马上吃，只能吃一颗；如果等二十分钟后再吃，就给吃两颗。有的孩子急不可待，把糖马上吃掉了；而另一些孩子则耐住性子、闭上眼睛或头枕双臂做睡觉状，也有的孩子用自言自语或唱歌来转移注意消磨时光以克制自己的欲望，从而获得了更丰厚的报酬。

研究人员进行了跟踪观察，在后来几十年的跟踪观察中，也证明那些有耐心等待吃两块糖果的孩子，事业上更容易获得成功。

实验证明：自我控制能力是个体在没有外界监督的情况下，适当地控制、调节自己的行为，抑制冲动，抵制诱惑，延迟满足，坚持不懈地保证目标实现的一种综合能力。

职场中的年轻人往往由于年轻气盛，容易好高骛远，对于日常工作中的琐事持一种不屑的态度。其实老板考察你，正是从小事开始，所以无论老板交给你的事多么零散，或者根本不是你分内的事，你都要及时地、热情地处理好。即使老板不再追问，也不可不了了之，一定要给一个下文。

从这些零碎的，看似与工作没有多大关系的小事做起，渐渐获得老板的信任，让他对你的态度、能力加以肯定，这样才能获得"做大事"的机会。

所以说，在职场混，时机是需要耐心等待的。你一旦因为嘴急而把刚出锅的豆腐一股脑儿吞下，你不被烫个死去活来才怪呢！只有等豆腐凉下来再去品尝，你才会感受到那股浓浓的豆香。

◎ 学会"拉大旗作虎皮"

人们普遍具有一种从众心理，每个人的行为都或多或少地受到潮流、形势以及周围人的影响。张居正以敏锐的眼光看到了这一点，他认为，人在官场，就应当利用形势，让形势来迫使他人按照自己设定的路来走；可是，好的形势不是总伴随在你身边的，如果没有现成的形势可用，那就需要自己制造形势了，也就是说，要学会"拉大旗作虎皮"。

"拉大旗作虎皮，包着自己，吓唬别人"的伎俩，本是江湖流氓的发迹秘诀、市井无赖的混世法则。"大旗虎皮"蒙人唬人镇住人的奇效，往往为施用此术者带来说不尽道不完的方便和好处，于是便惹得一些人争相一试，而且在披挂时还萌发新奇创意，把一门"特种包装学"发展到出神入化的崭新阶段。

在这一点上，张居正为我们树立了榜样。

张居正在着手进行改革之前，曾反复考虑过改革可能面临的阻力。他知道，要想割除大明王朝自身的毒瘤，必然会牵涉很多人的利益，其中不乏皇亲国戚、政府高官。这些社会上层人士自然不会明目张胆地说"你的改革会让我们失去很多好处"，他们会拿祖制、大局为借口反对改革，让张居正没办法直接否定反对者的观点。

前车可鉴，其实历史上有过许多这种类型的改革失败的例子。北宋王安石刚开始变法的时候，就打出了"天变不足畏，祖宗不足法，人言不足恤"的口号，尽管这话说得很有道理，大有"五四"运动那种重整乾坤的气势，但是在当时的封建时代，这无疑是大逆不道之语，于是很多人都以此为把柄，堂而皇之地攻击新法，说他的新法违背天理、对祖宗大不敬。

由于当时的"忠"、"孝"思想在社会意识形态中占统治地位，因而反对派的声势使得越来越多的人对王安石变法产生了怀疑。就这样，王安石在声势上处于"敌强我弱"的不利地位，他的改革计划也因此最终破产。

为了避免重蹈王安石的覆辙，张居正在改革伊始就为自己制造了强有力的声势。他深知，所谓改革就是推翻旧有制度，建立新秩序，可是这样做就等于对前人的制度进行否定。

更要命的是，现行制度是由老祖宗制定的，你要是改革了，就等于是推翻了以前天子立下的规矩，这样一来别人就有机会弹劾你了。想到这一点，张居正就动起了"歪"脑筋，他把大明王朝开国皇帝朱元璋搬了出来。

当初朱元璋曾规定：官员任满三年须考核一次，六年再次考核，满九年还要实行通考；另外，对于贪官还要予以挑筋、抽肠、凌迟等残酷得令人窒息的惩罚。

正是由于朱元璋当初制定的律法与张居正的改革理想有很多共同点，因此他就打着"恢复祖制"的旗号进行改革。人家把开国皇帝都搬出来了，满朝文武谁敢说个"不"字？就这样，张居正利用朱元璋为自己壮大声势，从而使改革得以顺利进行下去。

从人的社会属性来看，每个人都要或多或少地受社会道德评判的制约。同样的道理，在一个企业当中，人们也会受到社会主流价值观、企业文化的影响，如果一个人能够从这些方面出发控制住他人的意志，那么他的主张就很容易被多数人所接受。尽管张居正当时并没有如此深刻的认识，但是他知道，借助开国皇帝的声势，就可以顺理成章地控制住整个朝野的"意识形态"，从而让大家自觉地紧跟自己的步伐。

张居正改革过程中的"造势"，对于现代职场人士来说有着很好的借鉴意义。假如你的改革方案得不到认同，你就需要寻找一切可以利用的资源，如企业宗旨、集体荣誉以及全体员工切身利益等，把这些"高帽"扣在你的主张之上，别人就是心理上不认同，嘴上也说不出二话。

很多人在职场中都会遇到这样的问题：自己的主张明明是对的，可就是得不到别人的认同；而且，往往是一个人提出异议，其他人就随声附和，使自己的合理化建议只能"胎死腹中"。

出现这种结果，主要有两个原因，一是其他人没有看到这种主张的优越性与可行性，二是其他人明知道这种主张十分优越，但由于在某些方面触动了他们的利益，他们才会否定其优越性。

如果是前一种情况，你可以"苦口婆心"把利害得失讲清楚，让大家认同你的观点；如果是后一种情况，就比较麻烦了，因为反对者是成心跟你过不去，就算你把利害得失分析得头头是道，他们还是会找一些冠冕堂皇的理由来反对，比如制度不允许呀、单位的工作流程会因为改革而变得混乱呀、整体利益会受到影响呀等等。对此，你很难再从简单的利害说服他们，而要为自己制造声势，起码在口头上让他们无法辩驳。

举个简单的例子，假设主管你们单位的部门要举办一次运动会，各个单位都要选派运动员参加。你所在单位的领导可能出于经济考虑不打算为运动员发放统一服装，而你的看法却正好相反，于是你就准备说服领导，由单位统一购置运动服。

在提出建议之前，你需要考虑清楚：如果你的单位确实有经济方面的困难，那也就罢了；可如果单位具备较强的经济实力，领导仅仅因为"怕花钱"而拒绝购置服装，你又该怎么办呢？

比较明智的做法是，你在承认领导"治家有方"的基础上，指出这样做的弊端，比如让兄弟单位看不起，以为我们经济实力不行等等，这样一来，凡是有点"血性"的人都会为了面子而把本单位的架子撑起来，你的目的也就达到了。

当然，这只是一个比较简单的例子，如果遇上转制、改革等规模宏大而又复杂的问题，你就需要更进一步为自己"造势"。

很多刚毕业的新人都有一段懵懵懂懂的时期，比如在办公室里不知道该干些什么，不知道如何展现自己的素质和才华，如何让领导和同事认为你是个"可造之材"。

初入职场的新人，不过二十出头青春年少，公司里大多数人都比你年长，你的一举一动，这些前辈都看在眼里。

因此，在为自己"造势"方面，基本不需要刻意用语言表达，只能以自己的行动、谈吐和处理日常点滴琐事的敬业精神和能力让老板、同事、客户都觉得你是个"可造之材"，那么你就基本成功了。"力争上游"是职场新人唯一的"造势"通途。

总而言之，凭借强大的声势征服对方，不需要自己多费口舌，就可以让形势为我所用，并使其沿着自己预定的方向发展下去，这样做自然会达到"不战而屈人之兵"的理想效果。对于一个职场人士而言，能够做到这一点，就算是掌握了职场权谋的上乘"武功"。

我让制度说话，制度与我无关

中国人最讲感情，因此历代帝王都以"忠孝"作为"俘虏"臣民思想的武器。但是，感性的忠孝并不能代替法治。

早在先秦时期，中国的君王们就看到了法家的力量。大明首辅张居正也强调说：军队没有威严就不能够站稳脚跟，号令不严格就无法施行，只有用威严来震慑、用号令来制约，军队才能所向无敌，社会才能井然有序。

人是有感情的动物，而感情又会对公务造成影响，因而很多人都陷于两难之中：秉公办事吧，容易得罪人；讲"情面"吧，又会妨碍公务。如果对这二者处理不当，你很有可能在公务与感情上都会蒙受损失。这是因为，同事之间的工作交流在很大程度上都要靠感情来维系，如果两个人感情不和，自然不会显示出高度的合作热情。

尽管人们都明白感情用事的危害，可是在实际工作中，很多人仍感觉自己难以"割舍"掉这种因素。想想看，如果你批评了下属，不管他和你私交怎样，他都会因为这件事与你产生嫌隙，这就会使你们之间的关系进一步恶化。可是，如果你不批评他，他的错误又会为整个组织带来更大的危害。

如何看待职场中的情感问题。成功人士的回答惊人地一致：不要带着感情进入职场，职场里没有兄弟姐妹之情，只有工作关系。这样，该处罚的处罚，该奖励的奖励，没有情面可言，职场就是生意场，没有永远的朋友，只有永远的利益。

但是秉公办事得罪人，一味地迁就又对不起自己，在当今职场，恐怕很多人都曾陷于这两难之中难以自拔，那么到底有没有好的方法解决这个问题呢？

张居正认为，要想有效地解决问题，最好的办法就是法律，在这一点上，他可以说得到了战国末期法家思想的代表人物——韩非子的真传。韩非子强调依法治国，认为君主不必亲自动手，只要把法律条文公布出来，用法典对照臣民的所作所为就可以判断谁有功、谁有过了。这样既公正又省力，可谓治国的首选方略。

张居正继承了前辈的衣钵，并把它应用于实际工作当中，考成法就是一个成功的例子。

在张居正改革以前，朝中官员一个最大特点就是人浮于事、办事拖拉。那些官员的想法是，反正上面没有要求期限，我就可以无限期地拖延下去，等到上面过问了，我再往其他部门推诿。就这样，一件件政务被无限期地搁置，被各部门像打排球一样推来推去，最终使政务一件接一件地烂尾，整个大明王朝也就跟着烂尾了。

为了改变现状，张居正制定了考成法，用明确的条文规范了官员处理公务的流程。你们不是办事拖拉吗？好，我就让各部门规定一个期限，并做好记录，以便定期检查。如果你们在规定期限内做不好，又没有汇报实情，对不起，考核不及格，你可要小心"下岗"了。

正是因为有了制度上的支持，使得官员们开始自觉提高自身的业务素质，而张居正本人并不需要经常督促，他只要对照办事计划和官员的实际完成情况就可以知道谁能干、谁愚钝了。

张居正以考成法整顿吏治的最大优点就是，他本人不必劳心费神，该赏谁、该罚谁完全以法律为准绳。此外，官员们也不会因受罚而反对张居正，至少嘴上不能这么说。

因为考成法是国家的根本大法，张居正身为首辅，只是根据法律来办事，既然法律已经明明白白地公之于众了，谁要是不遵守那就是自己找麻烦，如果因此而受罚，那也怪不得别人。

张居正的做法对于今天的企业管理是有很多借鉴意义的。在一个现代化企业中，公平是相当重要的，可是由于人的感情因素在作怪，使得一些领导者对下属不能给予公平对待，这必然会使领导者的权威地位发生动摇。可是，即使领导者一碗水端平，也很有可能让一些理应受罚的人感到不满，他们会想：你干吗这么整我啊？是不是对我有意见啊？于是，下属就会从心里对领导者产生抵触情绪。

那么，该如何解决这个问题呢？张居正给了我们答案：一切事务以规章制度为依据，领导者只负责根据制度判断一个人的得失。

这样一来，那些有心徇私情的领导就不能主观地去评判是非；而那些心里想着秉公执法，却碍于颜面不敢"大开杀戒"的领导则可以放心大胆地利用制度这张面具"无情"地处置那些办事不利的下属，那些下属也不会因此而对领导心生怨恨。

你的亲友也许私下里前来"兴师问罪"：你为什么把我整得这么惨，难道你一点儿也不念及手足之情吗？你可以这样回答他：我也是没办法啊，公司的规定你又不是不知道，我要是犯了错一样要受罚的！这样就可以消除双方之间的芥蒂，从而更好地维护你们之间的私人感情和工作关系。

春秋时期的晋国大夫祁黄羊可谓外举不避仇、内举不避亲的典范，是真正的"大公无私"。与祁黄羊相比，我们现代人的"大公无私"并不单纯取决于个人的道德品质，还要靠制度来维护。有些时候，领导者必须以制度为掩护实现自己"公私分明"的目标，这样才能更为有力地控制大局。

每个单位都有规章制度，单位中的任何人触犯规章制度都要受到惩处。"热炉法则"形象地阐述了惩处原则。

热炉火红，不用手去摸也知道炉子是热的，是会灼伤人的——警告性原则。领导者要经常对下属进行规章制度教育，以警告或劝诫不要触犯规章制度，否则会受到惩处。

每当你碰到热炉，肯定会被火灼伤———一致性原则。"说"和"做"是一致的，说到就会做到。也就是说只要触犯单位的规章制度，就一定会受到惩处。

当你碰到热炉时，立即就会被灼伤——即时性原则。惩处必须在错误行为发生后立即进行，决不能拖泥带水，决不能有时间差，以便达到使犯错人及时改正错误行为的目的。

不管是谁碰到热炉，都会被灼伤——公平性原则。不论是管理者还是下属，只要触犯单位的规章制度，都要受到惩处。在单位规章制度面前人人平等。

罪与罚相符，法与治可期。不管谁碰到热炉，都会被灼伤。张居正也用到了"热炉法则"：不管谁触犯了考成法，都是要受惩罚的。

人们常说"法不外乎人情"，可是如果你真的想把人情置于制度之外，还要依靠制度的强制力，至于那些得罪人的事，就让那些"该死"规章制度去承担好了。

🎯 阴沟也会翻船

在职场博弈中，对于防守者而言，守住自身的薄弱环节至关重要，那么反过来看，进攻一方就应当集中力量攻击对手的弱点。张居正在几十年的官场生活中，通过耳濡目染，总结出了这样一条理论：在权谋斗争中，抓住对方的破绽，利用对方的弱点，就可以轻而易举地安定天下。

其实，早在两千五百年前，兵圣孙武就提出了避实击虚的战术原则，就是说与敌人交战，应当避免硬碰硬，而要用自己的"实"去打击敌人的"虚"。形象一点来说，就是不要用自己的拳头击打对方的拳头，因为那样做会让自己很疼；正确的做法是用自己的拳头击打对方的软肋，以此为突破口，这样自己才能以最小的代价换取最大的胜利。

有些时候，职场当中的情况甚至比战场还要复杂得多。因为你在与对手竞争的过程中，不但要找准对手本人的弱点，同时也要兼顾与你的对手有着利害关系的其他因素。

如果你打垮了对手却得罪了旁人、违背了其他人的意志，你就很有可能在胜利的喜悦尚未消散的时候被另一个（或一群）对手所击倒，永世不得翻身。所以说，真正的职场达人应该从全局出发寻找对手的软肋，这样才能在顺应形势的前提下实现自己的目标。

张居正在长期的官场历练中，就学到了这一点，严嵩的倒台，就是老师徐阶为他上的最好的一堂课。

当初，徐阶在与严嵩的斗争中一直处于下风。尽管严嵩罪大恶极，但是徐阶仍然没有办法扳倒他，一方面是因为严嵩势力太大，另一方面也跟嘉靖皇帝有关——严嵩是嘉靖帝身边的红人，嘉靖帝不会因为一点"小事"就收拾他。

后来，徐阶终于想到了制伏严嵩的办法：嘉靖帝不是一直都崇信道教吗？好，我就来个投其所好，给你推荐一位得道高人。

徐阶推荐的道士叫做蓝道行，擅长占卜。1562年的一天，嘉靖帝把蓝道行请进宫里，让他占卜福祸。蓝道行被神灵"附体"以后，双手像触电似的抖动着，在沙盘上写下了几个字："今日必有奸臣上疏言事。"嘉靖帝看罢心生疑惑：真的会有奸臣奏事吗？那么这个奸臣又会是谁呢？

过不多时，果然有人上疏，这个人居然是严嵩。嘉靖帝对"神仙"说出的话可以说是深信不疑，既然神仙的话应验了，那他就不得不重新审视这位服侍自己多年的老部下了。

此时，御史邹应龙"恰好"从内侍那里得知了这件事，于是赶紧参了严嵩一本，把他的罪行详细地报告给嘉靖帝。在"神灵"的指引和言官的奏疏共同推动下，嘉靖帝终于下决心收拾严嵩。于是，他下令"请"严嵩退休，至于严嵩的儿子严世蕃，则被处以重刑。

严嵩之所以能够倒台，主要是因为徐阶、蓝道行、邹应龙三人的默契配合，使得嘉靖帝和严嵩的软肋都被牢牢牵制住。徐阶看到，要想扳倒严嵩，首先得征服嘉靖皇帝，而征服皇帝的最好方法就是投其所好，让他心甘情愿地被道士"忽悠"。蓝道行受徐阶的指使，以神灵的名义贬斥严嵩，使得嘉靖帝对严嵩产生了怀疑，这样就使嘉靖帝的"软肋"被彻底牵制住了。

至于蓝道行说"今日必有奸臣上疏"，很显然，是徐阶事先帮他打听好的。在嘉靖帝完全被"神灵"征服以后，邹应龙又不失时机地在严嵩最危险的时候上书弹劾，使得这面摇摇欲坠的城墙还未来得及加固就被一把推倒，永无东山再起之日。

对于严嵩倒台的全过程，张居正都铭记于心，这件事使他真正领悟到了"避实击虚"，找准对手软肋的奥妙，为他日后打击高拱提供了很好的"方法论"依据。

所以说，在职场当中与对手竞争绝对不能硬碰硬，而要寻找对方的短处，以及时间、空间、形势上的突破口。比如说，你的同事总是在工作量上胜你一筹，并且经常借此在上司面前炫耀，使你抬不起头来。对于同事的这种攻势，你该如何回应呢？

也许你会想通过加倍努力在工作量上超过对手，可是这样做会使你心力交瘁，因为你的对手在这方面要比你更强。与其硬碰硬，不如换个思路来竞争。你的对手尽管工作速度很快，但是在质量上要差一些（假设存在这种情况），这时，你就可以充分发挥质量上的优势，使负责质检的部门给你打出更高的分数。

有了质量上的对比，你就可以在与上司的闲谈中"无意"地提及质量与速度的关系问题，使上司重新审视以质量见长的你和你那位以速度见长的对手。如果对手速度上的优势无法弥补质量上的缺失，那么上司对他的态度必然会发生逆转，这样一来，你就可以轻轻松松地击败对手了。

《庄子》中有一则寓言叫做《庖丁解牛》，就恰如其分地说明了这个道理。话说有一名叫丁的厨师为梁惠王宰牛，只见他手过之处，骨肉瞬间剥离，发出的声响极为和谐。

梁惠王对此惊叹不已，于是就向他请教宰牛的技术。丁厨师告诉梁惠王，技术一般的厨工每个月换一把刀，因为他们是用刀来砍骨头；高明的厨工每年换一把刀，因为他是用刀来割肉；而他本人的这把刀，已经用了十九年了，宰杀了数千头牛，可是刀口依然锋利如初，这是因为，他是用刀在骨头与肌肉之间的空隙处来回切割，由于这里是筋肉相连的薄弱环节，因此才能轻而易举地将骨肉分离。

厨工尚且懂得虚实之道，更何况在职场上打拼的精英呢？省一点力气，瞄准对手的软肋再去攻击，这才是轻松打赢职场战争的不二法门。

公元357年，姚襄谋取关中，与前秦军发生冲突，进据黄落（地名）。前秦派苻黄眉、苻坚及将军邓羌等率军前去救援，姚襄深沟高垒，固守不战。邓羌向苻黄眉献策说，姚襄被桓温杀败，锐气大减，所以拒不出战，然而他性格刚烈，可以鼓噪扬旗、逼其营垒，激其出战。然后再在三原设伏，一定能大败姚襄。姚襄果然大怒，全线出击，邓羌且战且退，将姚襄引至三原，然后与伏兵一起全力出击，姚襄所部顿时溃不成军，其本人也被擒斩首。姚襄本来可以坚守阵地，拒不出战，从而保存自己的实力，可是他却禁不起邓羌挑逗，大怒出兵，结果兵败被斩，实在可惜。

将领用兵作战不可拼死恋战、不可贪生怕死、不要急躁易怒、不可过于洁身自爱、不要过于溺爱民众。这些弱点，在战争中很有可能被敌人所利用，从而导致战争的失败。

在职场生活中，也可能会出现这种情况，因此一定要慎重对待。智慧大师葛拉西安说过，世界上的谎言像空气一样无处不在，只是你看不到它罢了。既然这样，就不要轻易作出判断，否则你将会陷入窘迫的境地。

◎ 出来混总是要还的

在激烈的职场竞争中，每个人都想战胜对手，使自己成为独一无二的王者。然而，作用力与反作用力是同时存在的，你打人家一拳，人家也会踢你一脚；即使对方打不过你，你也可能因为用力过猛而伤筋动骨；就算你毫发无损，对方也会因此对你怀恨在心，以后说不定会怎样对你实施报复。所以说，与人竞争固然有利于提高自己的地位、增加自己的利益，但同时，这里面也暗含着弊端。

不过话又说回来，并非所有的竞争都有这种负面效果，有时候，你甚至不用亲自动手，就可以将对手战胜，张居正就是这样扳倒高拱的。

自从高拱因为三万两银子的事质问张居正以后，张居正就有了危机感。他担心哪一天脾气火暴的老高真的和自己翻脸。但是，老于世故的张居正是不会跟高拱明刀明枪地争斗的，因为他知道，高拱是自己的顶头上司，自己的实力是不足以扳倒他的。

张居正也有自己的手段，你高拱不是一贯专横吗？那好，我就让你专横到底，看看你把所有人都得罪了以后会有什么后果，上天要让一个人灭亡，必先令其疯狂，等到所有人都对他不满的时候，用不着自己动手，自然会有人出来收拾他。

在当今职场，很多人都懂得运用此道"陷害"对手。常言道："良药苦口利于病，忠言逆耳利于行。"如果同事与你关系融洽，你自然应该及时纠正他的缺点，帮助他改进。可是如果他与你为敌，你就没必要帮他了。你可以看着他的缺点不断暴露却不加以规劝，甚至连提醒都没有。这样一来，他注定要吃大亏。

张居正就是这么做的，使得精明有余而城府不足的高拱继续保持着强硬作风，继续得罪越来越多的同僚。

相比于一般的职场老手，张居正的做法似乎更"高端"一些。除了让高拱"越陷越深"之外，他还一直关注着朝廷大势，果然，到了1572年，在位六年的隆庆帝突然患上重病，将不久于人世，高拱的另一个敌人——宫里的太监冯保主动联合张居正，篡改遗诏，诽谤高拱，使得高拱在新皇帝——万历登基的第六天就被罢官，罪名就是专权擅政，对太后、皇帝不敬。

这样一来，高拱再怎么心高气傲、才能过人，也无法改变皇帝的旨意，只能乖乖地离开朝堂，使自己多年苦心经营的成果毁于一旦。而张居正则如愿以偿地接了高拱的班，坐上了首辅的位置。

纵观高拱倒台的整个过程，张居正并没有过多地参与进去，但是他对局势的把握却相当到位。

假如他没有看到高拱性格的缺点，假如他没有弄清楚被高拱得罪过的仇人，假如他没有认识到李后、幼帝对高拱的态度以及冯保在这里面起到的作用，假如他没有主动与冯保合作商议除掉高拱的事宜，那么他就是有天大本事，也无法如此轻松地将高拱击垮。

张居正就是采用这种手段，让高拱自动撞上枪口，了结了政治生命，其政治手腕着实令人佩服。

在职场中运用这种谋略的时候，我们一定要牢记一点，那就是不能一味地等待对手自寻死路，因为在很多情况下毛病缠身的人不一定就会有"悲惨"的下场，要想扳倒他，必须为他提供"条件"。

守株待兔的职场法则就说明了这个道理，那个农民看见一只兔子撞死在树上，就坐在那里一味地等待第二只、第三只，最终一无所获。因此，我们在看着对手走向"不归路"时，一定要注意他与整个环境的关系，并"有意无意"地制造不利于他的环境，如挖个坑、拉根绊马索什么的，等着他自己走过去就可以了。

相信不少的职场中人，受到过办公室陷害。被知心同事、密友背后参一本，告"黑状"，背黑锅，恐怕还是"小儿科"。

正所谓"金无足赤，人无完人"，每个人都有自己的弱点。既然一个人有他自身的弱点，那么如果将这种弱点无限放大，同时又增强职场环境对于这种弱点的排斥，那么，你的对手就会自寻"死路"。

这样一来，你不需花费丝毫力气就可以看着对手倒下去，而他绝对不会把失败归咎于你，因为你根本没有陷害过他。这个时候你如果走过去安慰他几句，他还可能对你感激涕零呢！

看看，不费一枪一炮，既除掉了对手，又落了个好名声，可谓一举两得。拿孙武的话来说，这就是"全胜"，是最最理想的胜利。

"全胜"固然令人艳羡，可是该如何实现呢？张居正为我们提供了一个方法，那就是对于竞争对手的错误——或者说是阴谋，假装糊涂，让对方在泥潭里越陷越深，等到他感觉到自己身处险境的时候，为时已晚。这个时候，你只要站在一旁不去伸手救他，他就必死无疑了。

举个例子说，你的一位同事喜欢在工作时间干私事，从而大大影响了团队的工作效率，使大家跟着背黑锅。如果他不听同事的劝阻肆意妄为的话，也不必跟他大吵大闹，出来混的，迟早都是要还的，你不收拾他，自然有人会收拾他。

上司也不是吃素的，总有一天，上司会亲眼看到那个同事是怎么干活儿的，这样你既没有因为争吵而生闲气，也没有因打小报告而得罪人，最后却可以让懒散者受到应有的惩罚。

尽管"见死不救"的做法看起来有些不道德，但是，既然你想让对方"死"，就不必太在意采取何种手段。"见死不救"，在对手自寻死路的同时还可以为你节省大量的精力，这种两全其美之事，又何乐而不为呢？

说到底，办公室政治，很难有真正的赢家。陷害他人者也未必绝对获益。虽然"陷害"别人可能会获得某种意义上的收益，但以"陷害"别人的方式体现自我价值的人，通常对自身的能力缺乏自信。更多的时候，名利欲特重的人，明知道靠实力拼抢竞争不过别人，才脚下使绊子，"背后下毒手"。正因其名利并非通过诚实的劳动获取，同样担心别人会"陷害"自己，职场生变一场空。

陷害者把自己的命运交给了环境，成天担惊受怕、杯弓蛇影，久而久之不仅会形成多疑的个性，还会让自己失去信任、失去朋友，从而丧失生活和工作的乐趣。

"物竞天择，适者生存。"事实上，也只有放弃无谓的抱怨，不断提升自身素质，勇敢面对生活，不仅仅适应而是悉心营造和引领良好的职场环境，才能为自己也为大伙儿的职业生涯铺就一条精彩的道路。

◎ 切莫低估小人物

人们常说"商场如战场"，其实，职场也一样，有时候，职场的险恶程度甚至超过战场。

"老油条"也好，"菜鸟"也罢，都会遇到各种各样的危险，而二者之间的区别在于，"老油条"能轻而易举地将危险消除掉，而"菜鸟"手忙脚乱折腾半天，也不一定能脱离危险，有时甚至还会把身上的火扑得越来越旺，直到把自己烧死为止。

虽然很多时候"险情"的存在是不可避免的，但是如何来解决它、消灭它，还要靠人为因素的作用。那么，我们应该如何消除身边的危险，使自己在职场中立于不败之地呢？也许有人会这样想：这有何难？只要自己具备应付危机的能力，完全可以见招拆招，出现一个问题解决一个。这种想法不能说是错的，但是你要考虑好两个问题：第一，你是否真正具备解决突发问题、规避风险的能力？第二，即使你有能力把危险消灭掉，你会为此付出什么样的代价？

事实上，并不是所有人都具备这种能力，也并不是谁都可以在危险过后毫发无损。即便你在职场中如鱼得水、左右逢源，你也不一定能在危险解除之后没有任何损失，最起码，你要为此花费很多精力。

张居正在"实战"当中总结出了一条经验：真正的智者会在事态尚未明晰的时候就洞察先机，在此基础上，就可以做到防患于未然。

比如说，你的上司派给你一名助手，名义上是让他协助你工作，而实际上是想让他监督你的一举一动。遇到这种情况，你会采取什么对策呢？是等到上司找你谈话时你再为自己辩解吗？那样做你也许会成功，不过胜算并不高，而且你在论战的过程中还有可能受到其他伤害。那么，有没有比较理想的解决办法呢？我们还是来看一看张居正是怎么做的吧。

1567 年，高拱因遭弹劾而辞官，第二年，徐阶也失势退休。到了 1569 年，一个名叫邵方——绰号"邵大侠"的"涉黑分子"打算进行一次政治投机活动。于是，他到徐阶那里，声称自己可以帮他复职，但是徐阶并未与他合作。邵方见徐阶不待见自己，就跑到高拱那里，说了同样的话。结果，高拱被邵方所说的问题吸引住了，于是就给了他大笔钱财作为"活动经费"。邵方来到京城，用重金收买了皇帝身边的三位当红太监。在太监的劝说下，隆庆帝决定重新启用自己的恩师高拱。就这样，高拱回到了内阁，成了内阁次辅。

高拱复职以后，就开始利用手中的权力报复当初的死对头徐阶，使得徐阶家破人亡，幸好有张居正的照应，徐阶才不至于过得太惨。

像邵方这样的人，从官场角度来看并不起眼，在很多人眼中他只不过是一个小混混；可就是这样一个人，竟然手眼通天，能让辞官回家的副宰相重返内阁。高拱原本已经败在徐阶手上，可是谁也没有想到，他竟然会如此"机缘巧合"地复职，并且在复职伊始就对仇人进行清算。就连老谋深算的徐阶也不会想到自己会被高拱弄得如此凄惨。

一向深谋远虑的张居正反复思考着这些问题。他认为，官场之中像邵方这样的人并不在少数，这些人说不定会让什么人得势，又让什么人失势。如果这样的人多了，官场当中必然会出现许多不确定因素，徐阶先利用言官打击高拱，而后又被复职的高拱打击报复就是一个例子。这样看来，自己将来也很有可能面临同样的问题，就算自己成为一人之下，万人之上的首辅，还是可能重蹈恩师徐阶的覆辙。

想到这里，张居正禁不住打了个寒战。他知道，很多危险都是从细微之处逐渐发展而来的，如果不在险情的萌芽阶段将其消灭，日后自己必然会有无穷无尽的烦恼。于是，在高拱被罢黜之后，刚刚升任首辅的张居正便杀了这个纵横于黑白两道的"邵大侠"，并且"连窝端"，把邵家的"贼子贼孙"也一并收拾了，这样一来，这个"涉黑团伙"就永无东山再起之日。

当今职场上的争斗，尽管并没有张居正时代那么血腥，但有时候我们还真的提高警惕，危机的苗头刚刚出现的时候就要将其扑灭，以防止事态进一步扩大。

飞机涡轮机的发明者德国人帕布斯·海恩提出一个在航空界关于飞行安全的法则。海恩法则指出：每一起严重事故的背后，必然有 29 次轻微事故和 300 起未遂先兆以及 1000 起事故隐患。

这些数据说明了危机始终存在，同时也说明了任何不安全事故都是可以预防的。假如人们在安全事故发生之前，预先防范事故征兆、事故苗头，预先采取积极有效的防范措施，那么，事故苗头、事故征兆、事故本身就会被减少到最低限度，安全工作水平也就提高了。由此推断，要制伏事故，重在防范，要保证安全，必须以预防为主。

其实，早在几千年前，中国的古圣先贤就看到了防患于未然的重要性。老子说过："其脆易泮，其微易散。为之于未有，治之于未乱。"就是说，事物在脆弱之际最容易被瓦解。正因为如此，人们就应该在事情初露端倪之时做好准备，在祸乱尚未滋长时做好防范。至于医家所言"良医治未病"，更是恰如其分地说明了这个道理。

有一次，魏王向名医扁鹊求教："我听说你们家兄弟三人都精通医术，那么谁的医术最高呢？"扁鹊答道："大哥医术最好，二哥差一些，我的医术最差。"魏王十分不解，就请他详细解释一下。扁鹊说："大哥治病，是在病情还没发作的时候。那时病人还没有发现自己有病，大哥用一些简单的药就可以除掉病根。二哥治病，是在病情刚刚出现之时，病人的症状还不是很明显，二哥就能做到药到病除。我治病，一般是在病情十分严重的时候，病人痛苦万分，我就采用针刺、放血、敷药的手段为病人医治。我迫不得已运用最复杂的手段治病，因此才闻名天下。"

仅有危机意识是不够的，我们更应该在意识的基础上做好预防——预防的目的在于让我们更有前瞻性地发觉危机的蛛丝马迹。

作为职场人士，除了做好本职工作之外，还必须对公司的各种经营、管理情况有一定的了解：如近期业务情况、媒体对公司的报道情况、高管变动、行业发展趋势等等，通过对这些情况的了解，能够帮助职场人从某些重大或细微的变化中，觉察出公司或自身职位可能遭遇的危机冲击，从而提前做好某些准备。

将危险消灭在萌芽状态是最为省力的生存策略，不过，要想真正看到事情的苗头，并将其解决，并不是谁都能做好的。作为职场人士，我们应该时刻擦亮眼睛，在关系错综复杂的职场环境中发现那些可能对自己不利的因素，从而在"病情"尚未发作的时候将其消灭，这样才能免除日后"动手术"的痛苦。

再来看看前面说过的那个问题。如果你发现上司在你身边安插了眼线，你就可以在他打报告之前抓住他的什么把柄，请求上司换人，或者是通过拉拢使其站在你这边，这样你就可以高枕无忧了。

当然，职场当中还有很多比这更加复杂的事，这就需要我们提高自身观察事物、解决问题的能力了。毕竟，"良医"并不是一生下就会治"未病"的，职场技能还需要在磨砺中不断提升。

🔷 领导不是谁都能当的

作为一名领导者，尤其是高级领导，应当具备总揽大局的能力。他所承担的工作，并不是随便一个什么人就能做好的。《蜘蛛侠》里有句台词是："能力越大，责任也就越大。"如果你没有做领导的能力，那么你领导一个组织就如同一只蚂蚁控制着一艘在风浪中颠簸的船，你会感到力不从心。

就算局势原本就很稳定，你能让局势完全按照你的意愿发展吗？一个缺乏远见、缺少魄力的领导充其量只能让局势不会变得太糟，如果他想实现近似于"改天换地"的理想，恐怕得回炉另造才行。

"天赋异禀"的张居正非常重视智慧和胆识，他认为，一个人如果没有智慧就无法安身立命，如果缺乏胆识就不能投入实践活动，只有二者兼备，才能发挥自己的特长，从而对环境加以改造。

现代职场也是一样，首席执行官高高地坐在塔尖发号施令，中层领导在中间上传下达，而数量众多的基层员工就在最底下忙忙碌碌地执行上级的命令。

很多基层员工都有这样的想法：大家都是一样的人，为什么领导就要高高在上，而我们就得身处下层呢？领导有什么了不起，要是让老子坐在那个位置上，老子一样可以做得很好！

持这种观点的人并不在少数，于是很多人都变得很"愤青"，认为自己没有当上领导，主要是没有遇到好的机会；只要有了机会，自己一定会做得更好。他们产生这种想法的依据是：大家都是同等学力背景的，学校名头也差不多，而且谁的长相也没有特别过人之处。如此来看，大家的水平基本相同，剩下的影响前途的因素就是外部机遇了。

其实，这些人的眼光只停留于事物的表面。就算学历、学校、机遇、外貌都相同，人和人之间还有最最明显的差别：学识与魄力。正是因为有这一点不同，所以才有人走上领导岗位，而另一些人则始终处在员工的位置上。

先说学识。这里的学识主要指的是看待问题的远见卓识。张居正时代的明代官场就像是一座金字塔，万历皇帝年幼，在高高的塔尖上站都站不稳，因此需要张居正也站在塔尖上扶一把，使得这座金字塔更加牢固。当时的国情需要进行改革，而这就需要非常的能力。事实证明，张居正是具备远见卓识的。

但是，改革就会招来了一些既得利益群体的反对。反对者会以儒家的仁、义、礼等核心思想为武器，非议张居正的改革措施，说他此举是在行"霸道"，背离了孔孟的"王道"思想。

在封建社会，胆敢跟圣人过不去的人，等于是在跟整个朝廷乃至全天下过不去。那些反对者心想：哼哼，你张居正就是有八张嘴，也不敢跟孔孟对着干吧！

面对反对的声音，张居正没有自乱阵脚。而是展现了他过人的学识和魄力。他首先引经据典，详细分析了"王道"与"霸道"的区别："王道"就是以品德感化民众，通过仁政来实现治国理想；而"霸道"则是假借仁义之名，以武力进行征服，这是为君子所不齿的。

但是，一味地靠仁德去感化并不一定起效，因为谁都不敢保证不会有人以武力作乱。那么遇到武力该怎么办呢？张居正认为应该以武力还击，平息叛乱。这正是他有魄力的体现。

从这件事可以看出，一个领导者必须要具备过人的能力和胆识，才能真正把握局势、成就大业。假如张居正像过去的严嵩一样昏庸，就不会制定出改革计划；假如张居正像李春芳一样"老实"，就无法应对朝野的质问。正是因为他能干而又敢干，行将就木的大明王朝才会重焕生机。

其实，不光是改革这样的大事，任何一位领导者要想在职场站稳脚跟，都必须具备一定的胆识和魄力。试想：如果一位领导性格绵软，属下对他不恭不敬，他的权威怎么能树立起来？还有谁会对他唯命是从？

我国领导力学说权威蒙林坚认为，领导者的权威来源于服从，只有服从才能产生权威，而权威又是一个组织解决问题、实现有效领导的重要保证。如果领导者失去了权威，那么整个组织就会趋于混乱，职能也会不断下降。久而久之，这一组织就失去了存在的价值。所以说，领导者要想使自己的存在有意义，就必须对自己所管辖的组织有着绝对的控制力；而控制力的基础，正如张居正所言，在于智慧与胆量。虽然具备这两点并不一定取胜，但如果不具备的话，那就连一点胜算都没有了。

由此可见，领导并不是谁都能当的，权力也并不是谁都能掌控的。你如果没有足够的实力作基础，千万不要染指权力，不然的话很容易引火烧身。

当年武则天死后，韦后就想效法自己的婆婆成为大唐帝国的主宰。可是，她没有掂量好自己的半斤八两就贸然行事，结果被李隆基所杀。她之所以失败，一个最根本的原因就在于她没弄明白这样一个问题：你婆婆的雄才大略是你这个儿媳妇能比的吗？

所以说，尽管谁都想得到权力，但只有"内功"深厚者才能驾驭得好，职场中人只有明白这一点，才不至于在走上领导岗位的时候迷失方向。

面对有难度的挑战，你要明确表达愿意承担责任，这需要胆识。当然，还要有谋略。因为别人一般不看过程，只看结果。因此你要对他明确地说明其中的困难，让他明白你的努力和付出。若别人能在他人后退你上前请命的风浪中看出你的能力，那么，无形中你的工作表现会加分不少。

此外，职场精英们还应该记住一点，那就是一定要在掌握权力的同时不失时机地把自己的胆识显露出来——无意的也好刻意的也罢，让别人看到你"强势"的一面，这样才能在心理上震慑住你的下属，从而更有助于你行使权力、掌控大局。

◈ 不能低估同僚的能量

中国有句古话说得好："画虎画皮难画骨，知人知面不知心。"从厚黑学的角度来看，世间最最"险恶"的东西莫过于人心，因为"人心"（实际上是大脑）是一个人从事各种活动的司令部，而这个司令部又是隐藏在躯壳之中的。你可以通过眼睛了解他的相貌，可以通过耳朵熟悉他的声音，通过鼻子感知他的气味。但是，你却无从探知他的内心想法，因为思想是无形的，只能通过外在语言、行为等诸多外在表现来揣摩。仅仅是揣摩！

职场作为由人组成的小社会，其中充满了许多不确定因素，这些不确定因素源自每个人的意识。尽管一个人的意识无法撼动大局，但是如果人们抱有同样的心理，职场局势就得由大众意识来决定了。所以说，对于一名职场达人——尤其是领导者来说，了解大家的想法很重要，因为只有这样才能更为准确地看清形势、把握大局。如果他不去考虑大家的想法而只顾按照自己的意愿发号施令，就很容易出现问题。

比如说，你为了提高本部门的工作效率而对每个人都下达了任务指标，如果完不成就要罚款，如果下次再完不成就卷铺盖走人。尽管你认为这有利于提高团队的积极性和工作效率，但是大家并不一定都这么想，也许有人认为你指定这种强制性措施太缺少人情味，从而拉开与你的距离；也许有人认为你所指定的指标难以完成，于是"自动退出"，不蹚这片浑水；更有甚者，会对你怀恨在心，于是拉上一票人马集体辞职，炒你的"鱿鱼"，这样一来，你可就完全处于被动地位了。

对此，张居正指出，人在官场，一定要注意揣摩对方的心理，不管是个体的还是群体的，都应该分析到位，只有这样，才能知道大家都在想什么，从而更好地预测并掌控事情的发展趋势。尽管张居正对这个问题看得很透彻，但是记住一句话："金无足赤，人无完人。"聪明绝顶的张居正也曾经在这方面吃过亏。

张居正的父亲死后，他为了不让自己辛辛苦苦得来的权力被他人窃取，于是就打算通过"夺情"来使自己继续留京。张居正当然知道，被"夺情"是会有很大阻力的，于是他开始对朝野上下的官员们展开了分析。

他认为，同僚们对于"夺情"一事，会有三种态度：一是赞成，这类人是自己肚子里的蛔虫；二是坚决反对，这类人是自己的死对头，恨不得自己早点离开内阁，甚至早点上阎王爷那里报到；三是冷眼旁观，这类人属于"老油条"类型，虽然反对自己，但又不敢轻易冒犯。张居正进一步分析，自己只要得到万历皇帝、李太后、冯保以及一部分大臣的支持，就完全可以成功"夺情"；至于那些反对自己"夺情"的人，只不过发几句牢骚罢了，只要给他们一点颜色，他们就会老老实实地把头埋在沙子里，不会起什么大浪。

于是，张居正借万历皇帝之手将反对者用廷杖处理，以为这样就可以震慑人心。可他万万没有想到，这些人把孝道看得比天还大，把名节看得比性命还重。很多人原来没多大名声，可是被施以廷杖之后，却成了道义的捍卫者，觉得自己就是死了，也要把斗争进行下去。

就这样，越来越多的言官站起来弹劾张居正，使得他树敌甚多，为以后埋下了祸根。

张居正在"夺情"一事上的"昏着"之一就是没有完全猜透大臣们的想法，他以为"武力"可以解决一切问题，却没有想到有些人根本不吃这套：你张居正顶多不就是会用廷杖吗？就算你可以随便抢大刀又能怎样？脑袋掉了碗大个疤，我们这些言官可不是被吓大的！

在今天的职场上，"言官"的这种态度就更强硬了：你当领导的顶多把我开除，还能剐了我不成？"此处不养爷，自有养爷处"，惹急了老子，我大不了不干了！

所以说，不管你有多高的地位，都应该时刻注意把握群体心理，让"群众"把他们的牢骚发出来。美国密歇根大学社会研究院曾提出过"牢骚效应"。他们认为，凡是公司中有对工作发牢骚的人，那家公司或老板一定比没有这种人或有这种人而把牢骚埋在肚子里的公司要成功得多。发挥"牢骚效应"，这样才能知道大家是否支持你以及你的想法，一味靠权力去征服，并不一定管用。

古人就已经看到掌握群体心理的重要性了，今人站在前人的肩膀之上，就更应该熟谙此道。老子曾经说过："祸莫大于轻敌。""轻敌"的外延很宽泛，凡是对应该重视的却没有加以重视都可以叫做"轻敌"。

在职场上，群体心理可能对我们有利，也可能对我们不利，当它产生负面影响的时候，就可以称之为"敌"了。如果我们忽视了它的作用，就必然要为自己带来意想不到祸患，对此张居正已经为我们"现身说法"了。总之，我们必须要懂得把握大众心理，在此基础上对其加以引导利用，这样才能让自己在职场中不至于吃无名之亏。

　　职场如战场，战场上以少胜多、以弱胜强的例子不胜枚举，强大的武力或许可以暂时打败对手，但却不可能消除对手心理的仇恨。真正的军事家认为战争的最高境界是"不战而屈人之兵"。职场也是如此，如果觉得自己大权在握，就可以让所有下属心悦诚服地听从自己的命令，那就大错特错了；如果能够不以权势压人、欺人，却能打败对手，让下属乐于服从自己的命令，那么就必须注重心理上的沟通和较量。在这些方面，张居正同样做得十分出色，值得我们借鉴、学习。

◇ 领导要懂"放羊经"

　　身在职场，每个人都觉得自己是优秀的，不甘心低人一头，这是很正常的想法。但是在职场中，由于分工不同，人与人之间必然会出现地位的差异。这种差异未必能让每一个成员都感到满意，这种不满情绪往往会带来龃龉，乃至引发争端，而内部争端对于成员发展与集体目标的实现都是极为不利的。

　　假如你想成为这个小团体里的领导人物，就必须首先做到让其他成员能够接受你，认可你，乃至于服从你。这可不只是地位上的变化那么简单，而是要做到让大家心服口服，否则貌合神离永远无法取胜。

　　这个道理其实就像放羊一样。也许有人以为放羊是个力气活，为了让羊听话，就得在每只羊脖子上都套根绳。其实，真正会放羊的人只需在头羊的脖子上套一根绳，把头羊看好，其他的羊就会主动跟着头羊走，根本不用费神看好每只羊。

那么这根关键的绳子在哪儿呢？张居正认为，这个"绳子"就是人心，只有征服了人心，才能无往不利。移花接木，假凤虚凰，运用谋略的目的在于打败对手，只要扰乱对方的心志，摧毁对方的锋芒，那么不用与之交手就能够获胜。《孙子兵法》中所说的"上将伐谋，其次伐交，再次伐兵，其下攻城"也是这个道理。

我们在职场中树立自己的威信，其实也要学习放羊的方法，不要试图用绳子来绑住那些你希望征服的"羊"，因为你没有精力来看管好所有的羊与绳子，只要抓住征服他们的关键，抓牢那根关键的绳子就可以了。

在这一方面，张居正可谓是行家里手。

当年北方鞑靼首领俺答的孙子把汗那吉因为与爷爷赌气，投奔了明朝。俺答一看自己的孙子到敌人那里去了，立马着了急、上了火，毕竟孙子是自己的心头肉，就算要点小孩子脾气也是可以原谅的嘛！

于是，俺达率领大军到大明边境摆好阵势，大战一触即发。面对曾经多次进犯，实力强大的对手，张居正没有像多数人那样或一味蛮干，或畏缩不前，而是准确地看出了俺答的软肋：他的目的不同于以往，不是来抢东西的，也不想杀掉自己的孙子，而是想让明朝把自己的孙子交出来，带回去"管教管教"。

正是因为有着这种心态，俺答心里自然有所顾忌，不敢太过放肆。张居正抓住了俺答在心理上的这个明显弱点，于是逼着俺答服软，不然就要你孙子的命。为了保住自己的孙子，俺答只好装起了孙子，答应了明朝提出的以著名汉奸赵全等人交换把汗那吉，明朝借此机会除掉了这几个叛徒。

这件事过后，俺答对明朝的实力也有了新的认识：明朝挺强硬啊，不是过去的那个软柿子了！于是他就想与明朝做生意，以换取必需的物资。

本来这是对于双方都很有利的事情，鞑靼得到所需的商品，明朝的边境也能太平一些。可是"互市"却遭到诸多守旧大臣的反对。支持互市的张居正与高拱对主要大臣的心理与看法取向进行了分析，发现支持者与反对者在人数上平分秋色，于是就大胆地进行投票表决。守旧派觉得自己实力雄厚，于是就同意了这种解决办法。

不出张居正和高拱所料，投票的最终结果是1：1，于是最终决策权转向皇帝，皇帝又交给内阁处理。把持内阁的高拱与张居正立即同意了互市。这样一来，反对者的嘴就被彻底堵上了，他们一个个有口难辩，因为毕竟这是"公平"竞争的结果。

张居正就是抓住了对手的心理弱点，以弱点为突破口，让其心有顾忌，不得不妥协；或者以公正为诱饵，让其上钩，而且让对方在吃亏后还有苦说不出。这些都充分体现了他出色的权谋艺术与职场洞察力。

任何人都是有心理弱点的，只要抓住了这个弱点，也就相当于握住了拴在头羊脖子上的绳子，其他的羊也就得乖乖地跟随你。当然，这一点也不光是可以用来威胁、克制对手，抓住别人的心理进行安抚与激励也是重要的手段。

张居正在编写《帝鉴图说》的时候，就收录了这样一个故事，叫做"泽及枯骨"。故事说的是当年周文王出行，见到野外有枯骨暴露在外边，于是下令将枯骨掩埋，并说自己身为国君，自然应该爱护百姓，即使是死人也要爱惜。其他人知道这事后，纷纷去投奔他，因为他既然可以爱惜死人，就更加会爱护活人。

要想站稳脚跟，特别是期望高升，并屹立不倒，就必须洞察对方的心理，看出对方最想要的东西，或者有所顾忌的事情，或是心向往之的节点，抓住那根至关重要的绳子，就可以让对方佩服你、感激你，让他对你的权威无话可说，配合你共同走上职场人生的快车道，向着共同的目标大步前行。

那么，我们如何才能知道别人的心理弱点呢？这主要还得依靠平时的积极积累与观察，同时丰富自己的阅历，这正是牧羊人必备的素质。

抓住问题的关键才能把事情做对、做好，关键部分往往对事物的发展起着决定性的影响，只要你坚持这种工作方法，你将会变得越来越富有成效，你取得的成就会越来越多。你的工作成果，你的表现以及你的报酬将会增加，并且最终会成倍增长。

林肯曾经说过："我从来不为自己确定永远适用的政策。我只是在每一具体时刻争取做最合乎情理的事情。"他没有使自己成为某项具体政策的奴隶，即使对于普遍性政策，他也不强求在各种情况下都加以实施。

职场中，一个有智慧的员工，必然是一个最先能解决问题的员工。遇到问题，不是只会请示领导，更不是领导答应给你好的待遇和回报才去把问题解决，而是充分发挥主人翁精神，先将问题解决掉。可以说，所有的优秀企业，都有一群能够在第一时间把问题解决的人。但是问题的解决必须依赖于我们做"最合乎情理的事情"。

身为一个企业的领导，在管理员工的过程中，要关注员工的需要与喜好，留人的关键是留心。注意在条件允许的范围内满足员工的需求，从而激励其工作的积极性。千万不要指望羊儿不吃草，还能剪羊毛。因此，领导应注意满足员工的基本需求，同时在这样的前提下，还应该"精心照料"，这样才能使小羊们自觉地被你牵着走。

⊕ 海瑞与张居正的最大差距

退回到过去——几十或几百年前，也许人们都会认为健康等同于拥有强健的体魄；可是到了今天，大概人人都知道，一个人的健康水平也取决于他的心理素质。张居正和海瑞就是因为心理状态不同而导致"健康水平"巨大差异，两人的命运自然也大相径庭。

在职场中，我们都难免会受到挫折，也会出现感到灰心丧气的情况。但是如果稍遇挫折就精神崩溃的话，就算你有钢铁一般强健的体魄，那你也只能算是一个懦夫。

在职场中，稳健的心理是取胜的重要因素。有些人虽然能力过人，但是却没有好的心理，他或急于求成，或躺在功劳簿上吃老本，最终在业绩上很难有更大的突破。正因为这一点，心理素质成了领导考察下属的主要内容之一。

如果你走上了领导岗位，那么当你考核员工、选拔人才时，也要把员工是否有稳健的心理作为考核的重点，这样才能做到知人善任。毕竟，很多工作都不是单凭意气用事就能做好的，尤其是领导者，更需要过硬的心理素质。就算你能力再突出、做事再果断，如果你没有稳健的心理，也很容易出问题。

那么，职场人士的好榜样——张老前辈的心理素质如何呢？用当今最流行的肯定句来说，那是"相当不错"的！当年辽王害死了他爷爷，他恨得要死，但居然"活生生"地忍了下来。要知道，"忍"这个字虽然简单，但要想真正做到还是很难的，正所谓"忍字头上一把刀"，忍的滋味实在难受啊！你的心在滴血，可是你还得忍着剧痛把这股血腥味憋在胸膛里，要是胸腔不够大，没准你就得把血喷出来。

可是，张居正不但忍了下来，而且一忍就是二十多年，后来自己"翅膀"硬了，一竿子把辽王撂倒，让他到死也翻不了身。这就是强大而稳健的心理素质。要是他当初不能忍，操起菜刀就去砍人，何来他日后的辉煌？

更能说明问题的是张居正休假三年后回到官场之后的做法。当时，老贼严嵩一手遮天，误国误民，张居正恨透了他，可表面上却始终笑脸相迎，毕恭毕敬，严嵩因此对他很有好感。当时张居正的老师徐阶与严嵩针锋相对，严嵩大肆打压徐阶的人，使得徐阶的门人拜见老师时都是偷偷摸摸的；而张居正与徐阶过从甚密，而且光明正大，从不避人。

更为难得的是，严嵩从来没认为张居正是徐阶的人。事实上，张居正是徐阶的铁杆粉丝，也是反对严嵩最激烈的人之一，老奸巨猾的严嵩却从未察觉到这一点。由此看来，张居正对心理素质及情商的修炼确实已经到了炉火纯青的境界。

张居正不但自己具备了稳健的心理素质与高得让人难以企及的情商，他还把这两点要求应用到了自己对人才的任用上。张居正在选拔人才的时候，首先要洞察人才的心理想法与个性特点，抓住其心性当中优势一面进行有针对性的使用。他所任用的未必都是一些德行高尚的人，但一定是非常能干，而且能够顺从自己的人；对于那些德行高尚，但却没有实际才能甚至是"心理有问题"的人，他就采取极为审慎的态度。这一点在任用海瑞这件事上表现得尤为突出。

海瑞海青天是中国家喻户晓的人物，大家提起清官，想起的大概不是包拯就是海瑞了，"万年青草"、"明朝第一清官"等头衔让海大人大放异彩。他是真正的道德楷模，堪称当时无数君子的终极偶像，拥有着大量的骨灰级粉丝……

所以，无数人向张居正推荐海瑞，希望他能够重用海青天。可是，面对大家真挚的话语，张居正却始终不为所动，直到他去世，也没有重用海瑞。这是为什么呢？原来，海瑞的心理素质与情商，以及行事的方法都有很多问题。

海瑞在道德上确实无可挑剔，但是他缺乏一个作为成功官员所必备的心理素质。他认为自己是唯一能够看清问题的人，其实看到问题的人很多，他们之所以受到了张居正的重用，因为他们除了能够看到问题，还可以解决问题。而海瑞则不然，他只是打压了贪官，却没能改变贪污出现的源头，也不能从根本上改善百姓的生活。

此外，张居正心里很清楚，一个人才的价值并不完全取决于道德水平的高低，还在于解决问题的能力与良好的心理状态、团队的协调能力。海瑞不但缺少解决问题的才能，而且对于所有不能与之观念契合的人，都嗤之以鼻。他不能容人，只会孤芳自赏，这样的人在当今职场绝对不会被领导看好，就连四百多年前的张居正也对他颇有成见。

海瑞是一个偏激而极端的人，这样的人注定走到哪里都是孤寂的，更无法与别人很好地合作。这一点，正是这位清官得不到重用的原因所在，因为个人能力再大，也无力回天，不与他人合作，最终只有死路一条。所以，海瑞这种人可以作为大家学习的榜样，但也仅仅是榜样而已，他本身不能起到"治国平天下"的实际作用。这正是海瑞声名显赫，却始终壮志难酬的根本原因，也是张居正不用他的理由。

在现代的职场当中，一个人的才能与心理素质同等重要，领导之所以愿意提拔那些宠辱不惊、泰山崩于前面不改色的下属，就是由于这样的人具有良好的心理素质，有做大事的能力。

人们通常把那种平时表现良好，但由于缺乏应有的心理素质而导致在竞技场上失败的现象称为"约翰逊效应"。该词得名于一位名叫约翰逊的运动员，他平时训练有素，实力雄厚，但一到赛场上却连连失利。主要原因是得失心过重和自信心不足，归根结底是心理素质问题。

如果缺乏应有的心理素质，即使平时表现再好，在竞技场上也会失败。良好的心理素质，是人们进行广泛社交活动的必要条件，也是语言技巧、交际才能得以充分发挥的前提。相反，心理状态不佳，会形成某些隔膜和屏障，在一定程度上阻碍了人们交朋结友和适应社会。

一个人的进取心太强，对某个事物刻意追逐，目标就像蝴蝶一样振翅飞远。而平常心可以使人心绪宁静、处变不惊，更易达到目标，而且平常心也可产生情感自慰，使人的生活更加和谐平衡。

但是很多人会说，我生活的环境不允许我保持平常心，又该怎么办呢？如果是这样的话，那么就只能退而求其次，主动参与每一次竞争，不断地对人生旅程中所出现的"压力"和"障碍"加以适应。适应是一个过程，可以在一次次的磨砺中实现从量到质的飞跃，从而提高对外界压力所产生的承受能力。

我们的古人讲"致虚极，守静笃"。当一个人专注到极点的时候，整个心中是没有任何污染的，就像一只要抓老鼠的猫，四只脚蹲在地上，头端正，尾巴直竖起来，两只锐利的眼珠直盯即将到手的猎物，聚精会神，动也不动，随时伺机给予致命的一击。这时候人往往精神高度集中，心无旁骛，没有恐惧。

所以说，如果你想得到领导的信任与重用，你首先要让别人知道你是一个头脑冷静、判断准确的人，基于这一点，你就应当在为人处事的时候努力做到冷静对待、处置得当，千万不要意气用事。此外，你还应该自觉提高自己的情商，力求与团队打成一片，只有这样，你才能更好地配合或领导团队的工作，这正是当今职场人士必备的素养。

❀ 做好领导肚子里的蛔虫

俗话说："县官不如现管。"在职场中，道理也是一样，谁能直接管你，谁就是你的老大。你要想在职场中立足，乃至晋升，都离不开你的上司，毕竟人家掌握着对你的"生杀大权"。不管你信与不信，现实就是这样：你的表现好与坏并不是你光凭干活就能说明的，只有上司说你行，你才行，不行也行；上司说你不行，你就不行，行也不行。

如果你希望上司说你行，你首先要让上司注意到你，并记住你，在此基础之上，你才能跟他"套近乎"，让他喜欢上你。想当年张居正就是因为做了领导肚子里的蛔虫，才得以步步高升的。

张居正年少时就是著名的神童，十二岁就中了秀才，先后受到知府士翱、巡抚顾璘的赏识，其实张居正的文采未必就是登峰造极，这一点可以从他流传下来的作品中看出，但是他从作品中体现的深邃思想与经世济民的抱负却打动了这些长官。在与各位大人的谈话中，张居正敏锐地发现了他们对这一方面的偏好，于是有意引领话题，使得他们更加喜欢自己。

其实这些官员并没有告诉张居正他们欣赏他的哪一点，但是在谈话中，他们必然会流露出相关的意向，而张居正显然是个有心人，他知道这些领导都是封建主义现代化建设的拥护者，于是就与领导们大谈社稷民生，使得领导们被这个初出茅庐的小孩子哄得团团转。

当然，最能说明问题的还是张居正正式进入官场之后与徐阶的互动。张居正成为庶吉士之后，恰逢礼部尚书、内阁大臣徐阶前来视察，与诸位庶吉士交流。张居正用他那对鹰眼敏锐地发现这样一个事实：其他的庶吉士都专注于学术研究与进一步学习，而徐阶对此虽然也提出表扬，但并非"相当地"赞赏。

张居正还用他那"狼的耳朵"接收到了这样的音频信号：徐阁老喜欢务实，过去为官也颇有政绩。有了这些信息，张居正与徐阶交流时，便开始着力阐述自己富国强兵、经世济民、力行改革的思想。这既是他自己的心声，也是他与徐阶在思想上的重要交集。

果然，张居正的一番话立即引起了徐阶的共鸣，徐老先生立刻对张居正留下了相当深刻的印象，认为他才堪大用，于是才有了后来对他的刻意提拔。可以说，张居正能够最终位列宰辅，与这次谈话有着必然的联系。假如张居正没有敏锐地抓住徐阶的心理，那么他就很难在精英济济的庶吉士中脱颖而出了。

徐阶的喜好或者说是志向与张居正有较多交集，这还是比较好办的。而在现实生活中，也许我们的志向、爱好与领导有较大的差异，这可怎么办呢？遇到这种情况，我们就应该有意地关注领导的心理，在时机成熟的时候再与领导沟通。

张居正年轻时最憎恨的官员就是严嵩。本来两人在人格上是没有交集的，但是当时的严嵩位高权重，不方便也没有资本与严嵩为敌。于是，张居正开始主动接近严嵩，并在其寿诞等喜庆之时"卖力"地歌功颂德，主动示好，从而与严嵩建立了不错的关系。这使得张居正能在徐阶与严嵩的残酷斗争中始终独善其身，从来没有因为是徐阶的门生而被打压。

投人所好，成为领导肚子里的蛔虫，必须要抓住上司的心理与喜好，然后对症下药，让上司"为我所用"。那么该如何做到这一点呢？我们首先需要弄清领导的影响力由哪些内容构成。

领导的影响力其实由两大部分组成，一部分是权力因素，也就是因为其掌握的权力而形成的影响力，具体表现在奖励、惩罚等方面，这一点是明摆着的。领导的权力因素的影响主要是要求我们努力做好本职工作，拼搏进取。

领导影响力的另一部分是非权力因素，主要包括品行、知识、能力、情感等，而这些因素又与领导的心理息息相关。非权力因素的特点在于，虽然其影响更多地以"润物细无声"的方式来完成，但是影响力更加深远，也更加持久。那么反过来说，我们也可以抓住这些非权力因素对领导进行反影响，抓住领导的知识偏向与情感喜好与之交流，从而影响领导的心理，使其更加偏向于我们自己，这对于职场生活的改善与提高有着更明显的效果。

另外，下属与领导除了会在工作方面有所接触，通常在私下里也会有交流。这时，我们就要与领导建立良好的"朋友"关系，可以多了解一下领导的个人习惯、兴趣爱好等，这些对于把握住领导的心理也有非常重要的作用。要知道领导也是人，他自然会喜欢与自己有共同语言的"密友"。一个精明老练且有见识的领导，通常都非常欣赏深刻了解他并能预见他愿望的下属。下属如果成了他肚子里的蛔虫，对他来说是再幸福不过的事。

那么，我们应该如何去揣摩领导的心理，并搞好与领导的关系呢？首先，我们要主动出击，与领导进行交流活动，不要被动等待；其次，也不要过于谄媚甚至是低三下四，那样往往会适得其反。我们在领导面前要做到不卑不亢，既体现出对领导的尊重，同时又要让领导对你的人格予以肯定。在交流的过程中，还要仔细留意领导的兴奋点，了解领导通常的思维模式。另外，我们在非工作时间也可以经常与领导攀谈，以闲谈的方式对领导的业余爱好、知识结构与性格有一个更为深入的了解，这样才能进一步拉近彼此的距离。

在古希腊，国王让人做了一顶纯金的王冠，但他又怀疑工匠在王冠中掺了银子。可问题是这顶王冠与当初交给金匠的一样重，谁也不知道金匠到底有没有捣鬼。国王把这个难题交给了阿基米得。阿基米得为了解决这个问题冥思苦想，他起初尝试了很多想法，但都失败了。

有一天他去洗澡，他一坐进澡盆，便看到水往外溢，同时感觉身体被轻轻地托起。他突然恍然大悟，运用浮力原理解决了问题。不管是科学家还是一般人，在解决问题的过程中，我们都可以发现把难题放在一边，放上一段时间，才能得到满意的答案。这一现象，心理学家将其称为"酝酿效应"。

在职场生活中，我们常常会对一个难题束手无策，不知从何入手，这时思维就进入了酝酿阶段。直到有一天，当我们抛开面前的问题去做其他的事情时，百思不得其解的答案却突然出现在我们面前，令我们忍不住发出类似阿基米得的惊叹，这时，酝酿效应就绽开了思维之花，结出了答案之果。

在得到了领导的"首肯"以后，我们还要经常向领导贡献自己的主意与设想，使领导觉得你是一条值得信任的"蛔虫"。

总之，在与领导的交流中，把握对方的心理至关重要，我们只有钻进领导的肚子里，才能接受他的滋养，使自己"茁壮"成长。

🔟 消除"螃蟹效应"的好办法

在当代职场当中，有一种现象普遍存在：团队内部成员只顾着彼此钩心斗角，每个人都只顾打着自己的小算盘，而集体利益在他们心目中根本没有地位，他们的"聪明才智"在内斗中耗了个精光，于是整个团队也就像王小二过年一样，一年不如一年了。这种现象，就是心理学中的"螃蟹效应"。

为什么起这个名字呢？原来渔民抓到很多的螃蟹的时候，就把它们放进一个篓子里，不用盖盖子，螃蟹也绝对不会跑出一只。由于篓子里有很多螃蟹，而篓子的开口并不大，当所有的螃蟹都往外爬的时候，显得非常拥挤。当某一只螃蟹快要爬出去的时候，其他的螃蟹会伸出钳子把它拽下来，然后踩着它往上爬，就这样反复进行，结果所有即将爬出去的螃蟹都被拽下来，没有一只能逃得出去。

在一个团队中，钩心斗角就和螃蟹一样，谁想露头就会立即被周围的人拽下来，而这样的团队注定是无法获得发展的。如果你是这个团队的领导，就必须尽全力去避免或消除这样的事情。要知道这不光是关乎团队效率的问题，而且还决定了你的领导位置，一个"螃蟹"肆虐的团队，一定是对领导者阳奉阴违的，在这种条件下，领导者的权威就无从谈起。这样的团队不会有发展，不会有未来，因为内斗不止使它无力进取，迟早会被"渔翁"煮着吃。

那么，如何才能杜绝"螃蟹效应"呢？我们首先要弄明白"螃蟹效应"出现的原因。一般来说，出现"螃蟹效应"是主要因为一个团队的成员素质普遍低下、嫉贤妒能，再加上团队的激励方法与企业文化存在弊端，从而使"螃蟹"得以横行霸道。这种情况决不是你这个领导者说一句话就能阻止的，必须建立起一整套的制度才能够彻底杜绝。

张居正改革期间颁布的考成法，为我们提供了一个很好的参考。张居正成为首辅以后，就开始对腐败不堪、党争不断的朝廷进行整顿，颁布了著名的考成法，对于各地官员的绩效进行严格考核，对于那些每天就知道钩心斗角的官员严惩不贷；同时，他还让万历皇帝对廉能官吏予以接见，并给予奖励。后来由于出现日食，万历皇帝还在张居正的教导下在宫中做牙牌，写上"谨天戒、任贤能、亲贤臣、远嬖佞、明赏罚、谨出入、慎起居、节饮食、收放心、存敬畏、纳忠言、节财用"，作为自己的行为准则。张居正还"建议"皇帝一旦出现违背这些要求的情况时，一定要允许臣下直言劝谏。

张居正的做法其实就是在制度上使得钩心斗角的小人无法立足，迫使其自觉改正错误。同时，他还以法律为依据在高层领导中间树立起榜样，积极营造一种奋发向上的氛围，从而间接透露出坚决抵制"螃蟹效应"的决心，让那些别有用心者知难而退。实事求是地说，张居正在这方面做得还是很成功的，他让无数"螃蟹"无处藏身，不敢继续害人害己。

但是张居正接下来的一种做法却出现了失误，也可以作为一个反面教材，那就是打压言官。张居正打压言官的目的，一是为了巩固自己的权位，二是他看到了言官的空言误国，当年朱元璋设立言官的目的就是希望他们能秉公监督官员，一旦发现错误，就予以弹劾，使其得到应有惩罚。而现在言官已经变成了党同伐异的工具，无论对错，只要与我利益冲突，就俩字——"弹劾"。张居正对此极为不满，于是大力打压言官，终于使言官们闭上了嘴。

表面上看来，张居正的确阻止了言官空言误国，但其实这本身就是一种党同伐异，因为他率先打击的就是那些攻击自己的言官，所以他无形当中造就了一个"一言堂"的环境。就这样，首辅本人就变成了一只横行霸道的螃蟹，这也就注定了他死后被人剥壳吃肉的命运。

张居正颁布考成法以及打压言官，其实可以看做是一种建设组织文化的做法，因为"螃蟹效应"本身就是组织文化上出现了问题。他通过奖励廉能官员，打击贪腐、无能官员的这种胡萝卜加大棒的方式，强行构筑了一个新的组织氛围，并用规章的方式加以确定，震慑其他"螃蟹"，从而达到扬正气、树新风，给团队注入强心剂的作用。可是，张居正试图用螃蟹的做法制裁螃蟹，注定要失败，所以在消除"螃蟹效应"的时候，切忌以彼之道，还施彼身。

我们不难找到遏制螃蟹效应的方法，其实螃蟹效应的实质是个体心理与整体环境之间的矛盾，所以解决的时候也一定从心理和环境两方面着手。作为团队的领导者，应该营造一个让大家你追我赶、共创高效的氛围，使团队的所有人都能受到潜移默化的影响；同时要给团队树立一个明确而远大的目标，这个目标的实现是要关乎所有人利益的，只有这样才能使那些喜欢争斗的人为了共同的利益而团结起来。除此之外，还应该谨慎用人，尽量把每个人都安排在最合适的位置上。

企业中的"螃蟹"现象，一般不表现为单个人之间的内斗，因为企业中的权力毕竟不比官场，只是职责的体现，单个的力量过于薄弱，而是结成朋党，以部门之间或几个团体之间的力量进行内斗。这样的企业一般有过早期的辉煌，产品在市场上处于垄断地位，一些管理者便昏了头脑，不去思考组织的未来发展战略，而是热心于内部之间的争权夺势，于是企业会在内耗中失去活力。

小人、庸人当道，为巩固他们的地位，难免会对贤能者进行排挤、打压、迫害，使整个团队里只存在差于自己及听自己话的人，最终导致的只能是企业做不大、做不强，这点需要职场精英们谨记。

请记住，身为领导或是立志于成为领导，就必须让所有人都认为你的做法是公平、公正的；只有这样，你才能得到大家的信服，你才能从根本上消灭"螃蟹"。能力越大，职位越高，所承担的责任也就越大，你必须让你的下属看清这一点，这样才能让他们服气；只有让下属心服口服，你的地位才能得到稳固，不然就会出乱子。

另外，在消灭"螃蟹"，使大家心服口服的过程中，有一个非常好用的方法，这就是身教重于言教的"威尔逊法则"。亲自纠正员工的错误不仅能更好地解决问题，而且能得到员工的信任，使领导者的角色更深入人心。

◈ 利益捆绑收人心

古语有云："得人心者得天下。"作为一个领导者，首先要树立起自己的权威，也就是说让下属对你心服口服，感觉跟着你这样的领导有混头，可以给自己带来更大的发展。只有这样，你才能得到下属的全力支持，你才有希望获得事业上的成功。那么怎么样才能让你的下属听命于你，且无怨无悔呢？这是一个难度很高的技术活，要想做到这一点，首先要从现代管理学和心理学中找到一些理论支撑。

现代管理学与心理学认为，个人的努力与满足之间的关系分为三部分：个人的努力与所取得成绩之间的关系，取得的成绩与组织给予的奖励之间的关系，组织奖励与个人的满意程度之间的关系。如果这三种关系能够得到妥善处理，那么员工工作的积极性就会被充分调动起来，他们对于领导的认可程度也就会大大提高。说得直白一点，就是我努力工作了，取得了较好的成绩，公司因此就给我很多奖励，而这些奖励又使我很满意，于是我就对领导抱有好感。

但是，仅仅依靠奖赏也不一定能够解决所有问题，因为还有一种现象叫做"激励疲劳"，也就是说人们在经历了多次相同方式的激励后，就会变得麻木、疲劳，这就会使激励的效果大为降低。那么怎样才能使员工产生长效的动力，从而能使其专心为群体服务，努力做好本职工作，服从于你的领导之下呢？这确实是一个让人头疼的问题。

对于这个问题，聪明的张居正自有高招，他认为，表面上给予对方利益实际上是图谋对自己更大的利益；要想拉拢对方，首先要讲清楚唇亡齿寒的道理，将彼此之间的利益捆绑在一起，他喜欢的我就喜欢，他厌恶的我就厌恶，只要双方一条心，对方就一定会为我所用。

张居正的观点无论在当时还是在现在都可称得上是管理领域的金科玉律，用"现代"一点的话来解释，他的意思就是让下属对组织产生强烈的归属感。既然大家一条心，那我的事就是你的事，人们对自己的事总是很上心的，这样一来下属就会自觉地为领导排忧解难；同时，看到领导都与自己一条心，下属自然可以把心放到肚子里踏踏实实地工作了。

张居正收拾了高拱以后，顺利地坐上了首辅的位置。接下来，张阁老所要面对的问题就是如何富国强兵了。要想做到这一点，选拔人才是关键，于是张居正就用他那锐利的双眼扫视满朝文武，看看有谁能为我所用。很快，王崇古就进入了新任首辅的视线。

王崇古是当初高拱一手提拔的，他对于稳定北方边境做出了突出的贡献，尤其是对把汗那吉事件的处理，更是妥妥帖帖，让人佩服。

高拱倒台以后，王崇古由于与高拱有着密切的关系，所以很是彷徨，害怕因此受到牵连。不过，张居正并没有因为他是高拱的人而大加排挤，相反，他看中了王崇古的才华，一心想拉拢。为此，张居正特意给他写了一封信。在信中，他首先告诉王崇古，高拱下台一事与自己没有任何关系，而且高拱走的时候，自己还帮了他不少忙；别人说是我陷害高阁老，那是冤枉我。此外，张居正还不吝笔墨地夸奖了王崇古，承诺自己必将对他施以重用。果然，没过多久他就提拔王崇古做兵部尚书。

在这封信中，张居正的主旨就是要阐明王崇古与自己的共同利益。他首先声明高拱的倒台不是我陷害的。我们先不讨论这话是真是假，至少这给了王崇古一个信号，就是自己并没有打算与高拱公然翻脸，那么对于高拱提拔上来的人，当然也不会"清算"。随后，张居正又表示了自己整顿边防的决心，并肯定了王崇古的作用，同时明确地告诉他："你办事，我放心。"既然两个人有着共同的志向与利益，那么这封信就等于给王崇古吃了定心丸。就这样，张居正从心理上安抚或者说征服了王崇古，后来提拔他出任兵部尚书，就等于公开宣布王崇古是自己的人了。

通过这种方式，张居正不但把王崇古紧紧地绑在了自己身边，使自己多了一个帮手，同时还树立"标杆"让其他人都能认识到：跟着老张混，有肉吃。于是，很多过去高拱的老部下纷纷接受了张大人的"整编"，刚刚组建的"张字营"也就奇迹般地"一口吃成了胖子"。

当然，这种用人策略只针对少数人，要想真正实现人才"批量"培养，还要依靠法律的支持。张居正改革的目的在于富国强兵，强兵的事已经基本解决，接下来就是如何富国了。富国需要依靠一条鞭法，可是这项法规损害了大量官员的利益，在实施中必然会受到严重抵制。张居正实施的考成法正是为了解决这一问题。这样一来，张居正的要求与官员的切身利益就通过考成法绑在了一起：你要是不好好实施一条鞭法，你就达不到我要求的政绩，没政绩我就用考成法收拾你。官员们面对现实利益的强大压力，只得规规矩矩地按领导的吩咐实施改革。

"利益捆绑论"在职场中应用更为广泛，员工在公司中工作的目的主要是为了获取物质利益，同时也是为了获得认可，实现自我的价值。作为企业领导者，要想让下属真的成为自己的左膀右臂，就要把他们的切身利益与团队的利益绑在一起，可以通过发放绩效工资、吸引职工参股等手段，使他们为了利益自觉地努力工作。同时，还应当树立员工与团队共存共荣的信念与组织文化，让"以企业为家"的观念在员工头脑中生根发芽。

在捆绑利益之外，领导者还要及时对职工的努力与成绩做出相应的回馈与鼓励，而且鼓励形式要多变，尽量避免鼓励效果不足或是激励疲劳。请记住，心理上的不满和对现实的失望是对团队发展的最大不利因素。所以，在给予物质奖励之外，鼓励与安抚也是相当重要的。

总之，作为一名优秀的领导者，只有"物质文明"和"精神文明"两手抓，两手都要硬，才能从根本上赢得"民心"。这两种"文明"如何一手抓呢？把适当的文明放在适当的位置上。对于物质激励和心理激励，应该是整合使用，关键是必须把握员工的需求层次，以最有效的补偿手段满足他的心理需要，并把这种需要引导成为他内在的驱动力量，并激发这种力量释放到企业发展所需要的本职工作上，让平凡的人做出不平凡的业绩。这才是做到了最佳的"捆绑"。

打板子打跑了问题员工

棱角鲜明的小石块能够变成光滑剔透的鹅卵石，不是靠锤的敲打，而是靠着水流的冲刷，所以领导者在管理员工的时候，也不能采用简单粗暴的做法，张居正在处理反对派的时候，就犯了过于粗暴的错误，结果为自己死后被清算埋下了隐患。

管理者总是会遇到一些让人头疼的下属：有的桀骜不驯，是到处惹是生非的"刺儿头"；有的自命清高，总是一副拒人于千里之外的架势，让人们难以接近；有的工作起来总是一副有气无力的样子，没有激情；有的倚老卖老，领导吩咐点工作就总是找各种理由推脱……

不要以为这些"问题员工"只是那么"一小撮儿"，其实他们在企业中是大量存在的，有人专门进行过调查，部分企业的问题员工数量居然达到了四成。

这些员工对于企业的运转来说是一个不小的障碍，他们甚至可能搅乱整个团队，使团队的工作效率直线下滑，最终无法实现预期目标。所以说，对于"问题员工"的处理很关键；如果处理不好，后果很严重。

但是对于这些人，领导者还应该认真加以区分，不能简单粗暴地用"一刀切"的方式来处理，否则不但不能解决问题，还会使事情变得更糟。

张居正在处理"问题员工"时，总是抱有这样一种理念：敢跟我叫嚣者，一律乱棍打死。当初刘台弹劾自己，张先生就立即对这位昔日的学生予以"开除"处理，而且还进行了秋后算账，把他弄了个半死。后来，张居正在"夺情"事件中更是大动干戈，动用了大明统治者的"传家宝"——廷杖，把一些反对者打得死去活来，一场纷争就这样被板子镇压下去了。张居正以为自己摆平了乱子就万事大吉了，可他万万没有想到，自己死后尸骨未寒，家人就倒了大霉。

尽管张居正清楚地知道暴力不能解决一切问题，可是他觉得，对于一些敢跟自己叫板的下属，就得采取这种强制性手段。他没有看到，自己使用暴力手段非但没有真正解决"问题员工"的"问题"，反而刺激了他们的逆反心理，所以打压只能做到一时的风平浪静，却不能阻止暗流涌动。

历史上，由于领导本身的错误而导致"问题员工"层出不穷的事例有很多。隋朝末年，隋炀帝昏庸无道，就知道吃喝玩乐。他的大臣中有一位叫裴矩的，很有才干，也立过大功，但是天天围着炀帝逢迎拍马，想出各种办法让炀帝玩乐，因此被人们视作不折不扣、如假包换的"问题员工"。后来，隋朝灭亡，裴矩投降了唐朝。

唐太宗即位后，立志富国强兵。他喜欢听取不同的意见，是个有道明君。这时，裴矩出人意料地发挥出了自己的才能，提出很多建设性意见，有时甚至敢于触怒唐太宗，于是他又被看成是铁骨铮铮的谏臣。裴矩还是当初那个裴矩，只因为领导一个昏聩，一个贤明，所以裴矩才有了两种完全相反的表现。由此可见，"问题领导"与"问题员工"是有内在联系的，所以在处理"问题员工"时，领导本人也应该进行自我反思。

领导者大多都遇到过这样的员工：特别难以相处但是工作业绩特别好；工作缺乏动力，不愿在下班后多留一分钟；倚老卖老，经常挑战管理者权威……

问题员工是企业中普遍存在的现象，据有关调查显示，问题员工在企业员工中所占的比例超过40%。如何管理好问题员工，使之成为高效员工，已成为所有管理层必须面临和解决的问题。

在管理问题员工之前，首先我们来了解一下员工的分类。

我们将企业员工分为四种：

1. 既合格又合适的员工

管理者青睐的当然是那些既合格又合适的员工，为此往往不惜重金招聘，给以丰厚的福利待遇，委以重任。但是，这种员工毕竟是少数，在公司员工中所占的比例最多只有20%。即使是这少数的既合格又合适的员工中还存在着一些问题员工。因此，管理者不应该把太多的精力放在从外界猎取这类员工的身上。

2. 既不合格又不合适的员工

既不合格又不合适的员工既不符合本职工作的技能要求，也不符合企业文化的需要，这样的员工对于企业来说是没有价值的，企业应该尽快地进行优化淘汰。

3. 合格但不合适的员工

合格但不合适的员工往往具有比较职业的工作技能，譬如具有较强的英语和计算机水平，具有较好的谈判技巧和时间管理技巧等等，但是他们也往往缺乏较强的沟通能力或者非权威的影响力。他们缺乏的这些方面在很大程度上是与生俱来的，是企业通过培训所不能解决的。对于这些员工，企业的处理方法应该是人尽其用，把他们所有的知识、技能都应用在工作中，尽力让企业的其他员工都分享他们的知识和技能。如果他们主动提出要离开，企业不需要着力进行挽留，因为他们不是企业需要的人，而此时他们所具有的企业需要的知识和技能已经被企业留下了。

4. 合适但不合格的员工

企业管理者需要把主要精力放在那些合适但不合格的员工身上。这些员工虽然职业技能有所欠缺，但是他们所具有的良好的学习技能和沟通技能决定了他们能够通过培训很快弥补这些不足。企业通过对这些员工的培训，可以把这些员工逐步塑造成企业本身所拥有的既合格又合适的员工。

通过以上分析我们发现，问题员工分布的范围比较广泛，管理者需要认真鉴别，区别对待。

作为管理者应发掘问题员工的长处，适当容忍其短处，对其存在的问题适时加以正面引导，真正做到"用人之长，容人之短"。

问题员工是造成企业管理难题的症结。管理者要善于针对不同类型员工的不同特点，采取不同的处理方法，施其所长，把他们的缺点转化为优点，才能有效地化解这个难题。

作为一个管理者，要想真正解决"问题员工"身上存在的各种问题，首先应该了解员工的性格、经历等因素，从中找到他不服从管理的根源。假如能够通过沟通来解决，管理者就应该放下架子，经常与他们进行沟通，以尽早排除隐患。

对于那些业绩突出，但难以与之相处的员工，要经常加以表扬，而且在表扬时要有针对性，不要泛泛地说"表现不错"、"工作很努力"之类的话，不然的话会让对方认为你是在敷衍他；如果这类员工有不足之处，决不能一脸正经地批评教育，而应当尽量用委婉的方法让他们知道自己存在的问题，只有这样，你们之间的关系才不至于进一步恶化。

对于那些喜欢标新立异、让你有些不胜其烦的职工，你也不要恼火，这种人往往能够对团队的发展起到很好的推动作用。面对这类员工的"另类"想法，你应该对规章制度重新加以审视，看看是否是制度上出了问题，千万不能打消员工创新的积极性。

对于那些喜欢追求十全十美的员工，你应该采取周密、细致、有条不紊的方法对其进行正确的引导。比如说，你可以指出其工作计划的长处与不足，在肯定质量的同时，委婉地向他渗透"时间就是生命"的企业经营理念，这样一来他就会在保证质量的同时兼顾速度。

至于那些喜欢埋头苦干、不善于言辞的员工，管理起来就比较方便了。从道德本质上说，这种人并无缺陷，只不过是由于性格的原因更喜欢"独善其身"。对此，领导可以通过组织一些集体活动，让这类员工在活动中表现自己，并使他们迅速与大家打成一片。

总而言之，对付不同的"问题员工"，需要不同的策略。单纯的"法西斯政策"决不是解决问题的好方法，不到万不得已的情况下最好不要用。最好的方法就是"肥皂水效应"，将批评夹在赞美中。"肥皂水效应"是美国前总统约翰·卡尔文·柯立芝提出来的，将对他人的批评夹裹在前后肯定的话语之中，减少批评的负面效应，不仅能使被批评者接受错误，还能起到激励的作用。

⊘ 别让"优势"冲乱了方寸

1573 年初的一个早晨，皇帝的侍卫在皇宫附近抓到一个形迹可疑的人，这个人名叫王大臣，身上带着刀剑。冯保与张居正趁机嫁祸高拱，说他指使王大臣企图刺杀皇帝，想整死高拱。几乎所有的大臣们都反对，但张居正与冯保已经铁了心，一定要置高拱于死地。

这时，左都御使葛守礼与吏部尚书杨博这两位位高权重、资历很老的大臣找到张居正，希望他放高拱一马，而张居正就是"咬定青山不放松"。

杨博与葛守礼采取了拖延战术，与张居正打起了持久战，唠叨起来没完没了。他们相信张居正只要一松懈，就可以乘虚而入，说不定会有什么转机。张居正被他们给弄烦了，于是就拿出对王大臣的审问笔录，让他们看，意思就是真的是这么回事，而且是东厂搞的，与我张居正没有一点关系。

没想到，张居正这下可捅了娄子。葛守礼发现张居正在笔录上进行了修改，还写下了"历历有据"（证据确凿的意思）四个字，葛守礼心中暗喜：这下可抓住张居正的小辫子了！按照大明律法，这种笔录只有经过皇帝批准才能让别人看，私自篡改笔录是死罪。

这么重要的证据落到了自己手里，真是意外之喜啊！想到这里，葛守礼立刻把笔录收好，不给张居正了。张居正这才醒悟过来，知道坏菜了，可是再想挽回，早已经来不及了。

有了证据，杨博与葛守礼腰杆立刻就硬了，于是就步步紧逼；张居正本来是占据优势的，但是现在见自己的小辫子被人家攥在手里，只好妥协，他陷害高拱的计划也就此泡汤。

在这件事上，张居正真应该学习一下自己的老师徐阶。当年徐阶为了整死严嵩，决定除掉严世藩。严世藩的罪证遍地都是，最令人发指的就是杀害了忠臣杨继盛、沈链等人，大家都认为依靠这些罪状肯定能要他的命。

可是严世藩一点也不害怕，反而把他害死杨继盛等人的事到处散布，让憎恨他的人把这些事作为自己的主要罪状。这些人的死虽然是他严世藩操纵的，可也是通过了皇帝的许可。嘉靖皇帝的性格他最清楚，是决不能容忍臣子否定自己的，别人拿这件事说事，皇帝肯定会判自己无罪，所以严世藩根本不怕。

徐阶的聪明之处在于，他早就看穿了严世藩的想法，更清楚嘉靖皇帝的好恶，于是他把严世藩的罪名改为勾结倭寇、图谋不轨，这正是嘉靖皇帝最痛恨的罪名。于是严世藩被立即砍了脑袋。

世事如棋，一着不慎，就会满盘皆输。每个人都会犯错误，但为什么有人能够反败为胜，有人却一败涂地呢？有时候，一些人之所以不能在失利的情况下挽回局面，并不是因为"棋艺不精"，而是由于他们的心理素质太差，一看到自己走出了"昏招"，就方寸大乱，结果就是一步错、步步错，直至彻底失败。张居正素来精明强干、心机深沉，也免不了在官场争斗这盘棋中走出一些"昏着"，给自己带来麻烦。所以，对我们来说，不管做什么事情，都来不得半点马虎。

在职场当中，难免有各种明争暗斗，而这些争斗往往都是心理战。如果一个人在心理层面上落败，那么在其他层面的争斗中就更加难以翻身了。这是因为，心理支配着行为，心理落败必然会使自己阵脚大乱，对手就有机可乘，这也是我们前面强调必须有稳健的心理素质的主要原因。

在心理战中，很多时候败相并非十分明显，也许只是出了一点小小的纰漏，让人难以察觉，但对于精明的对手而言，抓住这一点差错就足以让你满盘皆输。

有些时候，我们在心理战中需要的是更多的耐性与承受能力，这样才可能在斗争中走得更远。心理学当中有一个著名的概念，叫做"延迟满足效应"，说的是找来一群四岁的小孩儿，给每个孩子一块糖，告诉这些孩子如果你们能坚持在二十分钟内不吃掉这个糖，就能再获得一块糖；如果吃掉了，就只能得到现在的这块糖。结果有的孩子忍住了，而有的孩子没忍住，能忍耐而得到更多糖的孩子普遍要比没忍住的孩子取得更高的成就。其实这就是古话所说的"小不忍则乱大谋"，张居正就是没忍住，结果被人抓住了小辫子；而如果当初徐阶被表面的现象迷惑，按照严世蕃的图谋定罪，那么严世蕃就逍遥法外了。

因此我们在职场中也应该时刻注重提升心理素质，不论何时何地都应该镇定自若，不要慌张。尤其是在处理重大事务的过程中，更要谨慎，不可有丝毫的马虎。因为心理战往往是在你马虎大意的时候发生的，当你看到危机时，你很有可能已经被对手斩落马下了。

记住，心理战永远是在暗流中孕育的，等到滔天巨浪掀起时，你纵有天大本事也难以力挽狂澜。所以，我们在任何时候（尤其是安逸之时）都要注意提升自己对心理的控制能力，进而更好地控制和调节自我的行为，以避免由于马虎大意而出现严重后果。

做官要学金学增

很多领导都有过这样的困惑：为什么我的下属对于工作始终是毫无激情，让他们干点计划外的工作就跟要他们命似的，让他们加班更是比登天还难？这是为什么呢？其实这年头员工们跟着领导混，无非是为了能有一个更像样一点的未来。也就是说你这一亩三分地对于员工来讲就是一个暂时的栖身之所，员工只是把你这里当成一块跳板，他们希望由这里跳上通往更远方的列车。换句话说，员工不是蠢驴，可以让你在他头上蒙块黑布，给点草料就乖乖地转着圈儿拉磨。驴也有梦想，不能找到神仙张果老那样的主人，也得找个阿凡提那样的聪明人吧！

张居正在用人方面很有一套，他认为，考察一个人的本质，应该先顺应他的欲望，然后就可以趁机使对方为我所用。说白了，其实就是顺应对方的一些要求，找出双方利益的共同点，从而实现双赢。

户部观政金学曾是一位非常有才干的官员，但他的官职只有九品，张居正发现了金学曾的才干，破格提拔了他。后来，有位京官因为不堪忍受贫困而自杀，言官们纷纷弹劾张居正"穷死京官，虐待王公"，这时，金学曾伪造了一张银票，在一家赌场赢了一万两银子，送给了张居正，张居正把这笔银子分给了生活困难的京官，这样一来，再也没有人攻击张居正了。

又过了一段时间，张居正任命金学曾为荆州巡税御史，这时，正是张居正开始"丈量土地"的关键时刻，金学曾为了帮助张居正树立威信，对张居正老爹收受官田一案秉公处理、对张居正另一位亲信也进行了严肃处理，而张居正也并没有说什么，反而采取了支持的态度。

金学曾这样做，既是对张居正改革大业的一种支持，同时也为自己树立了良好的"官声"，而张居正并没有因为金学曾触动了自己的利益而对他进行打压。

一个优秀的领导者，应该让员工认识到，自己是可以帮助他们实现更为远大的目标的。说得简单一些，就好比员工想从你这里跳到世界 500 强企业，你不但不去干涉，相反还主动帮他实现理想。如果你真的做到了这一点，员工自然会把你当成知心朋友，从而更加用心地帮你做事——因为他在帮你做事的时候，也是在为自己积累资本。

当然，领导者首先要为自己的团队负责，帮助员工跳槽是可以的，但同时也要兼顾团队的利益。因此，高明的领导应该将员工的目标与团队的目标结合在一起，把团队与个人在发展目标这一层面变成一根绳子上的蚂蚱，跑不了我，也蹦不了你；你要是真想跑，也得先帮我把绳子挣断再说。

像张居正与金学曾这样的例子并不少见，《三国演义》中，刘备与诸葛亮的关系就非常值得称道。

刘备三顾茅庐，终于请诸葛亮出山相助。诸葛亮道号"卧龙"，而刘备则被人认为是一代枭雄，后来，在诸葛亮的帮助下，刘备建立了蜀汉政权，成就了一番霸业。但是，刘备对诸葛亮并没有任何的猜忌之心，反而在白帝城托孤的时候，说出了这样的话："君才十倍曹丕，必能安邦定国，终定大事。若嗣子可辅，则辅之；如其不才，君可自为成都之主。"

诸葛亮一向感激刘备的知遇之恩，也梦想着能够收复中原、兴复汉室，但他可从来没有想过要取而代之，刘备这话一出口，诸葛亮立刻汗流满面，跪在地上发誓说："臣一定会保持忠贞的节操，鞠躬尽瘁，死而后已。"

不管刘备的话是否出自真心，但他敢于放权，给诸葛亮充分的权力，让他辅佐自己的儿子，足以证明他是一个善于用人的好领导。最初，徐庶辅佐刘备，连打了几次胜仗，曹操于是派人把徐庶的老母抓来，逼徐庶投降；刘备为了成全徐庶的孝道，让徐庶"跳槽"到曹操的阵营，徐庶到了曹营之后，因为感激刘备，终生没有为曹操贡献一个计谋，这不能不说是刘备的高明之处。试问今天职场中的领导者有哪个能像刘备这样呢？这也正是刘备能够从弱到强，逐步发展壮大的重要原因。

今天的领导者要想使自己与下属的关系像张居正与金学曾那样和谐，就必须具备以下三种精神：第一种是伯乐精神，领导者应该努力挖掘下属的知识和才能，使"千里马"大放异彩；第二种是甘为人梯的精神，也就是说领导者要让后继者能够更上一层楼，在事业上有所突破；第三种是绿地精神，即普遍培养人才，让他们在"如沐春风"的感觉中保持良好的精神状态。

三种精神有了，接下来就到了具体实施的阶段。领导者一定要将下属的发展意愿与预定方向搞清楚，并把下属的需要与工作绩效紧密结合起来，这样才能刺激他们努力工作。当他们业绩突出的时候，一定要及时予以物质奖励和精神上的鼓励。另外，还要注意要对员工的工作任务、时间安排、工作程序等进行较为具体的指导。在与员工交流的时候，千万不要摆出一副拒人于千里之外的架势，好像人家欠你钱似的。

要充分发挥海潮效应：以待遇吸引人，以事业激励人。海水因天体引力而涌起，引力大则出现大潮，引力小则出现小潮，引力过弱则无潮，此乃"海潮效应"。面对人才也应如此，要给以他们全方位、各层次的激励：以待遇吸引人，以感情凝聚人，以事业激励人。

从前有一位国君，愿意用千金买一匹千里马。可是三年过去了，千里马也没有买到。这位国君手下有一位不出名的人，自告奋勇请求去买千里马，国君同意了。这个人用了三个月的时间，打听到某处人家有一匹良马。可是，等他赶到这家时，马已经死了。于是，他就用五百金买了马的骨头，回去献给国君。国君看了用很贵的价钱买的马骨头，很不高兴。买马骨的人却说，我这样做，是为了让天下人都知道，大王您是真心实意地想出高价钱买马，并不是欺骗别人。果然，不到一年时间，就有人送来了三匹千里马。

用买马骨的方法来买得千里马，用修筑黄金台的方法来吸引天下的人才，所运用的都是用人中的一种"海潮效应"。人才乃强国之本。求贤纳士，选人用才，贵在诚心实意。

每个人都希望自己能够在更高的层面上发展，因此可以进行职位的升迁、权利的扩大、地位的提高、进修的机会等非物质激励，因此在进行决策的时候，不妨让员工参与进去，让他们感觉到自己越来越受重视。有的时候，你甚至可以给员工安排一些挑战性极强的任务，让他感到自己有一种成就感，这样一来，他就会热血沸腾地跟着你奋斗了。

◎ 成就感就是心理的归属

在"用什么样的人"这个问题上，龚自珍曾经发出过"不拘一格降人才"的呼喊；在"如何让人才追随我"的问题上，我们依旧可以套用龚老前辈（龚自珍）的话——"不拘一格激励人才"。

激励是现代管理学中的重要内容，也是管理的主要手段之一。好的激励手段可以让整个团队奋发向上，极大提升工作效率，提升团队的凝聚力，还可以吸引优秀员工，开发员工潜力。可是按照世俗的观点，一提起激励好像就是多给钱似的，其实这种看法是不对的，激励的方法有很多种，金钱或物质奖励只是其中之一。要想真正达到激励员工的目的，我们必须要"不拘一格"，用多管齐下的方式给员工来个"地毯式轰炸"，不怕他不主动"投降"。

除了最基本的物质激励以外，精神激励也很重要。精神激励的目的是让人们感到自己受到重视、被人尊重，从而得到心理上的满足。物质激励的效果难以持久，而精神激励则更加长效。此外，批评与处罚也是一种激励，叫做"负激励"，其目的在于激励人们不要从事某种行为。

明代第三位皇帝，永乐皇帝朱棣，是朱元璋的第五个儿子。在明代十六位皇帝中，他是仅次于朱元璋的最有作为的皇帝。他当皇帝二十年，摸索出用人的经验。有一次他和内阁辅臣聊天谈到用人，对现任的六部大臣逐一评价，说了一句话："某某是君子中的君子，某某是小人中的小人。"这两个人当时一个是吏部尚书、一个是户部尚书。

大家听了一定很纳闷："既然是小人中的小人，为什么还要用他？"朱棣是因人而用，因事而用。吏部尚书是君子中的君子，这种人不会结党营私，不会把自己的门生、亲戚、朋友全部安排到重要岗位上，而是以国家利益为重，为国家、朝廷选拔人才，所以这个人必须是君子。可是户部是管钱的官，是财神爷。朱棣说他是小人中的小人，是因为这种人为了把财税收起来，会采取非常不道德的手段。

永乐皇帝的军费开支非常大，正常的财政收入根本应付不了。所以除了常规的赋税，每年还必须要有大量的额外收入来支撑军费。所以，朱棣必须找一个会给他搞钱的人。通过这个解释，大家就知道，朱棣用人不死啃教条，什么位子上用道德高尚的人，什么位子上安排不以操守为重的人，他心里有一本账。君子与小人的用人理论成了永乐皇帝的一句名言。

张居正用人时，虽然不能像永乐这样放得开，但也打破了君子与小人的界限。总结他用人的经验，最核心的一点就是重用循吏，慎用清流。循吏，就是脑子一根筋，只想把事情做好，把事功放在第一位，而不会有道德上的约束；清流则不同，总是把道德放在第一，说得多，办成的事儿少。对这两种人的取舍，张居正明显偏向于循吏，他的态度很鲜明。

如何做到知人善用，成为一名具有相当影响力、让所有下属都服气的领导呢？我们具体应该如何操作呢？

前面已经说过，为了让下属有成就感，就要多给予奖励与鼓舞，以利益捆绑与安抚心理的方式进行，这属于直接的激励方式。另外，还有两种较为纯粹的心理与精神层面的间接激励与刺激，即"弼马温效应"与"雷尼尔效应"。

所谓"弼马温效应"，就是说古人养马，通常会在马厩里养一只猴子，好动的猴子会不断给马以惊扰与刺激，使得马匹逐渐不怕惊扰，从而在战场中更加稳健。另外，猴子也使马很少躺下休息，这样更有助于其变得强壮。从某种程度上来说，企业组织与马群有类似之处。在企业中，适当地养几只"猴子"，刺激骏马，能避免员工产生疲惫和懈怠之感，从而增强整个组织的活力。

"雷尼尔效应"一词则源于美国华盛顿大学。华盛顿大学的工资比其他地方低20%，但是很多教授还是愿意留在这里，因为这里有非常棒的风景，尤其是著名的雷尼尔雪山，更是人们心向往之的旅游胜地。在一个企业，决策层也可以用"雷尼尔效应"这种"美丽的风光"来留住人才，即用良好的工作环境和企业文化氛围去吸引人才。

张居正在用人方面也是非常注意激励机制的。他说过："用奖赏来鼓励下属，用惩罚鞭策下属，用恩情感动下属。利用下属比较优势的一面，而宽恕他们较小的过失，那么他们就都会努力工作了。"这句话实际上就涵盖了正负激励与精神激励，而张居正的考成法正是这种激励方法的完美体现：对于出色的官员就用"胡萝卜"进行正激励，给予物质与精神上的鼓励；对于差劲的官员就用"大棒"予以惩罚，进行负激励。

从"弼马温效应"来看，考成法就像那只放在马厩中的猴子，总是不断地"折腾"，使那些"马"没有一刻安宁，根本没有条件趴在地上养膘。

总之，张居正的用人理念可以总结为以下几点：

不看名声大小而看实际行动；

不问资历而看发展潜力；

不听流言飞语而看实际成绩；

不凭自己个人的好恶而趋向于理性判断；

不以一事论英雄，也不以一错定终生。

这是一种非常进步的用人理念，而张居正又把这一理念写入奏章交给了万历皇帝，又使这句话成为一种精神激励。因为他这样做就等于向大家阐明了自己的用人观念：就算你现在不过是个小人物，没什么背景与名气，甚至从前有过过错，只要肯在今后的日子里努力工作，将来一样可以出人头地。所谓"英雄不问出处"，这种做法对于团队有着极大的鼓舞作用，特别是在那个论资排辈的年代，这无疑是打在年轻人身上的一针兴奋剂。

不过，从"雷尼尔效应"的角度来说，张居正做的就不是很好了。他加大力度打压言官、排除异己、独揽大权，使得朝廷变得听话但缺乏活力，仇恨的种子也随之埋下来。虽然这与张居正所处的特殊环境和位置有直接的关系，但其死后的凄惨境遇不能不说是生前"作孽"的结果。

我们在现实生活中，往往对于"弼马温效应"更加关注，真正能够做到的人也比较多一些。领导常常会录用一些头脑灵活、敢于创新与尝试的人员，不因为这类人不好管理就将其拒之门外。因为这些员工可以给组织带来更多的活力，并且用自己的行动来影响整个团队的氛围，这样就可以将死气沉沉的气息一扫而光。

与"弼马温效应"相比，"雷尼尔效应"的受重视程度明显要低一大截。在现代社会中，仅仅依靠涨工资的手段未必能够提高员工的积极性，领导者还要综合考虑如何提高个人的舒适度、个人的自我实现度，也就是心理层面上的满足感。其实，所有形式的激励归根到底都是作用于心理，因此，一个虽然赚钱很多但让人心理压抑的环境，未必会像赚钱少，但让人心情愉快的环境那样吸引人。

综上所述，一名成功的领导者应当懂得从多个方面入手，全方位地对员工加以激励。例如为员工营造一个舒心的工作环境，给每个人较长时间的带薪年假；对提出好的建议、工作出色的员工，公司会公开表扬并予以一定的物质奖励；积极提倡管理者与员工之间的交流，创造和谐、和睦的沟通与工作环境等。这些是衡量企业"软实力"的一项重要指标，同时也是提升领导者威信、获取职工爱戴的重要方法，真可谓是一举多得。

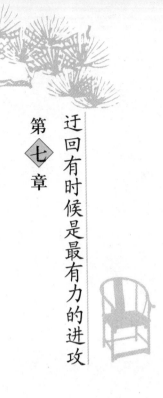

第七章　迂回有时候是最有力的进攻

很少有人能够在职场中一帆风顺，当遭受挫折时，是宁折不弯？还是迂回前进？宁折不弯的人令人敬佩，但无疑会付出更大的代价，而且很可能遭受更大的挫折，甚至是一败涂地；迂回前进的人虽然可能表现得比较软弱，但却能节省自己的力气，最终取得胜利。张居正也曾经面对过很多棘手的问题，也不是每件事都处理得恰到好处，不过却能告诉我们这样一个道理——迂回有时候是最有力的进攻。

明修栈道，暗度陈仓

官场上的战略家张居正先生认为，想要做一件事，就以其他事情来掩盖真实意图，不要让别人产生怀疑，不要使别人借此对你加以阻挠。这正合了孙子的"知己知彼，百战不殆"的谋略。在战场上，我方了解了敌人，自然有利于我方取胜；同样的道理，如果敌人了解了我方，那么他们的胜算也会大大增加。所以，为了减少敌人取胜的概率，我们有时候就应该通过一些手段防止敌人了解我们自己的情况。

所谓"明修栈道，暗度陈仓"的策略在现代职场也非常适用。有些人急于展现自己的能力，但是这种强势表现会给同事带来很大压力。职场环境具有其特殊性，因此没有人会主动向别人询问他某种行为的用意，通常情况下，人们是凭借猜测判断别人的意图，有时别人很容易因为误会而认为你要采取某种行动，从而对你加强戒备。

例如，你所在的公司将要提拔一批中层干部，不管你有没有参与竞争的想法，都不可以当着同事的面和上司走得太近，因为这样做无异于暴露了意图。虽然谁都想抓住这次机会，但是暴露自己的意图在别人眼中与挑衅没什么两样，而且会成为"众矢之的"。在特殊时期，人们的心理也会变得与平时不一样，所以你最好尽量避免触动他人敏感的神经。

作为一个城府极深的政治家，张居正深谙隐藏内心真实意图之道。他的理想就是通过推行改革来重振大明雄威，但是他知道这样做会得罪很多在社会上有地位、有影响的既得利益者。在反对者眼中，张居正之所以一意孤行，仅仅是为了搞"面子"工程，通过一些颠覆性的措施制造轰动效应，以此来"炒作"自己，从而使自己的大名永远留在日后的历史教科书上。反对张居正改革的人里面有一个叫何心隐的，他是当时社会上有名的大学者，在他的煽动下，很多读书人也加入到反对张居正的行列中。

在张居正看来，有相当多的读书人是"两耳不闻窗外事，一心只读圣贤书"的政治文盲，对社会问题缺乏了解，因此极易被蛊惑。中国古代社会分为士、农、工、商四个阶层，士人即读书人位于社会第一等级，所以读书人的力量是十分强大的。张居正抓住重点，认为必须除掉读书人的精神领袖何心隐，但是又不能以打击持不同政见者的名义做这件事。

何心隐受王阳明"心学"的影响，对古代儒家学说持批判继承的态度，在孟子"人皆可以为尧舜"思想的影响下，认为每个人都可以做老大。在君臣、父子、兄弟、夫妇、朋友这五种伦理关系中，何心隐最看重的是朋友——广义上的兄弟。同时，他还在家乡搞过类似"乌托邦"的试验。总之，与当时社会的主流价值观相比，何心隐的思想完全属于"另类"，于是张居正就打算从打击异端邪说入手，除掉这个难缠的反对者。张居正家乡的地方官、湖广巡抚王之垣心领神会，于 1579 年将何心隐逮捕后杀害。

何心隐死后，张居正遭到了士人更为猛烈的批判。但毕竟群龙无首，读书人中间再也没有精神领袖了，所以那些批判对张居正来说也就无关痛痒了。

有些事情是好做不好说的，如果不做就不能实现自己的目的，做了又会遭遇批评和阻力，这样的话，就需要运用谋略来掩人耳目。对于张居正来说，那些反对者中既包括保守的既得利益者，又包括对社会问题缺乏了解的书呆子，他不可能以逐个游说的方式让人们理解他的做法，为了提高改革的效率，他只能硬着头皮强制推行。也就是说，指望所有人都理解自己的做法是不可能的，所以只要认为自己是对的，就要坚定地做下去，因此隐藏自己的真实意图是为了避免出现不必要的麻烦，或者至少可以将麻烦的程度降至最低。这正是"明修栈道，暗度陈仓"的思想精髓。

秦朝灭亡以后，项羽自称西楚霸王，并大规模分封诸侯，刘邦被封于汉中、巴蜀一带，称汉王。刘邦当时没有实力与项羽抗衡，又担心项羽对自己不放心，于是在前往封地的路上下令烧毁沿途栈道，表示自己今后将安安稳稳地做一个诸侯，不会率兵东进挑战项羽的地位。后来楚汉战争爆发，刘邦向东发展势在必行，而东进则有一明一暗两条路可走，明路的栈道早已烧毁，暗路大多为崎岖的山路。项羽为了防止刘邦东进，特意派秦军降将章邯驻守陈仓。为了夺取陈仓，韩信建议派人佯装重修栈道，然后暗中走小路偷袭陈仓。于是刘邦派樊哙带着一万人明修栈道，自己与韩信率十万大军暗度陈仓，最后大获全胜，打开了通往关中的战略要道。刘邦明修栈道正是为了掩盖暗度陈仓的真实意图，堪称军事史上的经典战例，三国时魏将邓艾入蜀也采用了这一计策。

"明修栈道，暗度陈仓"虽然是军事谋略，其指导思想却也常用于政治权术。在对付何心隐的过程中，打击异端邪说的借口就是张居正的"明修栈道"之举，"暗度陈仓"的真实意图则是铲除异己。

这一计策在今天的职场竞争中同样可以借鉴。一般来说，人们都会为达成某种目的而制订周密的计划，并积极行动。然而，别人从你的种种表现当中就会窥测到你的目的，于是，他们心里就会起疑：这小子最近怎么这么活跃？是想往上爬还是想揽什么"大活儿"？别人有了这样的想法，自然会像防贼一样防你，你的日子也就不好过了。

所以，比的就是谁能够沉得住气，也就是要理解职场中的"紫格尼克效应"。人们对未完成的工作总有一种"完成欲"，这就是"紫格尼克效应"。"完成欲"容易导致欲速则不达的后果，因为"香饽饽"并不只是你一个人在盯着，这时你要沉得住气，克服你的"完成欲"。

为了避免别人对你的猜忌，你就需要通过制造假象来隐藏你的真实意图。比如说在公司提拔中层领导时，你可以表面上将精力放在提高业绩、树立自身形象上，这样别人就会认为你准备靠实力升迁；而暗地里，你却"神不知鬼不觉"地与上司拉关系、套近乎，这样一来，你胜出的机会就大大增加了。

⊗ 以彼之道，还施彼身

成功，并不在于一路高歌猛进，而在于最终的结果。一个人在追求成功的道路上，会遇到很多困难，如果你一味地与困难硬碰硬，最终不但难以达到目的，相反，还会让自己伤痕累累。

张居正当上首辅之后，打算派人去北方边疆视察，目的是了解当地的军政情况。由于当时驻守边疆的将领大多为前任首辅高拱所提拔，因此高拱的政敌以及企图巴结张居正的官员们都想对这些将领下手，以便讨张大人的欢心。吴百朋被派到宣府、大同视察，发现大同总兵马芳有行贿朝中政要、私分战利品的劣迹，于是便上疏弹劾他。

张居正接到奏疏之后就犯了难：马芳可是个军事奇才，对鞑靼人有着不可估量的威慑力，如果把他给撤了，以后谁给大明朝看家护院？按照张居正的性格与魄力，他完全可以把奏疏扔进火盆，不把这当回事。可是，由于吴百朋的坚持，再加上朝中反对继续任用马芳的声音很大，张居正也不好得罪太多的人，最后只好妥协。

尽管如此，张居正却并没有真正放弃马芳，他只是想让那些"站着说话不腰疼"的官员们知道：罢免马芳的决定是错误的。

几年之后，张居正的想法就得到了验证。鞑靼人见大明朝第一保镖马芳被老板"炒"了，就想乘虚而入。于是，被明朝封为顺义王的俺答以讨赏、修约为由率兵进犯大同，并公开声称：老朱家，赶紧交保护费，不然的话老子灭了你！这时，大明朝野上下一片惊慌，那些平时站着说话不腰疼的官员们也不会说话了。看到这种情况，张居正心中暗喜：哼哼，这回知道怕了吧？有本事你们去打呀！看到大臣们　个个急得如热锅上的蚂蚁，张居正这才拿出了自己早已准备好的对策：重新起用马芳！

马芳到底是马芳，还没等上马亮相，鞑靼人就闻风而逃了。这件事情之后，再也没有人敢提起罢免马芳的事了。

职场如战场，欲擒故纵之计自然有其妙处。

在职场中，你打算任用的人如果不被大家所接受，就先不要任用他，借此平息舆论的非议，然后安排一个只有这个人能完成好的任务让其他人做。当大家都应付不了时，你就可以顺势将心目中的最佳人选推向前台了。欲擒故纵之计的精髓就是以退为进，先向对手妥协，然后找机会将他们制伏，并使他们毫无还手之力。

当你想做一件事或想得到某种利益的时候，如果感到力不从心，那么完全可以反其道而行之。就好比两个武林高手过招，力气大的未必能取得最终的胜利，反应灵敏、战术得当者即使身形瘦小，获胜的概率也会很大。在搏斗时，高手通常会回避对方的锋芒，故意露出破绽引诱对方来攻击，然后利用对方的大意一击制胜。

假设你是一家企业的部门经理，打算重用一个自己赏识的人时，发现他并不受其他同事的欢迎，任用这个人的阻力必然很大。在这种情况下，你若是坚持己见，就难免招致其他员工的非议，弄不好就会给整个职场的工作氛围带来消极影响；可是，如果不任用他，你就会使自己的威信大打折扣。职场中，类似的事情还有很多，在这种进退维谷的困境之中，我们该怎么办呢？

作为一名企业的管理人员，你如果发现某些员工有犯错误的迹象，或听说他们做了不该做的事，又苦于证据不足，莫不如先故意装作不知情，等待他们犯下新的错误，当证据确凿时，就可以按照企业的规章制度对其予以惩罚了。

张居正将自己这方面的经验总结为"意欲取之，必先纵之"八个字——要想打败对方，就要先纵容他；要想让对方灭亡，就先让他骄傲自满，这样他就会露出破绽，然而就可以利用形势图谋自己想要的东西了。由于人无完人，因此即使你的竞争对手非常优秀，他也一定有弱点，那么找到他性格上的缺陷将直接关系到你与他之间竞争的最终结果。

春秋末期的吴越争霸就体现了这一谋略。越王勾践被吴王夫差打败后，听取了大臣的建议，首先向对方投降。吴王夫差为了羞辱勾践，不但将他软禁在吴国，而且让他做自己的奴隶。勾践侍奉夫差非常谨慎，但是他心中始终憋着一股劲儿。有一次，夫差生病了，勾践竟然亲自尝了尝他的粪便，以此检验他的健康状况。夫差认为勾践已经失去了斗志，就把他放回越国了。回国之后，勾践暗中积蓄力量，等待复国的时机。

有一年吴王夫差想北上中原讨伐齐国，勾践认为时机已到，于是表面上对夫差参与中原争霸的做法予以支持。夫差以为自己真的天下无敌了，就率兵四处征讨，与齐国、晋国连年交战。越王勾践抓住机会，对吴国后方发起突然袭击，最终灭掉了吴国，报了亡国受辱之仇。

在职场竞争或市场竞争中，如果竞争对手过于强大，我们就应该避其锋芒，甚至可以暂时妥协退让，等到对方志得意满、趾高气扬、不把你放在眼里的时候，你就可以发动反击了。有时为了做成一件事，采取暂时退让态度也不失为一种明智之举。弓弦拉得越满，箭射得就越远；要想捕捉猎物，付出诱饵的代价是必要的。所以，如果在做事的过程中遇到他人的阻挠，不妨往后退一步，这样既可以借机反思一下自己做事的方法，也可以通过示弱来麻痹对方，从而赢得积蓄力量的时机。暂时放纵对方并不是毫无原则的妥协，而是为了等待有利时机，占据有利的形势，为日后的反击做好准备。懂得欲擒故纵的策略，无疑能使自己在与人交往的过程中变得游刃有余、得心应手。

春秋时期，郑庄公在母亲的要求下，封弟弟共叔段于京。京是郑国的大城市，而共叔段与郑庄公不合，所以有大臣提醒郑庄公，要防备共叔段谋反。郑庄公故意装作不在乎的样子，其实他是在故意放纵共叔段，表面上对他百般忍让。后来共叔段真的起兵叛乱了，结果被早有准备的郑庄公平定。郑庄公利用欲擒故纵的策略，诱使共叔段叛乱，这样他就有充分的理由将自己讨厌的人赶走了。

这就像跳高一样，退得远，可跳得更高。人际关系中暂时的忍让吃亏，可以获得长远的利益。关键是要不露声色地迎合对方需要，既以对方的利益为重，又为自己的利益开道。求人帮忙，要求可先提得很高，结果适得其中，对方会因为没帮上你大忙而内疚，进而较易答应你较小的要求；或者循序渐进，从让他做小事开始过渡到帮大事。因为他已对你有好感和依赖，养成了对你说"是"的习惯，这正是心理学中的"进门槛效应"。

先高后低，可造成你大步退让的假象；由小到大，让对方无法察觉你"先得寸后进尺"的真正意图。日常交际，多非对立。要切记"两虎相争，必有一伤"的古训，切勿火上浇油，酿成"烧了大屋"的悲剧。让人一步不为低，如果你占理又能相让，众人不但会承认你是对的，更会称道你的宽宏大量，令你达到众望所归的完美地步。

⑰ 要学会说"不"

中国人向来爱面子，然而有时也会被面子所累，职场中人更是如此。在职场中，同事之间相处总少不了互相帮助，在力所能及的情况下帮助别人解决困难，对于每个职场人都是必须具备的素质，而且这样做也会为自己带来一些益处，同时有利于建立良好的职场人际关系与和谐的工作气氛。

然而总有一些人，会在不考虑他人感受的情况下提出一些不合理的要求。由于担心同事之间的关系因自己的不慎而被破坏，因此大多数人不好意思拒绝别人的要求。受这种心理的影响，很多人在面对同事提出的不合理要求时，通常会感到左右为难。

同事提出了要求，你如果直言拒绝，场面势必会很尴尬；可是如果你并没有帮助别人的能力却硬着头皮答应对方的要求，这样不仅无益于帮助对方解决问题，反而容易使自己心中积累的怨气流露出来，所以这样做还不如干脆拒绝效果好。当然，你若是学会了更好的拒绝方式，不但不会让自己感到无所适从，而且不会影响与同事的关系。由此看来，学习积极的沟通技巧，学会合理的表述方式，对每个职场人都很重要，因为只有这样才能恰当地表达自己的想法，而不使他人感到不快。

在很多情况下，不轻易拒绝他人也与人们的性格或心态有关。在职场中，有的人为了能在工作中被同事接受，因此特别在意别人对自己的评价，所以不惜答应同事提出的一切要求，希望给大家留下好印象。有的人则出于争强好胜的心理，格外喜欢对人许下承诺。

孔子说，"言必信，行必果"的都是"小人"。为什么是"小人"呢？并不是说他们道德水准低下，而是说这种人头脑太简单，在没考虑清楚事情的难度前就轻易答应别人的要求，跟没文化的山野村夫没什么区别，所以说他们都是"小人"。承诺与人的诚信紧密联系，你答应了人家的请求，却发现事情远非想象的那么容易，最后没有办成这件事，那么人家必然会认为你不讲信用。在职场中，被扣上"轻诺寡信"的帽子恐怕不是什么好事。

这样看来，学会拒绝就显得十分重要了，所以应该对拒绝的艺术有一个恰当的认识，该拒绝时就拒绝。张居正作为官场上的风云人物，自然深谙此道。

张居正的老爹去世后，按照明朝法律，他必须回家守孝三年。张居正心里明白，自己一走，首辅之位就得让给别人，三年以后内阁是谁的天下就很难说了。丢掉了首辅之位，也就等于失去了推行改革的机会。于公于私，张居正都不愿意放弃这个机会。于是，他首先指使亲信上疏建议皇帝"夺情"，不让自己走，然后自己再婉言"拒绝"，这样既可以制造有利于自己留下的声势，又可以表现出自己确实想回家守孝。于是，"夺情"大戏在张居正的策划下上演了。

最后万历帝终于决定"夺情"，不准张居正回家守孝。然而一石激起千层浪，反对"夺情"的人纷纷上疏。皇帝大发雷霆，下令用廷杖教训这些上疏的人。这时，礼部尚书马自强来向张居正求情。张居正出人意料地跪在马自强面前，对他说："老马呀！我现在一点儿招都没有了。回家吧，皇上不让；不回吧，又对不起我爹，朝中大臣也不干。现在我都要疯掉了，你就饶了我吧！"马自强一看这种情况，也不好说什么了。

随后，翰林院掌院学士王锡爵也来求情，张居正说廷杖是皇上的意思，自己也没有办法。王锡爵根本不信，于是张居正拔出宝剑交给他，说你干脆杀了我算了。王锡爵一介文人哪见过这阵势，当场就认输了。后来，廷杖照常行刑，求情的和上疏反对的都闭上了嘴。

张居正的拒绝方式有些耍无赖的嫌疑，但是也不失为一着妙棋。在中国人看来，跪拜是大礼，张居正身居高位，却向下属下跪，颇具震撼力。所以，我们学习张居正的拒绝艺术，并不是学他下跪、耍无赖，而是学他拒绝手段的精髓。他实际上是用出其不意的战术，上来就是一顿猛攻，让对方措手不及，再无还手之力。

拒绝同事也是一样，不应该直接生硬地说"不"，而应该讲究一定的技巧。在说"不"之后，要明确告诉对方自己的理由，真诚、清楚地把自己的难处与苦衷告诉对方，同时表达出自己的歉意。即使不愿意把自己的真实想法告诉对方，也要为你拒绝对方的做法找个合适的理由。拒绝时，要干脆明了，不磨磨蹭蹭、犹豫不决，更不要拐弯抹角、模棱两可。不要使用让对方还抱有一线希望的言辞，像"也许可以吧"、"让我试试"、"我再想想办法吧"。

简而言之，拒绝要果断、及时、明确，避免产生不必要的误会。在拒绝别人时还要注意说话的语气，要委婉、巧妙，一个轻松幽默的拒绝常常可以缓和对方的抗拒感，让人乐于接受。

在职场生活中，有些事情是不可抗拒的，比如上级摊派了一项任务，而且下了死令，要求必须按时完成，这个时候即使用再高明的方法也无法拒绝。张居正认为，当遇到不可抗拒的事情时，不要去拒绝，可以"拖之缓之"，慢慢消解它的强劲势头，然后再找机会解决问题。

对普通人来说，大声地说"不"本来就是一件不那么容易的事情。更何况在办公室里，对上司说"不"，那就更不容易了。这不仅需要莫大的勇气，而且需要一定的技巧和方式方法，不然完全有可能引发一场人事灾难。

嘉靖年间，将军仇鸾曾提议开设马市与鞑靼人做生意，结果使明朝损失惨重，于是皇帝下令禁止谈论与鞑靼互市的问题。张居正知道，跟鞑靼人做生意本身没有错，问题是如何使双方在平等互利的基础上开展贸易。然而当时嘉靖帝根本没心情听这套理论，所以当时官位不高的张居正只好保持沉默。到了隆庆年间，张居正适时而动，终于实现了与鞑靼的封贡互市，为国家立下了大功。

当准备对上司说"不"时，尽量站在上司的立场，抱着与上司同舟共济的想法考虑问题。切忌站在自己的立场，更不要站在上司的对立面。要"大胆假设，小心论证"，协助上司做出正确的决定。不要当众指出上司的问题，不要迫使上司当场表态。尽量促成与上司单独沟通的机会，并适当向上司提出你的不同意见，如果是拒绝上司的意见一定要给上司一个台阶或者一个备选方案，让上司有选择或者台阶下。

说"不"其实是一门学问，要摆正心态，更要学会技巧，上司毕竟是上司，要学会维护上司的尊严，讲究说"不"的策略，这样才能取得预期的效果。

能拒绝的就委婉地拒绝，实在不能拒绝的就等待时机。由此来看，拒绝是一门非常耐人寻味的艺术。掌握了这门艺术，不但可以帮助自己减轻心理压力，更能使自己在人际交往中争取到主动地位，从而营造更为宽松自由的职场生存空间。

☯ 解决矛盾不如分解矛盾

在这个世界上，矛盾无处不在，职场也是一样。表面上风平浪静的职场其实如同乱世一般，大家虽然名义上同属于一家企业，却并非铁板一块。在外人看来，所有的员工都在自己的位置上认真地工作，却不知道平静之下暗藏着杀机。每一个职场人都不希望自己在工作的过程中一无所获，有的人希望晋升，有的人希望加薪，有的人希望干出一番事业，所以人人都在心里打着自己的如意算盘。当你的利益需求与他人发生冲突时，矛盾也就产生了。

通常情况下，职场中会存在一个又一个的利益共同体，俗称"小圈子"、"小团体"；每一个小团体的成员之间都会结成某种利益同盟，大家会为了获取该利益而共同"奋斗"，这种"奋斗"经常表现为与其他团体发生冲突。

根据职场生存法则，你最好不要加入或者至少不要公开加入任何小团体，否则你将独自面对其他小团体成员的轮番攻击。如果你遇到了这种糟糕的情况，就应该避免与对手发生正面冲突，因为你只是一个人在战斗，好虎也怕一群狼，更何况你不一定就是一只好虎。那么，当我们面对他人围攻的时候，就只能选择退让吗？一味地退让当然不行，套用诗人田间的话就是："假使我们不去打仗，敌人用刺刀杀死了我们，还要用手指着我们的骨头说：'看，这是奴隶！'"

其实，迎战的办法还是有的。前面已经说了，职场并非铁板一块，每个人心中都有自己的如意算盘，即使是同一个小团体的成员也会有矛盾。那些小圈子、小团体不过是临时组成的利益共同体罢了，暂时性的共同利益一旦不存在了，这个共同体也就必然走向瓦解。既然是这样，你就有机可乘了。

张居正认为，人际关系中的间隙就是心中的隔阂，人与人之间产生了隔阂也就会导致裂痕的出现，这样就容易被敌人利用。如果对方拉拢了一伙与你有矛盾的人，组建小团体来对付你，你也可以利用他们的内部矛盾，对其分化瓦解，然后逐个击破。用张居正的话说，这样做就如同"拨草寻蛇，顺手牵羊"一样简单。

在中国古代，北方游牧民族与中原王朝一直冲突不断，明朝也面临同样的问题。在中原人看来，北方各少数民族好像没有什么区别，都是些吃生肉、喝生血、骑着马却没有一点儿骑士风度的野蛮人。可实际上，这群"野蛮人"也和中原人一样，为了利益经常钩心斗角，极不团结。

明朝中前期，蒙古对中原的威胁很大，后期的主要威胁则来自东北的女真。当时蒙古在元朝灭亡后，重新陷入分裂，大体上分为瓦剌、鞑靼、兀良哈三部分，而这三大部分也是由众多部落组成，彼此之间也经常相互厮杀。到了张居正时代，鞑靼最强，对明朝的威胁也最大。在鞑靼众多的首领中，数土默特部的俺答和察哈尔部的土蛮最强。张居正分析了当时北方边疆的形势，决定拉拢俺答，并成功促成了封贡互市。

1571 年，明朝封俺答为顺义王，并与他的部落开展边境贸易。从此以后，俺答的土默特部与明朝实现了和平，双方一直没有爆发大规模的武装冲突。对于土蛮，张居正就不那么友好了。1577年，土蛮进犯锦州，要求封王。张居正的意思是，在这种情况下答应对方的条件等于委曲求全，所以坚决不同意封土蛮为王。

俺答在隆庆年间就被封为顺义王，是明朝的主要安抚对象；蒙古的另一个王爷土蛮却始终得不到封赏，因为他是明朝的主要打击对象。俺答虽然不会帮助明朝对付土蛮，却也不会联合土蛮威胁明朝的安全。由此看来，张居正对蒙古实施的分化瓦解策略很有效。

对付东北地区女真人的时候，张居正也采取了同样的策略。明朝中后期，女真分为建州、海西、东海三部分，其中建州女真和海西女真实力最强，对明朝威胁也最大。建州女真的首领大多被明朝授予了官衔，但是他们仍然经常侵扰明军控制的地区。李成梁在张居正的支持下出任辽东总兵，经常与蒙古的土蛮和女真各部打交道。在处理女真的问题时，他也采取了分化瓦解的策略。

1574年，李成梁杀死了建州女真首领王杲，后来在追杀王杲之子阿台的时候，又趁机杀死了觉昌安和塔克世，还俘虏了王杲的外孙、觉昌安的孙子、塔克世的儿子努尔哈赤，并将其收养。这是明朝对女真采取的一贯政策，即先杀死实力强大部落的首领，再收养他未成年的孩子，并将这个孩子培养成效忠于明朝的官员。在努尔哈赤以前，这一政策一直行之有效。

对付与自己有矛盾的人，不宜正面交锋，更不能打击面太广，如果把大家都得罪了，那么失败者就只能是自己。张居正对付蒙古和女真的策略，不外乎利用对方的内部矛盾，拉拢其中一方，打击另外一方。这样做的好处就是，即使不能从对方阵营中争取到新的盟友，也会无形中削弱对方的力量。

其实职场就像春秋战国，诸侯纷争，钩心斗角，如果懂得一点纵横之术，就离胜券在握不远了。

春秋时期，晋国想攻打南边的虢国，然而两国之间隔着虞国。虞、虢两国是唇齿相依的关系，晋军若贸然进攻其中一方，另一方肯定不会善罢甘休的。晋献公采纳了大臣荀息的计策，先向虞国借道攻打虢国，再伺机消灭虞国。公元前658年，荀息出使虞国，并带去了很多珍贵的礼物，要求借道。虞国国君贪图小利，不顾大臣劝阻，同意了晋国的要求。于是晋军在攻打虢国期间，控制了虞、虢两国之间的战略要地。公元前655年，晋军灭虢国，随后发起突然袭击，灭掉了虞国。

分化对方阵营的关键是发现其内部矛盾，然后主动示好，先拉拢其中一方，打击另外一方，最后就可以解决所有矛盾。职场里的小团体并非铁板一块，经不起大风大浪，只要找到其成员之间的心理隔阂，就可以趁机大做文章，加深对方内部的裂痕，就能达到削弱对方实力的目的。

在处理下属矛盾的时候，首先要查明双方产生矛盾的原因，其次是在解决问题的时候选择一个合适的身份去介入；再次就是要把握好介入的时机；最后就是要让双方明白因为二人的矛盾而影响了整个团队的利益，让他们明白事情产生的后果。

进而就可以真正地解决问题，解决的办法可以是重新划分资源、明确行为规范。在处理这样问题的时候，有时候管理者不需要说很多的话，可需要把握一个度的问题。领导者要审时度势，准确地判断出矛盾的根源。

每个工作团队中肯定会有一些出类拔萃者，这些出类拔萃的人往往都有自己鲜明的个性特点，会有一些个人的英雄主义，在与别人的合作中可能会存在这样那样的问题，在工作中互相不服气的事情时有发生。

从管理者来说，遇到下属因为互相不服气而发生点小摩擦大可不予理会，可由双方当事人自己解决，但如果双方矛盾闹得特别大进而影响到工作，管理者就应该适当地介入，来解决这个事情。

在解决下属矛盾的时候，告诉他们怎么样才能使整个团队的利益最大化，而不是个人利益最大化，对于执迷不悟者当然要予以一定的警告，在错误改正之后也应该给予一定的激励，使他们从纠缠于个人恩怨的情绪中扭转过来，把精力转移到工作上，把重点放在关注自己的业绩和工作上来，在大的方面大家保持一致，做到求同存异。

◈ 没有永远的朋友，只有永远的利益

俗话说："智者当借力而行。"在职场中，若想打拼出属于自己的一片天地绝非易事，因为其中交织着各种利害关系。在这种情况下，争取到更多的人与自己结盟，对个人事业的发展是大有帮助的，想当年，张居正就是通过与不同的人建立利益关系才使自己在宦海当中顺风顺水的。

张居正在跻身首辅之位的过程中，有两个重要的盟友对他有着很大的帮助，

即前任内阁首辅高拱和大太监冯保。张居正刚刚进入内阁不久后，高拱就在派系斗争中被徐阶"欺负"，最后离职而去。当时内阁里的斗争十分激烈，张居正由于资历浅、年纪轻，在内阁中排名最末，是名副其实的"老疙瘩"。可是张居正这个"老疙瘩"并没有受到哥哥们的"疼爱"。唯一一个能给他"开小灶"的徐阶不久以后也离开了内阁。

这时的张居正为了找到靠山，只好想办法把高大哥请回来。果然，高拱回来以后，联合张居正挤掉了赵贞吉、陈以勤、李春芳、殷士儋等人，实现了内阁的二人转组合。后来，高拱也想挤掉张居正，于是张居正利用冯保与高拱的矛盾与之联合，终于扳倒高拱，坐上了首辅的位置。

共同利益是组成联盟关系的前提条件，但是这一条件只是暂时的。张居正与高拱的共同利益是排挤那些不听话的内阁成员，但是他们心中的终极目标并不是实现内阁的"二人转"，而是来一场纯粹的个人表演。

客观地说，张、高二人的为政理念并没有本质上的区别，他们之所以反目成仇，完全是利益的分歧所致。张居正与冯保联合，并不是因为他二人志同道合，所以这一联盟关系也是建立在共同利益的基础上的。

冯保性情狡黠，经常贪污受贿，但是张居正为了实现掌权的目标不得不对他的所作所为睁一只眼闭一只眼。他们俩的共同利益是互不干涉，也就是，张居正不干涉冯保的不太严重的违纪行为，冯保也不干涉张居正推行各种改革。宦官干政在明朝十分普遍，所以冯保不干政对张居正来说简直是天赐福音，这也是他的改革一直可以顺利开展的重要原因。

在职场人际关系中，追求共同利益是组建小团体的前提。虽说参加或组建小团体是职场的大忌，但如果你总是一个人战斗，那么做事时就很容易碰壁，弄不好还会头破血流。很多人都相信一点，那就是职场没有真正的友谊，大家之所以走到一起，正是因为有共同的利益。所以在与同事打交道的时候，最好强调双方的共同利益。

美国成功学大师戴尔·卡耐基认为，与人谈话时，不要通过表达与众不同的看法来实现自己的卓越才华，因为那样很容易招致别人的反感，所以应该强调双方能够达成共识的事情。若想在职场中找到自己的盟友，建立自己的团队，不断强调你与他们都在为相同的目标而努力是极为重要的。如果你的同事并不认为你与他之间存在共同利益，你可以强调双方的差异仅仅是实现目标的方法有所不同而已。

可是，如果你向对方示好，希望与对方结盟。可是对方却不接受，这又该如何是好呢？张居正认为，一定要让他人为自己做事，可以用利益诱惑他，也可以用威势逼迫他，甚至可以用刑法惩罚他。总之，他主张将威逼与利诱相结合，先礼后兵、由远及近、从大到小，循序渐进地把你的想法渗透给对方，最后迫使他接受你的条件，并与你站在同一条船上。

其实张居正在这方面做得并不算太出色，战国时期的纵横家在游说时，将威逼利诱的手段发挥到了极致。张仪在运用连横之术时，最常用的手段就是以威逼之，以利诱之。所谓连横，就是拆散其他诸侯国组成的反秦同盟，迫使这些国家都与秦国结盟，而攻击另外的那些国家。

有一次，张仪出使魏国，建议魏惠王与秦国结盟。魏惠王不愿意接受张仪的建议，于是秦惠文王派兵攻占了魏国的大片土地。魏惠王死后，魏襄王继位。张仪继续游说，又失败了，于是秦国再次发兵攻打魏国。魏军接二连三地吃败仗，张仪趁机再次游说。他首先对魏国进行了一番贬低，说魏国土地面积小、士兵数量少，而且四周地势平坦，很不利于防御，再加上四面的邻国都虎视眈眈，一不小心国家就会陷入到四分五裂的境地。接着，张仪又强调各国之间的盟约只是临时性的，用丘吉尔的话说就是没有永远的朋友，也没有永远的敌人，只有永远的利益。最后，张仪话锋一转，指出唯有与秦国交好魏国的安全才能得到保障。最终魏襄王答应了张仪的条件，张仪回到秦国后被任命为相国。

从上面的例子我们可以得出一个结论，那就是强调双方的共同利益就可以轻松打开沟通之门。在寻求他人的帮助之前，作出给予对方一定好处的承诺是必要的，毕竟在职场中人们是为了利益才走到一起的。如果你是一名企业的管理者，运用威逼与利诱相结合的方法来管理下属就会更加得心应手。对于管理者来说，"利"就是奖赏，"威"就是惩罚。在职场中，树立个人威信固然重要，但前提是不要损害企业的利益，如果为了一己私利拉帮结派、打击异己，就背离了公平竞争的法则和职业道德，结果必然得不偿失。

◎ 以"理"服人

中国是一个礼仪之邦，凡事都不能与"礼"相违背，所以就有了连发动战争都要"师出有名"的"显规则"。

同样，在当今职场，不管竞争多么令人作呕，我们也不可能像古惑仔那样不分青红皂白地抡刀就砍。毕竟大家都是有职业素养的，即便是打压对手也要找一个堂而皇之的理由，这样才能"以理服人"。

如何做到以理服人？张居正认为，借助鬼神来树立威信，人们就无法辨别真假了，假借天命来行事，追随者必定众多。根据此消彼长的道理，本方得到的支持多，对方得到的支持就会减少。有的时候计策也可以对自己人使用，以所谓的诡诈之术振奋本方的士气，对方的士气就会衰落。张居正把这种策略称为"就势骑驴"，也就是由自己营造出有利的形势，然后再利用这一形势把计划付诸实施。

张居正刚入官场时，严嵩担任内阁首辅，杨继盛因为弹劾这位奸臣而惨遭杀害，使张居正明白，硬碰硬是起不到任何作用的，尽管你有理，尽管你掌握着严嵩的罪证，但是这些理由在嘉靖帝那里却并未得到认可。由于嘉靖帝崇信道教，因此徐阶在发现严嵩面临信任危机之时，向皇帝推荐了一位叫蓝道行的道士。有一天，蓝道行通过扶乩在嘉靖帝面前诋毁严嵩。御史邹应龙听说这件事之后，宣称自己梦到了高山崩塌，而"高"、"山"合在一起正好是"嵩"，于是他上疏弹劾严嵩。这几件事情实在是"怪异"，于是嘉靖帝便认为严嵩倒台是天意，因此将他罢免。

徐阶在对付竞争对手时，充分利用了顶头上司嘉靖帝的心理，为罢免严嵩找了一个冠冕堂皇的理由——"天意"。皇帝对此深信不疑，所以徐阶笑到了最后。作为徐阶的门生，张居正自然从中学到了很多东西，所以他才能总结出借助鬼神树立威信的经验。

古人由于在科学知识方面有局限性，所以很迷信所谓的"天命"，因此举大事者也经常利用"天命"树立威信。秦朝末年，陈胜、吴广等九百人被征至北方戍边，途中遭遇了暴雨，按照当时的法律，迟到是死罪，因此有人打算逃跑。陈胜认为，迟到是死，逃跑也是死，反抗还是死，同样都是死，还不如揭竿而起反抗秦的暴政。为了得到众人的支持，陈胜做了一系列的准备工作。他将一封写着"陈胜王"的帛书塞进鱼肚子里，当众人在吃鱼时发现帛书后，没有不感到震惊的。陈胜又命人在半夜跑到树林里学狐狸叫，人们隐约听见"大楚兴，陈胜王"，于是开始对陈胜产生敬畏。陈胜觉得舆论已经非常有利于自己，就发动了起义，拉开了反秦斗争的序幕。

陈胜和徐阶都把"天命"作为自己行事的理由，最终实现了自己的目标，他们的高明之处不仅在于"天命"，更在于琢磨别人的心理：大家都相信"天命"，所以我才能打着"天命"的幌子"创业"。所以在职场竞争中，我们一定要摸清别人的心理，特别是领导的心理，然后为自己采取行动找一个能够为人所接受的理由。

官场的道理拿到职场一样适用，假设你与一位同事同时被领导选为重点培养对象，你首先要做的仍是像刚步入职场时那样保持一颗平常心，冷静地观察对手的动向。很多人面对竞争对手咄咄逼人的攻势，都会失去平常心，转而与之硬碰硬地对攻，结果不是两败俱伤，就是落进对方事先挖好的陷阱。

经验不足的员工面对晋升的好机会，以及竞争者的强势挑战，一般会采取以下措施：

一、与竞争对手划清界限，坚决不答理他。

二、寻找对方说话、做事方面的漏洞，通过纠正这些错误来体现自己比他强。

三、向上级投诉竞争对手的失职之处。

这样做的后果只能是让职场内部的空气变得紧张。在这种近乎凝滞的气氛下，很多人都无法心平气和地工作，所以领导绝对不会放过挑起事端的那名员工。竞争是职场生活中必不可少的要素，而攻击竞争对手则是赢得胜利的重要手段，然而这些措施的最大败笔就是没有为攻击竞争对手找到能让上级满意的理由。

假如你成为晋升的候选人之一，同时又面临着竞争者的挑战，可以尝试采取以下措施：

一、做好本职工作。由于你很有机会晋升，这就说明你的能力已经得到了领导的认可，因此没必要再哗众取宠地炫耀自己。一定要保持平常心，一如既往地干好自己的工作。

二、让上司尽可能多地了解你。因为你是被考察对象之一，所以有必要让领导对你有更深入的了解，你可以借汇报工作等机会多谈一些自己对工作的看法。

三、只谈论你自己。你身处是非之地，因此切忌招惹是非，即使对手有再多缺点，也不能在领导面前说他的坏话。相反，你若能赞美一下竞争对手，也许更能博得领导对你的好感。在这样的情况下，只谈自己是最佳选择。

无论你采取哪一种措施，都有一个共同点，那就是要发挥"毕马龙效应"。它是美国著名心理学家罗森塔尔提出来的。它的本质是在领导面前发挥暗示的作用。暗示在本质上，是人的情感和观念，会不同程度地受到别人下意识的影响。人们会不自觉地接受自己喜欢、钦佩、信任和崇拜的人的影响和暗示。而这种暗示，正是让你梦想成真的基石之一。

针对不同的领导，你可以采用不同的方式。例如，面对有雄才大略的领导，你就多谈公司的发展战略；面对实用主义的领导，你就强调自己可以胜任多种工作。就好比推销员对顾客采取的策略，他分明就是为了赚取对方口袋里的金钱，却以热心、诚意和正直打动了对方，使其感到掏钱是理所应当的。用美国成功学大师戴尔·卡耐基的话说，那就是"诉诸高贵的动机"。总之，你需要先摸清领导的心思，然后为他提供一个任用你的充分理由，这样成功就唾手可得了。

第八章
学会说话的艺术

说话是一门艺术，会说话的人能够打动别人，顺利地实现自己的目的；不会说话的人话一出口，就让别人感到不满，甚至会给自己招来祸患。同样一个意思，表达的方法不同，产生的效果也就不同。张居正在几十年的官场生涯中，说出来的话能够让同僚赞赏，能够击败对手，甚至让皇帝都对他言听计从，令常人难以企及。身在职场，更应该懂得"祸从口出"这个道理。什么话该说，什么话不该说，话该怎么说，话该怎么听，这些都是值得我们每个人深思的问题。

🔘 当官的不打拍马的

中国有句俗话说得好："当官的不打送礼的。"礼尚往来是人之常情，除了少数两袖清风清到极端的正人君子会声色俱厉地把送礼者拒之门外，其余的人多半都会对送礼者以礼相待；即便一些清官不愿接受礼品，他们也不会太不讲情面，而是采用比较委婉的方式谢绝对方的"馈赠"。

同样的道理，当官的也多半不会对拍自己马屁者"大打出手"，尤其是那些好大喜功、昏庸无道、喜好阿谀奉承的人，更是如此。有时候，他就是明知你跟他不是一路人，他也会因为你的奉承而对你礼让有加，大明首辅张居正年轻时就是因为善于拍严嵩的马屁，才使自己的这个死对头喜欢上了自己。

当初严嵩任首辅的时候，徐阶任次辅，次辅的势力没有首辅大，首辅就不断欺负次辅。由于严嵩手眼通天，因而徐阶的很多门人、好友都不敢公开与他交往，以免被严嵩猜忌。可是，张居正却一点儿不害怕，他好像根本没有留意严嵩与徐阶之间的矛盾，堂而皇之地与二人交往。严嵩最初认为，张居正是徐阶的人，肯定就是自己的敌人，可是出乎他意料的是，张居正竟然对自己毕恭毕敬，还经常说好话奉迎自己。尤其是 1559 年严嵩夫人病故以后，张居正竟然在祭文中满怀深情地对严氏父子大加赞颂，说严嵩"忠贞作干，终始唯一"，说严嵩的宝贝儿子严世蕃"异才天挺"。看到这样的溢美之词，张居正本人也许都会感到有些反胃，可这样的文章却恰恰迎合了严氏父子的喜好。结果，严氏父子真的把张居正当成了自己人。

严嵩之所以看重张居正，除了他本身才华出众之外，最重要的原因就是张居正在"意识形态"方面与严嵩靠得很近。在严嵩看来，张居正对自己的热情"讴歌"透露出一个重要信息，那就是张居正不光对自己敬重，还主动巴结、讨好自己。严嵩由此认为，张居正是想向"组织"靠拢，既然这样，自己怎么能拒绝这位新朋友加盟呢？于是，严嵩在对徐阶门人弟子进行残酷打压的同时，对张居正却十分器重，张居正的安全也因此得到了保障。

在张居正的心目当中，严嵩是一个十恶不赦的混蛋，可是他却用违心的奉承取得了严嵩的青睐。我们在职场，对于原本与自己并无矛盾的领导或同事相处，不是更应该说点好听的吗？

在职场上，要想拉近与他人之间的距离，用语言来恭维是不可或缺的方法。也许有人会有这样的顾虑：万一人家不喜欢恭维怎么办？事实上，任何人都有虚荣心，都喜欢听别人的赞美，只是程度有所不同。如果你能抓住对方的"痒处"狠狠地"挠"上几下，对方肯定会"飘飘欲仙"，并且把你当成自己的心腹。

在与级别比你高的人交往时，你一定要对他说些恭敬的话，即使对方与你不在同一个部门，你也应当表示出对他的尊重；如果是与你的上司交往，你就更应该注意这一点，因为从某种意义上来说，你的"小命"是握在人家手里的，你要是一脸漠然，不表示一点恭敬的意思，人家极有可能给你"穿小鞋"，到那时你的日子就不好过了。

职场当中溜须拍马必不可少，可是有些时候，说话不当就会"马屁拍到马腿上"，结果适得其反。

南宋时，大奸臣秦桧就是靠着溜须拍马获得高位的，不过秦桧的妻子王氏却不怎么擅长此道。一次，王氏入宫，听显仁太后说宫里最近大个的子鱼很少，于是便急不可待地拍起了马屁："我家里有，回头我给太后送一百条过来。"子鱼是宫中御膳的材料，一般人家中只有个头比较小的，如果有哪位官员家里的子鱼比宫里的还要多、还要大，皇帝自然会起疑心。

王氏回去以后把事情跟秦桧说了，秦桧埋怨她说错了话，于是就叫人弄了一百条与子鱼形态相似的青鱼，送到宫中。显仁太后一看，不禁笑道："我就说这个婆娘愚蠢、没见过世面嘛！竟然把青鱼当成子鱼了！"经过这么一折腾，秦桧才把老婆即将拍到马腿上的那只手抓了回来。

所以说，拍马屁也是一门学问，并不是想怎么拍就怎么拍的。那么，我们怎样做才能让对方高兴呢？

第一，你要在赞美声中表现出你的诚意。并不是任何马屁都能使对方高兴，只有那些基于事实、源于内心的赞美，才能让对方产生好感。如果你的赞美无凭无据，对方不仅不会对你产生好感，相反，还会认为你油腔滑调、虚伪狡诈，反而对你产生厌恶。

第二，马屁要拍得具体，而不能泛泛而谈。在与领导或同事的交往中，你应当找到对方的哪怕只是一丁点儿的优点，然后选准时机大加赞扬。只有这样，对方才会认为你真正了解他，如果你说的只是一些用在谁身上都可以的恭维话，对方就会认为你是在应付，从而减少对你的好感。

第三，拍马屁也要因人而异，对不同的人要说不同的话。如果你和一位即将退休的老领导谈话，你可以多称赞他引以为荣的过去，让他回想一下"想当年自己如何如何"；如果是与年轻的领导谈话，你可以说他年轻有为、前程似锦；如果是跟女性高管打交道，你当然可以从"巾帼不让须眉"的角度去恭维她……

此外，在拍马屁的时候表情也很重要，你一定要给对方一种郑重其事的感觉。如果你嬉皮笑脸地称赞别人这好那好，人家也许会以为你这是在戏弄自己，就算你说得再好也没有用。

职场拍马屁可以理解为鼓励，每个人都需要被信任。拍上司马屁也是为了生存嘛，只要不是太露骨，都能理解，太露骨兼肉麻就受不了了，相信上司也会很尴尬的。

心理学上的暗示效应是指在无对抗的条件下，用含蓄、抽象诱导的间接方法对人们的心理和行为产生影响，从而诱导人们按照一定的方式去行动或接受一定的意见，使其思想、行为与暗示者期望的目标相符合。

积极的语言能使人产生积极的情绪，改变消极的心态，因而可以有意识地赞赏老板的做法，为同事打气，还可以让下属之间相互鼓励。

总而言之，拍马是职场当中极为重要的战术，通过它，你可以让上司喜欢你，让对手欣赏你，让同事尊重你。拍马的巨大作用，用《孙子兵法》里的一句话可以这样概括："死生之地，存亡之道，不可不察也。"在职场中生存，只有爱拍马、会拍马，才能使自己立于不败之地。

🀄 海瑞可敬不可学

在这个世界上，忠诚正直的人永远都值得人们尊重和敬佩。但是，纵观古今，并非所有正直忠诚的人都获得了事业上的成功。明朝的海瑞正直敢谏，为官清廉，被老百姓称为"海青天"，但他的一生却饱经苦难，死的时候连买棺材的钱都没有。而与海瑞同时的张居正不仅享尽了荣华富贵，而且还对明朝作出了巨大贡献，同样身为臣子，人生轨迹竟如此不同，着实值得人们深思。

今天的职场中同样也会遇到类似的情况，很多人都想在事业上取得成功。但是，由于每个人性格不同，为人处世的方法不同，所以遭遇就有了很大的不同。

GE 公司原总裁韦尔奇说：沟通无边界。在工作中，你需要与你的上级、下级、相关部门、外界机构进行各种不同层次的沟通；在学习中，你需要与你的同学、老师进行学业知识方面的沟通；在家庭中，你需要与你的父母、妻子、小孩进行情感方面的沟通……

沟通无处不在！沟通，是人们不可或缺的一项能力！

比如说，一个团队的领导由于自己的错误而使整个团队遭受损失，很多人都会站出来对他提出批评、建议。有的下属在批评领导的时候会采取比较温和委婉的手段，他们会拐弯抹角地指出领导的缺点，好像是站在领导的立场上对错误的严重性进行分析，并使领导产生"他这样做完全是为了我好"的想法，因此也就比较乐于接受这种人的批评。这样的人，怎能不受领导的器重呢？

但有些人就不同了，他们不喜欢兜圈子，更愿意直来直去，他们认为上级有错误就马上提出批评、建议，至于领导的威严和面子，根本不在自己考虑的范围之内。尽管后者也认为"我这样做完全是为了你好"，但领导却没有这样的感觉——这时，领导的心里也不好受，最需要的就是一种心理上的慰藉，突然跳出一个"直挺挺"的下属，对他的错误大加批判，使领导本来就挂不住的面子又往下掉了几分。如果事情更恶化一些——下属在大庭广众之下对上级大喷口水，那么上级就会觉得自己成了一只被人架在火上烤的猪，真的到了颜面扫地的地步。

人们常说："男人死在脸上。"尽管男人不应该过于虚荣，但作为一个团队的管理者来说，树立权威毕竟是支撑他管理整个团队的一种有效的手段，一旦失去了这种尊严，再牛的人也会在瞬间变成一个泄了气的皮球。所以说，让领导下不来台确实是下属的大忌。一旦领导觉得自己被逼得走投无路，就会有"狗急跳墙"的举动，面对批评，他们不仅不承认，反而会狠狠地责备批评他的下属，这样的下属又何谈升职、加薪呢？

现在，我们可以回过头来分析一下海瑞和张居正为什么会有那么大的差别了。海瑞成名是因为敢于犯颜直谏，但导致他宦海浮沉、壮志难酬的也是因为这一点（成也萧何，败也萧何啊！）。当时，嘉靖帝求仙悟道简直到了走火入魔的程度，除了有人抢班夺权对他来说算是值得一管的事情，其余所有的朝廷大事在他看来都属于芝麻大的琐事。杨最、杨爵等几个"直肠子"为了不让大明王朝被嘉靖帝拖垮，毅然决然地向老总呈上了他们的奏疏："老板啊，大厦再不修就要塌方了，你总不能让兄弟们压死在里面吧！"

平心而论，他们的批评绝对正确，嘉靖皇帝如果能听从他们的话，确实可以挽狂澜于既倒，扶大厦之将倾。但是，由于这些人的言辞过于激烈，使嘉靖帝大为光火：你们几个算什么呀？竟敢以下犯上！这次要是饶了你们，下次还不被你们翻了天？于是，这位大明朝的一把手大笔一挥，就把这几位调到了"那边儿"（发配边疆）。这件事之后，朝廷上下所有官员都知道了老总的脾气，于是大家只说拜年话，一点有损领导形象的话都不敢说。但是，就是有人不吃这套，对嘉靖帝照批不误，这个人就是海瑞。

海瑞的奏疏与他的性格一样刚猛，对嘉靖帝像秋风扫落叶般无情。嘉靖帝本想把海瑞杀掉，但当他听说海瑞已经把棺材准备好了，知道他视死如归，于是就派人把海瑞关进了大狱，既不放，也不杀，直到嘉靖帝死后，海瑞才被重新启用。

站在客观的角度来看，海瑞犯颜直谏的勇气确实值得人们敬佩。但是，从现代职场的角度来看，海瑞明知道上司是个好面子的人，却非要打他的脸，上司又岂能容他？海瑞的初衷是好的，但是结果却并没有什么可喜之处：海瑞被关起来，嘉靖帝继续修炼，朝廷依然如故。

相比于海瑞，张居正的说话方式更加符合现实情况的需要。他认为如果要劝谏别人，一定不能与对方的意愿相抵触，一定要照顾对方的感情，并站在他的立场上考虑问题，而不能自己想怎么说就怎么说。

张居正的这种思想早在他青年时代就已经形成了。他初入职场的时候，就看到了大明王朝这个庞大企业所存在的种种弊病，于是写了一篇《论时政疏》，希望得到老板的重视。《论时政疏》列举了大明王朝的种种弊病，但是在字里行间，你看不出半点批评皇上的意思。任何一位高层读这篇奏疏时，都会觉得这个新来的张同志既懂得为企业利益考虑，又给足了老板面子。尽管嘉靖皇帝和内阁都没有采纳张居正的意见，但张居正在内阁次辅徐阶心中的形象却一下子变得"高、大、全"了。所以，徐阶也一直在不遗余力地帮助张居正，为张居正铺就了一条坦荡的升官之路。

人是复杂的，是具有主观能动性的，决不会只是机械地、被动地接收说服者所传递的信息。人自身具有选择性，有决定对信息是接收还是抵制的能力。因此，在说服过程中，要依据目标对象原态度的特点、目标对象的人格特征、目标对象所处的社会环境，采用适度的方法，将信息投入接收范围之内，从而有效地达到说服的目的。不然的话，则不但不能达到说服的目的，反而适得其反，使目标对象更坚持原有的态度，即产生"飞去来器效应"。

职场中人想要说服上司或者同事，就要深悉"飞去来器效应"，总是从目标对象的特点出发，从对方的心理需要出发，使人家在忠告、说服过程中能获得某种心理满足。

不管怎么说，海瑞最后也和张居正一样，成了明朝的名臣——这也勉强算是殊途同归吧。但是，与张居正相比，海瑞付出的代价实在是太大了。所以，职场人给上级提意见绝对不是什么"有理走遍天下"的事情，让领导伤自尊的事情是绝对不能干的，领导并不会觉得"无理寸步难行"。为了维护自己的面子，领导会"无理搅三分"，甚至是"狗急跳墙"，反咬下属一口；相反，有理声不高，有话好好说才能让领导乐意接受批评。两者相比较，无论在效果上还是在对双方的影响上，后者都要优于前者。毕竟，当今社会更需要人文关怀，一味地以理性说事儿无论如何是行不通的，职场中人，更应该记住这一点。

沟通无极限

对于下属来说，向领导提意见是义不容辞的责任；这一点，在古代表现得尤为突出。历史上以"诤臣"留名者不在少数，他们的美名万古流芳，他们的事迹也被人们世代传诵。

与其他诤臣相比，张居正的劝谏之路可谓蹊径独开，他把自己劝导小皇帝万历的金玉良言都凝结在了书中，这本书就是后来流传甚广的《帝鉴图说》。

在很多人看来，《帝鉴图说》不过是一本古代帝王故事集，给小皇帝当启蒙读物还可以，要是把它称作"劝谏丛书"，实在有点言过其实。事实上，《帝鉴图说》在劝谏方面，对于今天的职场精英也是有很多指导意义的。

在职场中，领导者如果在工作当中有一些不足之处，下属当然不能"耳提面命"地批评，只能以下属的身份去劝谏。不过，劝谏也是要讲究方法的，有时候，领导觉得自己水平高人一等，往往不愿意直接接受你的建议；有时候，领导会觉得你的建议不一定管用，因此拒绝采纳。面对这种情况，我们该怎么做呢？大明首席"职场达人"张居正为我们指出了一条很好的出路。他认为，劝谏君主的言语一定不能过于直白，而要尽量委婉，这是臣子劝谏君王的重要原则。

在此基础之上，张居正主持编写了《帝鉴图说》一书。全书分上下两部，上部名为《圣哲芳规》，编录了上自尧舜，下至唐宋的 23 位古代帝王的光辉事迹共 81 则；下部名为《狂愚覆辙》，记录了夏商以来 20 位帝王的丑行共 36 则。

《帝鉴图说》的优点在于，它以"抛砖引玉"的方式，让万历皇帝参照古代帝王的事例，自觉地明白什么事该做、什么事不该做。相对于枯燥的说教，这种方式更有助于小皇帝的成长，因为这位首辅大人张先生毕竟有些"学究气"，直接用理论给小孩子讲"形而上"的治国平天下的大道理，想必难以奏效；而《帝鉴图说》以一个个鲜活的故事为"教材"，用具体的事例来教育皇帝，效果就好多了。

在职场当中，这种"抛砖引玉"的方法可谓劝人良方。比如说你们公司准备对工作流程进行调整，以提高工作效率，这时，你想向领导说出自己的想法。可是，领导一向对你的判断力持怀疑态度，尽管你说得头头是道，领导还是会把你的想法搁在一边。那么，你就不能再强调自己的想法有多好了。面对这种情况，你可以换一种思路，拿其他知名企业的成功案例说事，先让领导对其他公司的做法表示赞同，然后再"乘虚而入"，将本公司的情况与人家作个比较，这样一来，领导就能感受到你所提建议的正确性与可行性了。

有时候，你甚至不必刻意去说服领导，而完全可以在闲谈中提及某一块"砖头"，等领导对这块"砖头"产生了兴趣，你就可以顺水推舟般把"玉"给引出来。于是领导会惊呼道：我本来以为这块石头可望而不可即呢，原来美玉就在身边！就这样，你的"金玉良言"马上就会得到领导的认可，你在无形当中就为自己树立了良好的形象。

在《帝鉴图说》当中，"千金买马"的故事就印证了这一点。

战国时期，燕昭王为了招贤纳士，就向一个名叫郭隗的人请教。郭隗并没有急于回答，而是先讲了一个故事。说从前有一位国君，想以千金为代价买一匹千里马。可是过了整整三年时间，这位国君也没有找到千里马的踪迹。后来，国君手下有个人主动请缨去买千里马。这个人花了三个月的时间，终于打听到了千里马的下落，可是当他跑到马的主人那里时，马已经死了。于是，他用五百金买下了马的骨骸，带回去献给国君。国君一看心里很不高兴：你花这么多钱买马骨头有什么用啊？我要的是马，不是骨头！可是那个买马的人却说，自己这样做是为了让天下人知道，大王对马骨都如此重视，更何况是活生生的千里马呢？果然，天下人都知道这位国君是真心实意地想出高价买马，于是在不到一年的时间里，就有人送来了三匹千里马。

听完这个故事以后，燕昭王若有所思，这时郭隗对他说："大王若想真心揽才，就应该像买马的那位国君一样，为天下人树立一个榜样。您可以先从我开始，如果我这样的人都能得到重用，那么比我更有才能的人就会主动前来投奔了。"燕昭王照郭隗的话做了，给了他高官厚禄。消息一传出去，很多贤士纷纷前来，都表示愿意为燕昭王效力。

这个故事发生在古代，然而对于现代职场人士来说，仍有积极的借鉴意义。这个故事本身就是"抛砖引玉"的极佳案例，其中"抛砖引玉"在于两个层面：第一，买马骨的故事是"砖"，引出郭隗的招贤计划这块"玉"；第二，马骨和郭隗是"砖"，引出了千里马和人才这两块"玉"。

我们会发现，郭隗的劝谏方法的确表现出了相当高的智慧。假如郭隗直截了当地对燕昭王说："老板，你只要把我提拔上去，其他的人才就会主动出来了！"那么燕昭王一定会以为他是个贪图名利的小人，想以此为借口混个一官半职。这样一来，不管郭隗的建议是对还是错，燕昭王都会产生反感。可是，郭隗先是用买马骨这件事做"引子"，等燕昭王明白这个道理之后再接着往下说，这样就容易让人接受了。

在实际工作中，经常会出现一种现象，一个瞎子同一个聋子的沟通景象，尽管瞎子讲得满头大汗，口干舌燥，可是对方却无动于衷，因为这种沟通是单向的。沟通一定是双向的，而且是双方共同的意愿，这样才可能实现双赢。

沟通中恰当的方法会达到事半功倍的效果，反之适得其反，会使沟通不欢而散，问题不但得不到解决，还会产生新的矛盾。

沟通的双方必须在平等的前提和氛围下，才能顺畅进行达到预期效果，否则就会使沟通双方无法达到沟通的目的。位置低的一方在讲话时会有所顾忌，不讲真话，所有的语言都会有"艺术"加工，位置高的一方会居高临下，使另一方不舒服，信息传递会大打折扣，沟通达不到预期效果。

沟通双方，其中一方就某一问题发表意见时，另一方一定要认真倾听，不要打断或插话，更不要评论，要听清楚对方的观点，必要时笔录要点。在对方讲完时，口述核对，得到对方认可后，阐述自己的观点和看法，这样会使对方感觉到你是尊重他的，沟通的气氛会更融洽。

在沟通时就事论事，不可进行人身攻击，不可揭短，要就事务本身阐述其利害关系，求得对方理解，如果直接指责对方，就会产生对立的氛围，沟通就会发生障碍。

总之，要想让领导接受你的建议，你首先要让领导在心理上与你保持一致。你用"砖头"来"砸"他，他才能在"迷迷糊糊"之中按着你的路子走，最终才会到达你所指定的目的地。假如你使用蛮力把领导拉向预定目标的话，领导就是灭不了你，也得大喊"救命"，到那时，你可就尴尬了。

⊗ "旁敲侧击"的秘密

老子在《道德经》中有几句名言："大音希声，大象无形，道隐无名。"意思就是说：最美妙的音乐，听来只有几个非常简单的音符；最大的形象，反而在于无法看到它的形体；真正的"道"是隐微而没有名称的。

在职场上，一个人要是想用语言来说服他人，不一定非得表现得那么直接，有时候甚至可以在一般人难以察觉的情况下把自己的想法透露给对方，让对方主动而且非常乐意地接受，正像杜甫诗中所说的那样，"随风潜入夜，润物细无声"。

这种给别人提建议的方法妙处在于，你可以完全出于"无意"而说出一番话，让对方细心琢磨之后自觉地接受你的建议。这样一来，不仅你劝谏的目的达到了，而且还可以减少很多不必要的麻烦。

你若是以批评、教育的态度给别人提意见，如果语气过于生硬，对方极有可能会觉得下不来台——这是再平常不过的事；即使你很注意自己的语言，力求不伤害对方的自尊，对方也会觉得你是在教训他，表面上虽然接受了你的建议，但心里一定觉得很不是滋味；此外，最重要的一点就是，对方如果是你的平级或上级，你再摆出一副师者的面孔去说服人家，对方肯定觉得你这人有点拿着鸡毛当令箭的感觉，心里必然会对你产生不满。

上述几种情况在职场交往中十分常见，如果你把握不好给他人提建议的尺度，就很容易惹火烧身。所以说，将劝谏隐于无形，让对方自动"知错"，"不战而屈人之兵"，这才是职场高手的博弈之道。

美国学者戴尔·卡耐基通过多年的观察、研究表明，"任何教训、指责，都会使人感到伤了自尊而处于自我防卫状态，并且往往会激起他极大的反感，促使他竭力为自己辩解"。人在挨批下想要为自己辩解是人之常情。但一开始就急于为自己辩白、解脱，结果会适得其反，给人以避重就轻、逃避责任的印象。

关于建议之道，张居正给了我们很多启示。他指出，要想让对方主动采纳你的建议，可以采用旁敲侧击的方式，或是激将或是反讽，表面上说的是毫不相关的事，实际上是在劝对方，从而使对方自觉地认识到自己的错误。

张居正在《帝鉴图说》中提到的"论字知谏"的故事，就可说明此理。

唐穆宗喜好享乐，对国事却不大关心。当时，身为翰林学士的大书法家柳公权看不过去，就想找机会劝谏穆宗。一次，穆宗看到了柳公权的书法，对他非常赞赏，于是就问道："你的字为什么会写得这么好呢？"柳公权淡定自若地答道："字虽然是用手写的，但是笔法却源于人的内心。如果心正，那么写出来的字也就会很端正了。"穆宗并不是个糊涂人，他听了柳公权的话，脸色一下子就变得非常严肃，他知道这位柳大书法家是借写字来向自己进谏。

你看，柳公权只是按照"指示"回答皇帝所提出的关于书法的问题，可是却"若无其事"地触动了皇帝的心灵。这样一来，皇帝就没有任何理由惩罚柳公权，即便是他心里窝火，也不能表现出来，只能是"哑巴吃黄连，有苦说不出"。

柳公权的这招在职场上非常管用，张居正就是以一名职场老油条的身份来审视这一策略的，我们也应该学会在职场生活中对其加以运用。假如你的同事或领导是个爱面子爱得要死的人，不管你的态度多么温和，也难以让他接受你的建议；假如有些事你不便直接挑明，但是你认为有劝说的必要，一定要让对方听听你的声音。在这种情况下，你就可以用旁敲侧击的方法向他"渗透"你的意思。

比如说，你的一位同事平时有传人闲话的毛病，而且他脸特别"酸"，别人一指出他的缺点他就会翻脸，这时，你就可以假装对他的"爱好"毫不知情，在闲谈中就说在网上看到了一篇文章，上面介绍了职场的 N 条大忌。然后，你就列举出来几条，先说些无关紧要的诸如"不要随便搞办公室恋情"、"不要随便打听工资等"，然后"捎带"提一句"不要传闲话"，紧接着再谈些别的事。这样一来，谁也看不出你是在劝人行善，可是对方却一定会记住"不要传闲话"。他也许没有注意到你是在劝他，而实际上，他心里早已知道自己错在哪了。至于他今后能不能改正，那是他的事，但你至少让他懂得了传闲话是不对的。

除此之外，张居正还"自主研发"出了一种技术含量更高的劝谏方式，那就是按照对方的思路推断下去，最终让对方知道自己的做法只能带来负面效应。在使用这种策略的时候，你完全可以先肯定对方的观点，然后貌似恭敬地对他的观点进行可行性分析。分析到最后，你把所有好的方面都说完了，对方一定会自鸣得意，认为你是他的坚定拥护者。这时你话锋一转："但是，这样做在某某方面可能会有不妥吧？"在对方看来，你是帮助他进行分析的，而且分析得头头是道，至于最后得出的这个结论，他会认为很中肯。于是，他就会说："看来，这个方案还真就不太可行。"你紧接着来一句："唉，就差那么一点，确实很可惜。"这样，对方还没摸清你的意图，还没辨明你是敌是友，就已经被你"俘虏"了。

其实，中国古代像这样的例子比比皆是。

战国时期，有一次楚国进攻齐国，齐威王让大臣淳于髡携带黄金百斤、车马十辆前往赵国求援。淳于髡得到命令以后竟然放声大笑起来，齐威王问他发笑的原因，他说自己入朝的时候，看见有个农民正在路旁祭祀神灵。那个人一手拿着一只猪蹄，一手端着一碗酒，祈求神灵保佑他五谷丰登、粮仓充盈。最后淳于髡说："我见他祭品微薄，想要的东西却很多，因此才发笑。"齐威王听出他话里有话，知道自己送这么点儿礼物根本无法搬救兵，于是就把黄金增加到一千镒，车马增加到百辆。淳于髡带着这份厚礼，顺利地请来了赵国救兵，解除了齐国的危险。

淳于髡巧妙地把齐威王的错误"改版"成另一个小故事，并用农民的错误行为来预测结果。从表面上来看，淳于髡并没有直接否定齐威王的做法，可实际上，聪明的齐威王早已看出自己的做法确实不妥，于是很有面子地自觉改变了计划。

无论是柳公权还是淳于髡，抑或是得到了两位前辈真传的张居正，都悟到了"旁敲侧击"的真谛。在职场上，这样的方法可以将你的劝谏隐于无形，聪明的领导会认为你很高明，并且因为保住了颜面而对你感激不尽；而那些糊涂的领导也许听不出弦外之音，那就让他糊涂去吧！毕竟你已经尽了力。

◎ "小报告"并不小

"小报告"古已有之，不过那时还没有这个名称，人们一般习惯称之为"进谗"。所谓"谗"就是说别人的坏话。之所以称"进"，大抵因为要说别人坏话，当然有一定的目的，为了实现这个不可告人的目的，谗言就要讲给足以影响被谗者命运的人听，这种人一般不是官高便是位重。把谗言讲给这些地位高的人听，所以称之为"进"。

在一个单位中工作，难免会有得罪他人之处，如果被你得罪的人是"小人"之辈，你不得不防他在领导面前进你的"谗言"。

在职场上想整人，打小报告自然是首选方式之一。可是，事情总有两面性，一般来说，如果你到上司那里打某位同事的小报告，会有以下几种不良后果：

一、你的谗言毫无事实依据，领导会对你彻底失去信任，而被你栽赃的那位同事不但不会被领导厌恶，相反还会进一步得到领导的信任。

二、你所说的话有一定根据，但是聪明的领导会看出你对事实的歪曲，所以在处罚对方的同时，也会降低对你的信任。

三、你所"奏"完全属实，你的对手也得到了应有惩罚，但是领导会对你爱打小报告的习惯嗤之以鼻。要知道，职场中的多数人都讨厌打小报告的行为。

从以上几点来看，打小报告难免会"杀敌一万，自损三千"。消灭敌人的前提是保住自己，只有自己不受任何损失，杀敌才更有意义。那么，有没有帮助我们实现"全胜"的方法呢？

办法总是有的，前面已经说过，张居正的老前辈严嵩就是用谗言夺取了首辅的位置，为后世为官者树立了"榜样"。那么，这个大名鼎鼎的奸相究竟是怎么做到的呢？

1548年，边将曾铣向嘉靖帝上疏，请求收复被蒙古人控制的河套地区。当时，内阁首辅夏言非常支持曾铣，一再请求皇上速作定夺。可是，在严嵩的劝说下，嘉靖帝觉得如果出兵的话弊多利少，于是犹豫起来。这时，性格"火暴"的夏言耐不住性子了，他再次强调曾铣的建议是利国利民的，同时言辞激烈地要求皇上尽快出兵。

没想到，夏言这么做可捅了马蜂窝。严嵩联络一帮大臣以"强君胁众"的罪名攻击夏言，说他身为臣下竟然敢强迫一国之君，真是活腻了！于是，恼羞成怒的嘉靖帝勒令夏言退休。就这样，风光多年的首辅大人终于告别了官场，告老还乡了。

然而，事情到此并未结束。当夏言在回家的路上颠簸之时，严嵩又指使人告他的状，说他与曾铣持相同政见，违背了大明王朝制定的内臣与边将不许勾结的规矩。嘉靖帝一看，心想确实是这么回事：曾铣说要出兵，你夏言就支持他，甚至不惜跟寡人叫板，你到底想干什么？想取代朕不成？这一下，嘉靖帝可真发火了，于是下令将夏言杀掉。可叹夏言，只因严嵩一伙的几句话就丢掉了性命。

从严嵩扳倒夏言这件事我们可以看出，严嵩并没有"主动"找夏言的麻烦。

夏言先是在皇帝面前"放肆",这是大家都看到的事实,严嵩也如实提出批评:你怎么能这么跟领袖说话呢?于是夏言被"辞退"。此后,严嵩等人又把夏言与曾铣交往甚密的事实拿了出来,摆出一副担心内臣与边将联手夺权的嘴脸,让嘉靖帝对他更为不满,从而下令将其杀掉。在此过程中,严嵩好像并没有进谗言,他只是"实事求是"地把夏言的一些"越轨"做法指了出来。

其实,假如他没有指出这些问题的话,嘉靖帝是不会留意的。可现在,人家已经把夏言违背君臣之礼的罪名提出来了,嘉靖帝就是单纯为了面子也不可能不采取整治措施。由此可见,严嵩的手段有多么高明!

在历史上,像这样的例子不胜枚举,最典型的要数郭开对廉颇的陷害。

郭开擅长溜须拍马,人品极差,生性耿直的廉颇将军对他十分痛恨,甚至当众斥责过他,这令郭开怀恨在心。赵孝成王死后,昏庸的悼襄王即位,郭开也受到了重用。廉颇一看赵国世道不好,就到国外定居去了。后来,秦国大举进犯赵国,赵王一看情况不妙,就准备把廉颇请回来。郭开为了防止廉颇"王者归来",就用重金贿赂了赵王派去的使者,结果使者回来以后上交的报告上写着:"廉将军虽老,尚善饭,然与臣坐,顷之三遗矢矣。"这句话的前半段好像是在夸廉颇:你看,廉将军这么大年纪了,饭量还这么好,可见身体一定很棒;可是后半段话锋一转:他跟微臣坐下交谈片刻,一连上了三次厕所。这一来,赵王就只能认为廉颇消化功能退化了。于是,廉颇最终没能重返疆场。

看看,使者只是如实说明了"三遗矢"的情况,而且从表面上来看,报告的开头部分还是有利于廉颇的。任何君主看到了这样的报告,都会相信使者并没有诋毁廉颇,廉颇确实老了。就这样,仅仅几个字就断送了这位戎马一生的老将,同时也断送了赵国的前途。

从上面两件事可以看出,陷害别人的最高境界就是将谗言隐于无形之中。张居正从中获得的经验就是,真正高明的谗言,一句顶一万句,可以让千军万马瞬间失去威力。

对于职场人士来说,打小报告也应该适当借鉴上述事例。以下两种策略可以让你在攻击对手的同时不至于暴露自己:

第一种策略是"听说"。你可以向领导这样表达:我听说谁谁谁最近怎么样。这样一来,谗言就不是你制造的了,而是你听别人(实际上"别人"可能根本不存在)说的。领导既不会认为你爱打小报告,又不会因为情况不属实而追究你的责任。即使你的如意算盘最终落空，你也可以说"不知道哪个王八蛋造谣骗了我"，这样一来你就可以把责任完全推卸掉了。

第二种策略是"但听说"。你可以先对你的对手进行一番夸奖，说他工作认真负责，有上进心……当领导认为你跟那个人是"死党"的时候，你再说"但是我听说……"于是，领导就会认为，你说话公正，不失"客观"、"全面"，他不但会坚决相信你的话，而且会对你的人格大加赞赏。

在单位中，"小报告"都是打给领导听的，如果领导是一个实事求是的人，这种"小报告"也起不到多大作用。但如果领导是一个黑白不辨、易听信他人的人，"小报告"就会对被诬陷者构成威胁。

据说，挪威人捕沙丁鱼，抵港时如果鱼仍然活着，卖价就会高出许多，所以渔民们千方百计想让鱼活着返港。但种种努力都归失败，只有一艘船却总能带着活沙丁鱼回到港内。直到这艘船的船长死后，人们才发现了秘密：鱼槽里放进了一条鲇鱼。原来鲇鱼放进槽里以后，由于环境陌生，自然会四处游动，到处挑起事端。而大量沙丁鱼发现多了一个"异己分子"，自然也会紧张起来，加速游动，这样一来，一条条活蹦乱跳的沙丁鱼被运回了渔港。后来，人们把这种现象称之为"鲇鱼效应"。

鲇鱼效应在管理心理学中说明了组织内部成员产生摩擦的必要性和重要性。一个单位如果人员长期固定，就少了新鲜感和活力，容易产生惰性。加入一些"鲇鱼"，制造一种紧张空气，自然就生机勃勃了。"鲇鱼效应"对我们的企业管理以及打破传统的用人观念大有启迪意义。

总之，在职场当中打小报告就像在战场上打仗一样，消灭对手而自身没有损伤才是最高境界。

🔵 听出话语当中的弦外之音

世间万物都是相对的，凡事有高必有矮，有强必有弱，有结必有解，有攻必有守。同样的道理，一个人在职场上混，既要掌握说话的技巧，同时也要学会从别人的话里探知一些隐秘的信息，张居正就是因为做到了这一点，才使自己纵横官场数十年始终立于不败之地。

1577年，就在内阁首辅张居正大力推行"一条鞭法"的时候，地方上却出了问题。由于"一条鞭法"触动了很多官绅的利益，因此这些人便开始制造言论，说了很多对新法不利的话。户科给事中光懋借此机会上书弹劾东阿知县白栋，说由于他推行新法，导致当地百姓人心惶惶。光懋的算盘打得很好，以为这样就可以名正言顺地攻击新法。可是他也不想想，张居正是什么人？岂能被几句话所蒙蔽？张居正当然没有立刻相信光懋的奏疏，而是马上派人前去实地考察，结果发现在白栋的领导下，当地百姓安居乐业，决不像光懋所说的那样一片混乱。就这样，张居正手握证据回击了那些反对变法的势力，使新法得以贯彻执行。

从这件事可以看出，张居正绝对不是那种可以轻易被人蒙蔽的人。他在官场行走多年，吃过的盐比一般人吃过的饭还多，小小的光懋在"久经沙场"的张大人面前歪曲事实，实在有点班门弄斧的味道。

对于职场人士来说，会说话和会听音都是非常重要的。这就好比格斗一样，你必须通过进攻来击倒对手，同时也要防止被对手击倒，因为在你面前站着的并不是一根木桩，而是一个大活人，他有手有脚有大脑，你决不能只顾着打他而不去防备他对你的袭击。

有人认为"最有效的防守就是进攻"。可实际上，这话并非放之四海而皆准。你向对手发起猛攻，貌似可以让他只有招架之功没有还手之力，可是谁也不敢保证对方不会抓住你进攻时的破绽予以反击。就在你"棋胜不顾家"地猛追猛打之时，对方极有可能已经找到了你的死穴，如果你不及时防御，后果就很难设想了。

摆到台面上的格斗尚且如此，更何况那些不易被人察觉的职场博弈呢？

在任何一个人的词典里，"谎言"都是必不可少的词条。善意的也好，恶意的也罢。总之，一个人说谎是不可避免的，这在职场表现得更为明显。如果你不能明辨他人的谎言，你就只能稀里糊涂地等"死"了。

在鉴别真伪这方面，张居正可谓高手中的高手。这位老油条熟谙诽谤、中伤、欺骗之道，同时也注意为自己的这些绝招研究破解之法。他历来崇尚把黑的说成白的，把弯的说成直的，可是当有人把这些招数用在他身上的时候，他眼里可决不揉沙子。

今天职场，欺骗无处不在，有时候，一个小小的骗局就会给你带来很多麻烦。比如说你的下属向你虚报产量，你的同事向你传达被"改版"的上级指示，你的领导"语重心长"地要你帮他做点事，实际上却是让你帮他背黑锅……对于这些谎言，我们一定要予以高度重视，千万不能什么话都信，否则就会使自己在职场处处碰壁。

除了要鉴别谎言之外，我们还要懂得从别人的话语当中听出弦外之音。

有时候，别人可能会对你说一些带有暗示性的话，你如果不把这些话当回事，就很容易出大问题。如果上司对你说："最近休息不好吧？怎么总是无精打采的？平时得多注意保养。"你要是以为他这是在关心你，可就危险了，人家很有可能对你上班时的精神状态不满意，说出这样的话意在暗示你注意保持较好的工作状态。假如你没有领悟到这弦外之音，就算你平时再能说会道，领导也会认为你脑子进水了，没有继续培养的必要。

在这一点上，张居正做得就很出色。万历皇帝新婚之后，感觉自己"长大了"，做事的时候就比较随意。一次，万历想与宫女同欢，结果宫女不愿意，万历就割掉了宫女的头发。李太后得知此事，觉得万历的做法太过荒唐，于是以母亲的身份命他诵读《汉书·霍光传》。

霍光是西汉权臣，汉昭帝死后没有子嗣，于是霍光就准备拥立昌邑王刘贺即位。可是，刘贺荒淫无度，最终惹恼了霍光，于是霍光就向当时的太后上疏一封，废了刘贺，立刘询为帝，是为汉宣帝。

李太后此举意在告诫万历：汉朝有个霍光，大明也有个霍光，这个人就是张居正，你要是再敢胡来，小心张先生废了你！

张居正知道这件事以后，心里不免"咯噔"一下。他心想，无论是李太后还是万历皇帝，都已经把自己当成第二个霍光了。人家把自己当成了"假想敌"，如果自己不主动示弱的话，恐怕皇帝和太后就要把自己当成真正的敌人。

经过分析以后，张居正觉得自己有必要急流勇退了，于是借一次生病的机会，向万历皇帝呈上《归政乞休疏》，告诉他：我已经老了，该退休了；如今皇上已经成熟，可以亲政了。

尽管万历一直对张居正怀有戒心，但此时看到张居正言辞恳切，于是明白了张先生确实别无二心，于是就恳请他留下来继续主持大局。

古代官场如此，现代职场也一样，有时候，别人所说的话往往包含着令人难以察觉的信息。对于这些话，你应当仔细进行回味，并联系自己的行为从中找出说话人的真实意图，这样才能知道你下一步该怎么做。

有时候，你或许认为揣摩人家的意图很难，这时你不妨进行一下换位思考，想想如果你站在对方的角度，会用何种方式来传达自己的意思。即使你依然没有弄明白对方的意图，也没关系，你可以多做几种假设，以此来判断对方有可能在哪些方面对你进行暗示，这样你就可以从各个方面对自己的行为进行改造，从而避免自己稀里糊涂地在错误的道路上越走越远。

说话是为了交流，不是一个人的事情。别人问多少事，我们都要有耐心，而且不会觉得对方幼稚或无知。别人用简单方式问，我用简单方式答；别人用复杂方式问，我用复杂方式答。

说话太多会导致我们的话没有分量。说话太多会使一些主意和想法在没有必要的场合和不关键的地方随便就说出来了，这常常使说话变成了一种炫耀，这就使你的话没有力量。所以要知道什么时候该说，什么时候不该说。不要让自己的话成了贴在厕所边的字画，显得不值钱。

㉜ 用愉快的姿态与人交谈

中国古代官场有一句名言："文死谏，武死战。"武将马革裹尸被认为是死得其所，文臣因劝谏君主而亡则被人们世代传颂。

生命对每个人来说只有一次，我们应当对它倍加珍惜，而不能随意将它舍弃。有些人为了正义、为了理想而献身，这原本无可厚非。可是，如果能在保住性命的前提下实现自己的远大目标，不是更好吗？

尽管"文死谏"被历代仁人志士视为至高无上的荣誉，但是，以生命为代价来规劝君王毕竟太过"奢侈"。历数各个朝代，凡是因谏而死者莫不是板着脸跟"老板"说理的，海瑞入狱也正因为这一点。相比之下张居正算是明智，他从不犯颜直谏，因此才屡屡升迁。

当你和领导探讨某一问题的时候，你如果一脸严肃地坚持自己的看法，根本不考虑领导的心理，就算你说得再好，也不会被人家认可；相反，如果你"嬉皮笑脸"，一边开着玩笑一边领导说出你的想法，没准对方会欣然接受。

从心理学角度来说，当你以轻松愉快的姿态与人交谈时，对方也会被你带入这种情境之中，所以他的心情也会变得很愉快。另外，你如果把自己的想法融于说笑之中，你的领导就不会产生"你小子竟敢教育老子"的想法，他会自觉地从笑谈当中感悟道理，还会认为你言行得体，给足了他面子。因此，用玩笑的态度来提建议，在很大程度上会让领导更乐于接受。

可是，人的性格千差万别，有的人就是爱钻牛角尖儿，只要跟领导谈公事，就摆出一脸严肃、正襟危坐的造型，话未出口，就已经让人"敬畏"三分了。说"敬畏"，还是好听的，有时候这种人会让人觉得难以接近，只要他一张口，别人心里就会立刻产生抵触情绪。这种性格的人，怎能让领导喜爱呢？

对于这样的人来说，张居正可称得上是他们学习的榜样。张居正有一套对付"老板"的高招：在嬉笑中流露出道理，在诙谐中包含道义。以现代观点来看，以这种姿态来劝谏君主，仍不失为高明之举。

张居正的这一观点与司马迁的《史记·滑稽列传》一脉相承。《滑稽列传》中记载着很多臣子以"无厘头"方式劝谏君主的事迹，其中以淳于髡的故事最为有趣。

齐威王即位以后，整日沉迷于酒色之中，很多大臣都因为害怕而不敢进谏。事实上，齐威王非常聪明，经常说一些隐语来表明自己的智慧，他虽然和其他君主一样不愿轻易接受臣下的劝告，但如果劝导得法的话，他还是会接受的。大臣淳于髡看准了这一点，就找到齐威王，请他猜个谜："有一只大鸟停在宫殿里，一连三年不飞也不叫。请问这是什么鸟？"齐威王心领神会，早已察觉到淳于髡的意图，于是答道："这只大鸟不飞则已，飞必冲天；不鸣则已，一鸣惊人。你就等着瞧吧！"果然，齐威王一改以前的习惯，开始重整国政，很快就使齐国国力大大增强。

试想一下：假如淳于髡直截了当地劝齐威王改掉恶习，齐威王会这么和颜悦色地照办吗？淳于髡用猜谜语的游戏形式巧妙地规劝齐威王，这才是他的过人之处。

在《滑稽列传》中，像这样的例子不在少数，也许张居正就是从中总结出劝谏之道的。不过，尽管张居正从理论上完全掌握了跟皇帝说话的技巧，可是在实践当中，他有时也难免有出"昏着"的时候。

比如在万历皇帝即位以后，张居正作为内阁首辅，责无旁贷地当起了皇帝的老师。在张居正看来，自己作为大明唯一的享受"国务院"特殊津贴的"教授"，就应该对小皇帝"狠"一点，以维护自己的权威。因此，位高权重的张教授整天在万历面前端起老师的架子，脸上露不出半点笑容。如果小皇帝犯了错误，他就会毫不留情地加以批评。

正因为这样，万历皇帝心里十分压抑，他虽然嘴上不说，心里却很不高兴，尤其是他长大以后，更是对张居正的教授架子忍无可忍。张居正死后被抄家，在很大程度上与他当初教训万历有关系。假如这位张先生能像今天的教师一样和颜悦色、循循善诱，万历肯定不会对他怀恨在心的。

由此可见，向领导提意见最好不要一脸严肃，更不能像张先生那样在万岁爷面前也摆出一副为人师的架子，而应当尽量用温和的态度，能"寓教于乐"当然是最好。

说到这，有些人该琢磨了，在领导面前嬉皮笑脸能行吗？毕竟现在的职场比过去更讲规矩，上下级之间嘻嘻哈哈成何体统！其实，你如果简单地用"嘻嘻哈哈"来理解这个问题，就大错而特错了。

在现代职场，我们固然不能像《滑稽列传》中那些大臣一样一会儿哭一会儿笑、一会儿喊一会儿叫。但是，我们可以将"滑稽"优雅地隐含于言谈之中。

比如说，你的领导为了赶任务，准备在比较长的一段时期内延长工作时间，对此，你作为工作组组长是持反对态度的，因为你知道大家都不愿意加班。当领导向你征求意见时，你该怎么说呢？如果你直言：大家都不想加班。那么领导肯定懊恼万分，你在他心目中也会留下"结党营私"、"不服管束"的坏印象。

其实，你完全可以选择一个轻松的方式来回绝他。比如你可以这样说："我手下那群小伙子岁数都不小了，要是整天这么加班他们连对象都没时间找，还不得憋出病来啊！"说完之后你微微一笑，老板一般就会"通情达理"地取消原来的计划。看看，一句开玩笑的话就能解决的问题，干吗非得板着个脸去硬碰硬呢？

许多企业强调沟通，却往往忽视有效沟通渠道的建立。企业规模不大时，这种问题可能表现不会很明显。但当企业发展到一定规模的时候必定会出现沟通上的问题，从而影响企业的发展。如果不能很好地解决这些问题，企业发展就会严重受挫。在企业中，信息的交流主要有三种：上传、下达、平行交流。前两种是非平等交流，后一种总体上是一种平等交流。要想扩大沟通的有效性，就需要把平等的理念注入前两种交流形式中去。

一个企业要实现高速运转，要让企业充满生机和活力，有赖于下情能为上知，上意迅速下达，有赖于部门之间互通信息，同甘共苦，协同作战。要做到这一点，有效的沟通渠道是必需的。权威调查资料表明，在一个企业中，中级领导大约有60%的时间在与人沟通，高级领导则可达80%，沟通的有效性对领导力和企业发展的影响由此可见一斑。国内外事业有成的企业无不视沟通为管理的真谛。

正如英特尔公司的前任 CEO 安迪·格鲁夫所言，"领导公司成功的方法是沟通，沟通，再沟通"。

第九章　唯一不变的是「变化」

《易经》有云："穷则变，变则通，通则久。"变化是一种常态，尤其是在职场，不懂得随机应变的人迟早会吃亏。当遇到一些令人困惑的问题时，不妨换个角度来考虑，换种方法来解决，这就是权变。古往今来，凡是能够干出一番大事，并最终取得成功的人，无不善于权变。张居正自然也不例外，当我们在职场中遇到困境的时候，不妨试着运用张居正的权变策略来解决一下。

看人下菜碟儿

变化，本是永恒的。可总有人用固定不变的策略来应对不同的情况，最终在棱角相撞中被环境挤得粉身碎骨。

做人要如水，你把自己打造得像水一样，尽管看起来柔弱不堪，但是你却可以根据环境变成任何一种形状，这样你就可以在环境的缝隙中自由流动了。

在风云变幻的职场中，人事调动非常频繁，因此员工们可能会遇到很多不同的领导。人的性格千差万别，领导者的风格与类型也各不相同，如果你千篇一律地采用同一种方式与他们打交道，效果一定不会太好。

也许你工作认真、能力出众，认为以不变应万变是最好的策略，于是断定所有领导都会对你非常信任。不要忘了一点，环境不会为你而改变，所以你不能决定自己将会遇到哪种类型的领导。倘若你与一位通情达理的上司共事，你很可能通过默默的工作赢得信任；假使你不幸遇到一位昏聩固执的上司，你的耿直与沉默却有可能招致他的反感。

这就好比你是一位四川的名厨，却给一位喜欢吃甜食的广东老板做上一大桌子川菜一样。尽管你的菜让四川人拍手称赞，可是这偏偏不合广东人的胃口，做得再好也不讨好。至于小费，你就不要再去奢望了，老板要是能把这桌菜的成本付给你，就已经够给面子的了。

古语云："伴君如伴虎。"要想与领导和谐共生，就必须弄清他所属的类型。根据美国心理学家柯特·勒温的领导风格类型理论，领导可分为专制型、民主型和放任型三种类型。除此之外，还有人根据战略眼光将领导分为冒险型、守成型、改革型和善后型四种类型。不同的领导风格，会使职场呈现不同的工作氛围，同时也会让员工采取不同的应对措施。在这方面，张居正同志为我们做出了表率。

张居正认为，善于明察的人能够看清事物的本质，用计策试探和引诱对方，等待他露出破绽，就可以看清对方的真面目了。

张居正一生事奉过三位皇帝，即嘉靖帝、隆庆帝和万历帝。

嘉靖帝介于专制型和放任型之间，但更偏重于前者，面对专制型领导，你若与他主张不合，可能个人的前途就会受到影响，所以张居正始终不显山不露水，静待时机。

隆庆帝则属于彻头彻尾的放任型领导，这下总该张居正大有作为了吧？可惜的是，张居正还有个顶头上司高拱，高拱也是能人，自然不希望手中的权力被下属夺去，于是张居正只得继续忍。

隆庆帝只当了六年皇帝就死了，张居正联合冯保顺利地整垮了高拱，接任的皇帝是只有十岁的小万历，多年的媳妇熬成婆，张居正终于可以扬眉吐气了，身为万历帝的老师，张居正当然希望学生能够成为一个民主型、改革型的领导，但中国古代并没有民主型领导，否则禅让就不会离我们那么远了。不过，那些能够明辨是非、愿意听取大臣意见的皇帝勉强可以归于这一类型。

张居正最推崇汉昭帝与霍光的君臣关系，他在为万历帝编撰的教科书《帝鉴图说》中收录了"明辨诈书"的故事。

汉武帝死后，年幼的汉昭帝继位，霍光作为辅政大臣独揽大权，引起政敌的不满。与此同时，汉昭帝的哥哥燕王刘旦也对皇位觊觎已久。有一次霍光将一名羽林军校尉调到自己的府上任职，于是上官桀、桑弘羊等人以燕王的名义，写密信给皇帝诬告霍光谋反。

汉昭帝很信任霍光，但是在没有弄清事情真相之前，他暂时把书信藏了起来。霍光得知此事后，亲自到宫中谢罪，并请求辞官。汉昭帝指出，燕王的封地距离长安千里之遥，不可能得知霍光调任校尉之事，所以这封信一定是朝中大臣伪造的。霍光看到年仅十四岁的皇帝竟能如此明辨是非，感到无比欣慰。

与明事理的领导共事，即使在工作中陷入困境，也会得到支持与理解，所以自己的潜力可以得到最大限度的发掘。霍光正是看到了汉昭帝的英明，才施展了谢罪、辞官等以退为进的策略。假如汉昭帝是一个"听风就是雨"的主儿，霍光恐怕就得通过辩解给自己平反了。

像汉昭帝这样的领导是所有员工都梦寐以求的，张居正希望做霍光，他也希望万历帝做汉昭帝。

然而，领导并非都是通情达理之人，如果你遇到了一位昏聩固执的领导，不妨参考一下楚怀王宠妃郑袖的做法。

战国时期，楚怀王得到了一个美人，郑袖因此失去了恩宠。有一天，郑袖诓骗美人，说楚王不喜欢她的鼻子，让她在见楚王时将鼻子遮住。楚怀王发现美人总是用手挡着鼻子，不知何故，郑袖说美人不喜欢他身上的气味，所以用手捂住鼻子。楚怀王大怒，下令将美人的鼻子割掉了。美人受到了酷刑的惩罚，郑袖因此重新受到宠幸。

郑袖是一个有争议的女人，她以善于进谗言著称。然而从职场生存的角度来看，她的做法也有可取之处。这是因为，她的策略在当时的大环境下是相对合理的，因为楚怀王是一个昏庸的君主，当时善于进谗言的人不胜枚举，而他对谗言几乎是"来者不拒"。另外，美人的优势在于姿色，在职场竞争中，"美色"象征着不正当手段。面对通过不正当手段谋求上任的竞争者，保持缄默无异于坐以待毙，只有根据领导的性格特点采取积极的应对措施才是最好的生存之道。

了解领导的特点，也要了解领导的领导艺术，我们来谈谈三国曹操领导艺术的羊群效应：上司领导力水平的高低在下属身上有最直接的反映。商战中，竞争双方力量对比往往非常微妙，一方看似强大无比，另一方好像不堪一击，但转眼间，局势就会发生彻底改变。弱者可以变为强者，强者也能变为弱者，而决定这一变化的正是双方的领袖人物。正如让一只羊领导一群狮子，那么这群狮子迟早会变为羊；但如果让一只狮子领导一群羊，羊也迟早会变成狮子。

最为经典的一个"强弱效应"案例发生在三国早期，也就是袁绍与曹操之间的力量转化。最早看出这个变化趋势的是曹操的谋士郭嘉。他认为曹操的实力虽然暂时不如袁绍，但从长远来看，曹操一定能吞掉袁绍，因为"绍有十败，操有十胜"，曹操具备了一个优秀领导者必备的素质。

大象无形，高明的领导者善于淡化自我，更不会将自己"神化"，而是努力强化整个组织的力量；善于将整个组织的目标与员工目标相统一，而不是简单把目标变成数字。

职场如战场，新人初来乍到不必急于树立自己的风格。不管你个人的行事风格是怎样的，你都要记住，老板喜欢什么，你就得做什么。如果你的菜炒得不合老板的胃口，那么结果只有一个：你不用炒菜了，因为老板把你给炒了。

◎ 小职位也有大潜力

除了极少数含着金钥匙出生的人之外，我们绝大多数人都必须从底层开始奋斗。这也就意味着我们必须从最初的小职位开始做起，徐图发展，直到局势有所突破时要机变地创造有利形势。

在职场中，升职虽然是职业生涯中的一种突破，但当从全局的角度来分析的时候，升职并不总意味着褒奖，有时甚至是一种贬低。比如，在冲击一个销售旺季的时候，从一个销售区域的主管升为总部销售经理的助理，这虽然是从"地方"升到了"中央"，但这种迁升却让人失去了在第一线作战的资格。就算这个销售旺季的业绩非常优良，也不能让一个老板一眼就看到一个总部销售助理的功劳。

老板奖励员工不是为了总结员工过去的优良表现，而是为了让员工在将来的工作中作出更大的贡献。所以，当升职使你的老板不能看到你的成绩的时候，这种升职并不是职业道路上的成功突破。

不同的职位在不同的时机是需要不同对待的，要懂得在恰当的时机选择在当时的情况下对自己最有利的职位。这样才能站在全局的高度上机变地应对升职战略突破。

老板时刻关心的是全局的变化，他不会在意你过去的功劳和业绩，他关心的只是你在新的职位上能为他和公司做些什么。你的过去只为你的将来提供一个参考依据而已。最终促使老板提拔你的原因在于你未来可能会为公司作出的贡献。因此，面对职位的变化的时候要机变，这样才能使升职成为职业生涯中的成功突破。

张居正因目睹了"庚戌之变"时政治的黑暗和严嵩的误国卖友等行为，深感权奸当国，无论怎么努力也无法实现自己的政治抱负，在嘉靖三十三年（1554），借口请假养病，离开京师回到故乡江陵。这三年其实是他进行战略突破的一个准备时间。他对时弊的认识更加深刻，清楚自己应怎样进行突破。嘉靖三十六年（1557），张居正重新回到政治舞台。

当时，严嵩仍为内阁首辅，而徐阶正对严嵩虎视眈眈。嘉靖三十八年五月，徐阶晋升为吏部尚书，次年又由少傅晋升为太子太师。而张居正也赢来了他的一次重要晋升，由翰林院编修（正七品）晋升为右春坊右中允（正六品）。

右春坊右中允这个职位看上去无足轻重，也不起眼，但实际上绝非如此：这个职位的主要职能是管理太子的来往公文，以及为太子提供文书帮助，而国子监司业相当于中央大学的副校长。

张居正担任这个职位就能整理太子的文件，能和太子拉上关系，就相当于找到了太子这个大靠山。当上中央大学的副校长，所有国子监的学员都成了你的门生，这可以形成多大的帮派啊！所以，这个职位品级不高，也不惹人注意，不会成为别人的靶子，能锻炼才能，还能与既定的接班人密切接触。所以，这个职位虽然没有什么实权，对张居正来说却是一个很好的职位，成为他在隆庆元年（1567）晋升为吏部左侍郎兼东阁大学士并入阁参与机要政务的一个重要突破口。

张居正非常机变地把握住了右春坊右中允这个职位，能够让自己、徐阶甚至后来的隆庆帝看清楚未来的收益。所以说，把握时机非常重要，特别是那些能够预示未来的时机。但是，握住了时机并不意味着未来预期的收益一定能够成为现实。张居正如果不是在右春坊右中允这个职位上机变地应对，他是不能够成功地参与机要政务的。

如果说成功地抓住时机是顺势或借势，那么对时机的灵活应变就是以各种方式实现因势利导，让"势"为己所用。因为只有因势利导之后才能在未来成功地收获收益。

如果单靠兢兢业业地工作，以及讨上司欢心，而不懂得抓住时机，重视未来，是难以在职业道路上取得突破的。如今的职场中，到处都是忠心耿耿、业绩不凡、才华横溢的好员工，他们总认为自己只要努力工作，就能受到老板的褒奖。可事实上，他们总是与晋升擦肩而过，为此他们备受挫折、愤愤不平。老板褒奖谁决不是看"你最近做了些什么？"他只想看到你未来能给他带来丰厚的收益。因此，能给自己和老板的未来带来丰厚收益的职位，无论升降与否都是最有利的职位。

在职场中，虽然你没有什么大的缺点，也具备全部所需的技能，而且还被公认为同行中的佼佼者，可你还是没有得到褒奖。为什么呢？原因很简单：你也许是最佳人选，可你没有按未来的需要表现出你的优势，也就是在机遇面前不懂得变通，这就容易丧失机会。不管是到新职位上任，还是接替一个旧职位，公司都希望新上任的人在一定的时间内就位。因此，需要你从当前的形势中脱身而出，并且在机会窗口关闭之前适应未来的需要，否则的话就会被别人捷足先登。.

秦末时，刘邦、项羽兵分两路，分取关中，先入关中者可称王。项羽的人马势如破竹，所向披靡，因在巨鹿与秦军决战，虽然获胜，但耽误了进入关中的时间。而且他还把俘虏的二十万秦兵坑杀，威震天下，但同时也失去了人心。刘邦以仁义之师一路进发，所到之处，各城或自愿献降，或为刘邦的谋士说降，刘邦麾下能人异士极多，刘邦也深明用人之道，把每个人才的能力发挥得恰到好处，不动一兵一卒便攻下咸阳。

项羽到达后，得知刘邦先下咸阳，不由得恼怒，谋士范增乘机进言，要项羽早些除去刘邦这个劲敌，于是摆下了著名的鸿门宴。宴上，"项庄舞剑，志在沛公"，但因樊哙的保护，使得鸿门宴的计谋失败。当项羽再次想要杀掉刘邦时，刘邦立即向项羽示弱，表示无心与项羽争天下，愿意献出关中，并把封地改到蜀中。项羽一时心软，便放过了刘邦。刘邦退入蜀中后暗中积蓄实力，为了表示无意争天下的决心，还把蜀中栈道烧毁，除去项羽的戒备之心。后来，时机成熟，刘邦奋起取得了最终的胜利，而项羽自刎乌江。

如果刘邦在攻取了关中后没有看清全局，不懂得机变地把握时机，他就不会取得日后的胜利。

要想在职场上如鱼得水，在面对职位的变化的时候，要看清楚这种变化对未来的影响，把握好时机，并机变地应对。那么，如何机变地应对时机，进行成功的突破呢？

首先要学会预测到可能出现的机会，也就是要懂得预测变革，找到应变之策。其次要清楚哪些变化会对你产生影响，因为个人在组织中的地位不同，公司的变化对其产生的影响力也会有所不同。再次，必须拥有必要的技能和资源。最后，必须能随时上任。只有做到了以上几点才能把职位的变化视为职业生涯中的战略突破。

张居正说过："时机就是不停变化带来的某种做事机遇。只有能够洞察时机的人才能够抓住时机。能够随时机而妥善变化就能够安身立命，否则就会有祸患。"对时机的把握就是要保证未来要有所收益，最起码也要做到不受损失。

◎ 永远为自己想好下一步

世事变幻无常，未来很难预测。于是，站在十字路口的人们时常会发出这样的感慨：谁能告诉我，下一步该怎么走？

其实，真正能告诉你答案的只有你本人，别人的帮助永远起不了决定性作用。诸葛亮是地球人都知道的人物，他神机妙算，犹如神仙附体一般。他的对手被他逼得形成了一句共同的口头禅："不好，我们中计了，快撤！"

为什么诸葛孔明总是这么牛？因为他每次酝酿出计谋的时候，就已经分析好了对手下一步会怎么做，于是他就可以采取具有针对性的措施收拾对方，这实际上就是一种最为典型的战略分析。在战场上，分析不过人家，输的人就是你。

每个职场人都应该明白：无论做什么事情都不能一蹴而就，需要一步一步来。为了达到自己的目的，一定要确定一个作战计划。因此，做好战前的战略分析尤为重要。

鱼与熊掌不可兼得，如果一家公司能够为你提供优厚的待遇但却没什么发展，另一家公司虽然工资不高但却能锻炼你的个人能力，为你日后获得成功奠定基础，你会选择那个？很多人都会在这两者之间徘徊不决，实在不知道选择哪一个更好。

对于这个职场上最为常见的问题，张居正有他自己的看法。在他看来，一个人生死存亡可能取决于个人的抉择，而国家的安危也可能决定于颁布的政策，正所谓"一步错，步步错"，只有认真走好每一步才能赢得最终的胜利。所以，智者应当做到见微知著、临机而断、适时而动。

张居正在其职业生涯中，始终都在用战略的眼光分析一切问题，利用可以利用的任何机会。他人生的两个具有战略意义的选择就是在嘉靖皇帝、隆庆皇帝去世的时候，都参与草拟遗诏，而且每次都使自己的地位上升一个层次。

嘉靖帝羽化升天之时，张居正在老师徐阶的提携下参与了草拟遗诏的工作，张居正因此坐上了直升机，官职一路狂升，从原来的从五品一下子跃升为正二品，成了礼部尚书兼内阁大学士。

六年以后，隆庆帝也挂了，于是，张居正与冯保联手，再次草拟遗诏，结果高拱被赶下了台，张居正顺理成章地当上了首辅，成为一人之下万人之上的大明王朝首席执行官。

由此看来，张居正是一个非常精通战略的人，他将草拟遗诏看成是他的升官战略中最为重要的一环，并且准确把握了时机，从而使自己的仕途一片光明。

很多时候，一个小小的抉择将对一个人的一生产生深远影响；如果选择不当，你很有可能在今后的人生道路上输得一塌糊涂。因此在机会来临时，我们一定要懂得用战略的眼光来分析问题，将影响结果的各方面因素都加以分析和比较。

再以"个体成长"和"薪酬水平"为例。一个职场人士——不管是精英还是菜鸟，在对这二者进行选择的时候都要考虑到以下问题：我需要的是什么？我在这个团队有发展吗？如果真的有发展，我日后能得到什么？只有想好了这些问题，你才能对自己到底是"走"还是"留"有一个基本的判断。

在当今职场，我们该如何运用战略眼光分析问题，进而把握形势、创造机会呢？要想具备战略眼光，我们首先要明白何谓战略。

战略是一个计划，是一个为了实现特定目标而制订的作战计划，所以战略必须为目标服务。要想在职场中立于不败之地，就要懂得各种战略，如企业战略、经营战略、增长战略、职能战略等。如果能站在战略的高度上看问题，你才能认清自己最需要做的是什么，在此基础之上，你就可以利用现有资源最快、最有效地实现你的目标。

一个战略是否优良，主要是看它对个人能力和外在资源的利用是否合理、有效。一个人要想实现自己的理想，不仅要对自己的能力有一个清楚的认知，而且要对自己掌握的资源，如资金、人力、技术等要素做出最合理的部署。只有能充分发挥出自己所有优势的战略才是有效的战略。反过来说，不能发挥出自己优势的战略注定是失败的。

以战略的眼光来分析问题是一个将所有因素综合在一起的过程。一个权势的掌控者应该具备敏锐洞察力，能够预见变革并创造机会。为了使关于未来的决定是正确的，除了战略分析，我们还应该用自己的知识和信念来判断形势将如何改变。只有在看清形势会如何变化之后，才会在战略分析的帮助下做出正确的决定。能够帮助职场人进行形势判断的因素有市场知识、技术、流程以及对当前发生的重大事件和流行趋势的准确判断。

明白如何进行战略分析之后，再回到最初的那个问题，职场人如何在"个体成长"和"薪酬水平"的抉择上进行战略分析。

知识管理专家玛汉·坦姆仆在其著作《如何激励知识工作者》中指出，吸引知识型员工的主要因素中，"个体成长"比"金钱财富"因素重要。所以同时满足个体职业成长的薪酬规划才是薪酬战略目的。为了实现自己的薪酬战略目的应重点分析决定企业钱财战略的市场战略。

例如，IBM 公司将低端岗位的薪资定得较高，而微软则将中高端岗位薪资定得较高。这是因为它们的市场战略不同。IBM 的市场战略偏营销运营，因此它的人才战略主要是靠本公司的培养，对基层人才的选拔限制不会设得太高，这就决定了它愿意招纳毕业生并花力气培养他们，给的薪酬在同行中不会太低。而微软的市场战略是"产品领先战略"，这就意味着它需要更多的研发技术人才，因此它经常从其他渠道掠夺中高端人才。相比 IBM，微软不会把发力点作用于刚刚毕业的新人。如果你的个人成长目的是走"管理线"，那么 IBM 更符合你的个人成长的薪酬战略目的。因此，找准一家企业的市场战略定位，是职场人进行薪酬战略分析的重要一环。

最后，你为了完成薪酬战略目的应该考虑的问题中，首先要清楚的是，"战略"是给对自己有要求并打算为此付出的人准备的。

◎ 外圆内方徐老师

外圆内方的处世之道可能是人们从"孔方兄"中悟出来的。"方"就是方正、刚直，就是说做人一定要有自己的主张和原则，不能为别人所左右；"圆"的意思是圆通、练达，就是说在处事时还要讲究一定的技巧，当进则进，当退则退。

人如果总是方方正正、棱角分明，不用说，他一定会四处碰壁，费力也不会讨好；但倘若总是过于圆滑，毫无原则和道德，老想占别人的便宜，也必将受到人们的厌恶。

所以说，做人不能没有原则，但还要善于变通，只有让自己方中有圆、外圆内方，才能真正做到进退自如，游刃有余。在尔虞我诈的官场，如果张居正没有选择隐忍，没有韬光养晦的话，那么他可能早就被高拱踩在了脚底下，永世不得翻身，那也将不会有后面的改革。

其实，官场上的隐忍之道自来有之，尤其是在明代的官场上，如果你不懂得隐忍，那么你的作用将只有一个——炮灰，这是经过很多官员用生命总结出来的真理。

明朝嘉靖年间，严嵩用阴谋诡计害死了夏言，自己当了首辅，开始了长达二十年的祸国生涯。当时在朝廷中，严嵩党羽众多，势力非常强大，很多朝廷重臣都唯严嵩马首是瞻，没有人敢提出否定意见。徐阶也没有提出任何意见，甚至在夏言被严嵩诬陷之时，他也是一脸平静，没有提出任何反对意见。很多人都鄙夷徐阶的为人，因为大家都知道徐阶是夏言一手提拔起来的，就像后来徐阶提拔张居正一样。

徐阶依旧默不做声，每天该上班时就上班，该谈笑风生时依旧谈笑风生，似乎夏言是和自己毫无关系的一个人。后来，很多对严嵩的行为看不惯的人早就忘了夏言，忘了这个被严嵩斗倒的前任首辅，可是徐阶却一直记得，他没有一刻不想除掉严嵩，为夏言报仇。终于，在徐阶的隐忍下，严嵩终于露出了破绽，被徐阶抓住机会，扳倒了老对手，为恩师报了仇。

为夏言报仇确实非常重要，但是如果仅仅因为想报仇就公开与严嵩作对，显然是以卵击石的不明智做法，因为这对自己目标的实现并没有任何帮助，就像曾经弹劾严嵩，却被严嵩置于死地的沈炼、杨继盛一样，虽然一样名垂青史，可是却并没有撼动严嵩在嘉靖皇帝心中的地位。

所以，徐阶的成功是因为他知道，尽管自己心里想的是如何把严嵩千刀万剐，但表面上仍然要暂时示弱，静待时机，这是唯一的办法。一个君子，大节必须守住，但是那些琐碎的小节在必要时完全可以抛开，毕竟，消灭小人才是真正应该坚持的大义。

所以，要想在职场中生存，就必须要学会一种外圆内方的中庸之道。而张居正之所以能够做到这一点，全在于他有个好老师——徐阶。

徐阶有自己的主张和原则，那就是严嵩对大明不利，要除掉严嵩，可是这只是大的原则，至于怎么除掉，他却有自己的变通手法，那就是圆滑处世，左右逢源；张居正也有自己的伟大目标——成为首辅，实现自己的改革计划，为大明社稷保驾护航，可是他的面前却有高拱这块大石头，为了扳倒高拱，张居正表面上对高拱服服帖帖，以此获得高拱的信任，直到时机成熟，张居正才与冯保联手，搞垮了高拱。

和血雨腥风的官场相比，职场虽然不会以命相搏，但是如果想要在职场中站稳脚跟，闯出个名堂来，也应该像张居正的恩师徐阶一样，学会隐忍，磨炼一副外圆内方的中庸之道。

不管是刚刚进入职场的新人，还是久经考验的"老油条"，如果不能处理好自己与同事、上司之间的关系，就会经常遇到各种各样的麻烦，职场中充满了尔虞我诈，充满了互相欺骗、互相利用。仔细想想：这种事情何止单单存在于职场中呢？职场不过是社会的一个方面，在社会中，这样的事情不是有很多吗？生活节奏的加快让人们的心胸越来越狭窄，地位、权力、利益的争夺趋于白热化，如果你不秉承和他们一样的生存守则，那么你将无法生存。

这就是策略，客气并不一定意味着礼貌，还有可能是漠视；亲切并不一定表示喜爱，后面可能是阴谋；责备并不一定是厌恶，还可能是期望；打压并不一定是仇恨，还可能是考验。外圆而内方就是要告诉你一种态度，一种"知行合一"的态度。对于大多数人来说，生存永远是排在第一位的，只有生存才有发展，只有在职场上立足，才能一步步走向自己期待的目标；只有你的能力达到一定的水平后，你的原则和抱负才可以实现，才能得到大家的尊重。外圆内方的中庸之道就是告诉你如何生存，如何在职场中立足，如何培养自己的能力，这些都是一个人实现自己原则和目标的基础。

最有竞争力的员工是这样一些人：用极少的时间适应环境，并尽快做出成绩。对于所处的环境从不抱怨，因为他知道这是工作而不是在挑选自己喜欢的房间，当把工作放在第一位的时候，就不会再抱怨什么了。变色龙温顺而又不具备猛兽般的攻击性。然而，它们却广泛地分布于地球的各个角落——无论怪石嶙峋、寸草不生的险峰，还是酷日当头、干旱无比的沙漠，都留下它们悠然行走的踪影——随着环境的变化而变化是变色龙得以悠然生存的唯一法宝。

面对不断变化着的职场环境，职场人唯有像变色龙一样，随时随地地跟着环境的变化而改变自己，才能迅速地适应它，才能在这竞争日益激烈的职场中赢得更多胜出的机会！

变色龙躲过猛禽恶兽得以生存的唯一法宝，就是它拥有超强的能随环境而改变自身颜色的特性。这一特性也正是优秀员工所必须具备的。

所以说，每一个职场新人都应该把外圆内方作为自己的处事原则，凡事该忍耐时不妨退让三分，切不可因为一时的意气用事，弄得自己进退两难，在职场中难以立足。

《菜根谭》中有："雁飞过潭，潭不留影。"意思就是说，雁飞过了潭，它的影子也不会留在潭面上。只是在那一瞬间，它的影子会留在潭面上，一旦飞去后，潭面又恢复到原状。即外面所发生的事，我们当然不能没有反应，但不要老是拘泥于心，毕竟往事已矣。

◎ 机遇偏爱有准备的头脑

在这个世界上，总是有很多人抱怨自己运气不好，抱怨幸运之神不来眷顾自己，其实机遇只偏爱有准备的头脑。机会不会凭空从天上掉下来，正好砸在你的脑袋上。要想得到机会，你就必须有相应的准备。在此基础上，你还要有见机而作的能力，同时要放手大胆地去做。如果你心里装满了顾忌，就很难抓住转瞬即逝的机会了。

张居正对于时机的把握是很有一套的。他曾总结说：能够看清楚时机的人是明智的，善于在时机前取舍的人是智慧的。事情可以预测而时机可以利用，然后计谋就可以施行了。能够在变乱中不惊慌，面对危难不自乱阵脚。见机行事，靠计谋来智取，这就是大将做事的风格。这就是说，抓住时机并利用好时机是社会对人才的基本要求，而那些临危不乱，就算泰山塌了也不皱一下眉头的人，才是真正堪当大事者。从职场与人生的战略角度来看，成功者都需要具备过硬的心理素质，这样才能在大仗到来之时敢打敢拼，从而成就大业。

张居正的话语里特别强调了变乱之中对于时机的取舍和把握，因为混乱的局面最能考验人的能力与水平。为什么说乱世出英雄呢？其实太平时节具有英雄潜质的人也不在少数，只是由于缺少挑战，所以没能崭露头角。

张居正称得上是见机行事的高手，而且他为了图谋大业，常常掌控全局，不拘小节，这正是一个成功职场人的重要素质。张居正能够在变故面前及时冷静下来，并且装出一副若无其事的样子，用以麻痹对手，等待时机成熟之后再把对手一棒子打死。老张这招相当管用，无数的对手都曾倒在他的棒下，高拱就是其中最郁闷的一个。

随机应变的人才其实不算少，但是不拘小节却并非是每个人都能做到的，而这一点往往就决定了一个人的成败。

当年夏言也算是难得的人才，他担任四品官的时候，就敢与首辅张璁死磕，最后利用皇帝让张璁滚回老家了，自己当上了首辅。夏言的口才非常好，能让曾经与他对骂的人绕着他走（惹不起，躲得起），而且脑子转得飞快，一般人之于他，就好像算盘之于计算机。

但是在与严嵩的斗争中，这台超级计算机却频频死机：他始终端着架子，虽然陷入苦斗，但还是觉得自己身为朝廷重臣，做人就不能太"下三烂"了，于是在他把严嵩的小命儿捏在手心时，却因为严嵩流泪苦苦哀求而饶过了他，结果等到严嵩痛下杀手时，只好伸着脖子等着挨刀。夏言没有才能吗？夏言没有应变能力吗？都不是，其实归根到底还是夏言对付小人却用了对付君子的办法。他以君子自居，被道德上的小节所困，结果走上了死路。

徐阶在与小人斗法方面就要远远超过夏言。老徐知道，与小人斗法，就只能用小人的手段，如果用君子的手段就等于自杀。正是在这种思想的指引下，徐阶最终斗倒了严嵩。

张居正显然继承了徐阶的衣钵，当面对高拱时，他不惜选择了向来备受士大夫鄙视的太监冯保作为自己的盟友；父亲死后，他宁可背上不忠不孝的骂名也要坚持"夺情"；为了改革事业，为了巩固自己的权位，他又不惜得罪大多数的官员，落下排除异己的话柄。

这一切对于他来说都是小节，可以有所亏欠，而他最珍视的大节是推行新法、富国强兵，这一点始终未变。所以，当其他勾结阉寺、排除异己、不忠不孝的人几乎都被钉在历史的耻辱柱上时，张居正却被多数后人交口称赞，那些小节上的问题则被其大节上的光辉所掩盖。

所以，我们在为人处世的过程中，要记住：小节可以不拘，大节不能有亏。孔子所说的"君子应该坚定操守，但也不必拘泥于小信"，就是这个意思。有收获就必然有付出，这是不可避免的，小节有亏是可以日后弥补的，但战略机遇稍纵即逝，不可补救，所以必须及时把握。

其实我们在生活中，总是会遇到很多突发事件，有时就会让我们感到措手不及，但这些事件如果能被我们有效地利用起来，未尝不是我们绝好的机会。只要我们发现够早、反应够快，就可以把机遇牢牢地握在手心，这样一来，成功就并不遥远了。

我们在职场生活中应该如何来把握机遇呢？首先，我们要为自己选择最为合适的工作。应变能力比较强的人可以为自己选择对于灵活反应要求比较高的工作，像运动员、推销员、调度员等。这些工作需要人们反应快，自我调节能力强。那些不善于应变的人应该注意选择一些要求持久、细致的工作，如气象、编辑、财会、精密仪器等。在这些工作中，一般很少出现突发情况，对人们应变能力的要求也就不是很高。我们只有根据自身特点选择相应的工作，才能将自己的能力充分发挥出来。从长远来看，这就是对机遇的一种把握。

不过，尽管一些工作对于应变能力没有过高的要求，但职场上风云变幻莫测，多提升一下自己的应变能力总没有坏处。为了达到这一目标，我们首先要注意扩大自己的交际圈子。多与不同的人接触，就会遇到各种不同的情况，这样有利于增强你的应变能力。另外，还要增强自身修养，培养自己遇事冷静的素质，增强自信心。同时，我们也要注意改变自己犹豫不决、因循守旧的习惯。

现在裁员、下岗成了时髦的事，很多人就有这样的想法，能保住饭碗已属万幸，谁还敢奢望出人头地。因此，很多人被迫加入既不掉队又不领先的"阿混"一族。不过，只要动动脑筋，要摆脱工作变成鸡肋的局面还是有办法的。

别老是在电脑前埋头苦干。你得想想点子，怎样把你目前的工作和升职大计结合起来，而且要保证你的曝光率。

任何人都不可能没有朋友，因此有头脑的白领一族总是想方设法网罗一帮"弟兄"。这些人中既要有工作中的同事，也要有工作以外的朋友。只有这样，你才有可能迅速掌握有关升职的信息。要及时给自己充电，在事业进展不大的时候，恰恰就是自我进修的好时机，应该学习一些实用技能（如电脑、外语之类），或者考个证书。

一个公司招聘业务总监，有一位应聘者的各方面条件都明显符合该职位的要求，但最终他落选了。事后，这位应聘者从别的渠道了解到，自己落选的原因是该公司的总经理认为他只是达到要求，却不能做到承担风险并把工作做好。这说明，人们得不到提升是因为他们只做好本职工作，而人们得到升职则是因为他们采取主动。即使你不想做老总，你也不能安于本职工作。上班早一点，下班晚一点，多做额外工作，只要一点小事就可以带来极大的差别。

法国作家拉封丹曾写过一则寓言，讲的是北风和南风比威力，看谁能把行人身上的大衣脱掉。北风首先来一个冷风凛凛、寒风刺骨，结果行人为了抵御北风的侵袭，反而把大衣裹得更紧。南风则徐徐吹送，行人因觉得春暖花开，始而解开纽扣，继而脱掉大衣。最终南风获得了胜利。这就是"南风效应"这一社会心理学概念的出处。

这给职场人的启示是：在处理人与人之间的关系时，要特别注意讲究方法。北风和南风都要使行人脱掉大衣，但由于方法不一样，结果大相径庭。

当然，凡事都有一个限度，不拘小节也并不是无所顾忌，我们对此一定要有清醒的认识。只有做到这一点，我们才能分清主次、把握大局，从而使自己在前进过程中少走弯路。

找准辽王的"七寸"

俗话说得好："打蛇打七寸。"另外还有一句话叫做"打蛇打三寸"。这是为什么呢？因为三寸的位置是蛇的颈部，打这里会让蛇头部缺血，暂时晕过去，而七寸是蛇的心脏，挨一下狠的，不死也残。我们只要瞄准这两处要害果断出击，蛇就根本没有反击的机会。

在这个竞争异常激烈的时代，我们在职场中难免会遇到一些对手。有了对手就少不了你争我夺，可是在势均力敌的情况下，一时间又难分胜负，这该怎么办呢？此时，你不能一味等待，而应该主动出击，切中问题的要害，逼迫对手认输，这样才能使自己在当今社会中站稳脚跟，从而走得更远。

要想在职场竞争中抓住对手的要害，首先要客观分析双方的态势，找出对手的薄弱环节，并依据具体情况来选择好自己的战略战术。

在这方面，张居正颇有心得，他将其总结为："利用敌人的错误来向敌人传播错误消息，用敌人的错误言论来打击敌人，移花接木，巧妙地争取，勇猛地争夺。敌人快过我方的速度，就要用计谋来延缓敌人的攻势；敌人比我方强大，就要用计谋来拖垮对方。能够对强大的敌人釜底抽薪，就能够使我方和敌方的势力此消彼长。敌人的速度变缓慢了，我方的速度相对起来就变快了；敌人的实力变弱小了我方的实力就变强大了。这就是事物变化的关键。"

简单来说，就是用心理战、信息战等一切手段来打击对手，你哪强，我就专门收拾你的哪方面；我哪方面强过你，就重点发扬。总之不把你收拾得服服帖帖的，我绝对不会收手。

张居正当年为了给祖父报仇，忍了几十年，就是为了把辽王往死里弄。他又是搜集证据，又是努力升官，就是为了等到时机成熟的时候把辽王给整死。终于，他看准时机，把辽王请到监狱里"参观参观"，还差点让辽王脑袋搬家。由此可以看出，与对手竞争是不可过于草率和情绪化的，应该平稳心绪，同时注意对外部条件与内部条件进行综合分析，找出解决问题的关键，这样才能一击制敌。

其实，这种策略在很早以前就有人用于实战了。五胡十六国时期，前秦政权统一了北方，前秦皇帝符坚随后纠集九十万大军，准备南下一举消灭东晋，以实现统一天下的目标。东晋派出八万军队迎战，双方在淝水两岸对峙。由于双方都在河两岸临水列阵，因此双方都无法渡河去与对方交战。

这时，东晋派人来告诉符坚，希望前秦军从岸边后撤一段距离，空出一片战场，这样晋军就能渡过河来，双方也好在此开战。符坚觉得晋军渡河渡到一半时是对其发起进攻的最好时机，于是他不顾大臣的反对，毅然决然地要这么做。

符坚的想法固然有一定的道理，可他却没有想到，大军一旦后撤，就很难有良好的秩序，而且这对士气也是不小的打击。结果在撤退过程中，大军秩序混乱异常，在晋军渡河过程中也没能发起有效的进攻。等到晋军全都过来以后，符坚的弟弟符融也是"没事找抽"，他去收拾乱军，结果离晋军太近，他的马也"不着调"，偏偏在这种要人命的地方摔倒，结果符融就被弄死了。

见此情况，秦军更是乱作一团，再加上有叛徒趁机大喊"秦军败了"，于是秦军就真的败了。就这样，九十万秦军被八万晋军打败，符坚不久也被杀死了。

符坚的失败，一方面是因为他太骄傲了，觉得老子天下无敌，东晋和我作对就是找死，可他没想到，兔子急了也会咬人的。另一方面，他也没能认真分析当时的情况，只想到了兵法上"击其半渡"的道理，却忘记了实际操作中还要注意很多细节，这正是他遭受惨败的根本原因。

那么，东晋为什么能赢呢？因为他们清楚地看到自己与敌人之间实力相差悬殊，如果当面杀、对面砍，自己是绝对赢不了的，于是他们开始分析秦军的弱点：秦军虽然强大，但是人员参差不齐、各怀鬼胎。正是在抓住秦军"七寸"的情况下，晋军有意给敌人制造混乱，然后又抓住敌军主将被杀的机会，终于一举击败强敌。

其实有这样一种分析方式，被称为"SWOT分析"，也就是综合分析自己的内在优势与劣势、外在的机会与威胁这四点，从而确定自己能做什么以及可能做什么，并以此来确定自己的发展目标。如果苻坚能做好这种分析，也就不会遭此惨败了。其实张居正的思想与这种分析有很多相似之处，有点孙子"知己知彼，百战不殆"的意思。一个人只有准确把握与自己相关的这些因素，才能对于局势有一个清醒的认识，而清醒的认识无疑会为自己的发展保驾护航。

职场中人如何才能做好这种分析呢？首先，要罗列出你个人或你所领导的团队所拥有的优势与劣势，可能的机会与威胁（尽量做到细致）。随后将优势、劣势与机会、威胁相组合，形成四种策略：一是依靠内部优势，利用外部机会；二是利用外部机会，弥补内部劣势；三是利用内部优势，规避外部威胁；四是减少内部劣势，规避外部威胁。最后，将以上的四种策略进行甄别和选择，以此来确定你目前应该采取的具体策略。

然后，你可以根据自己的需求及以上分析结果为自己制定长期、短期战略。这两个战略根据规划的时间范围不同应有不同的设计，其中长期战略是对较长远的未来职业的规划，可以较为笼统、宏观；而短期战略由于和现实比较接近，所以应该尽量具体、明晰。在规划个人战略的同时，还要对计划实施过程中可能出现的阻碍进行预测，并找出应对方法。这样当你出手的时候，才能切中要害，让对手无法反击，从而取得斗争的最终胜利。

◎ 拴住冯保共患难

在南美洲的亚马逊河流域有一种食人鱼，这种鱼凶猛异常，就算是头牛，顷刻之间也会被它们吃得剩下一堆白骨。其实，食人鱼并不大，但是人家鱼多势众，俗话说，"好汉架不住人多，好虎架不住群狼"，要么是一群鱼咬你一个，要么你一个单挑我们一群，不信咬不死你！

食人鱼的捕食方式就是一种合作，这个世界变化太快，要想跟上现实的脚步，光靠个人奋斗迟早要抓瞎，只有依靠他人的帮衬才能成就大业。人们常说"一个篱笆三个桩，一个好汉三个帮"，说的就是这个道理。

在职场中，始终都存在着竞争的局面，就算你与世无争，也总会有一些人想方设法要把你赶走；更不要说你为了谋求更多的利益而主动与别人竞争了，而且竞争并不需要任何理由——比如说："谁让你上班时间不戴帽子？"或"谁让你上班时间戴帽子？"

既然竞争不可避免，我们就得学会面对，否则必然要吃亏。对付那些不是很强的对手，自然很容易，可柿子不能总是挑软的捏啊！遇到强大的对手，我们该怎么办呢？这时，你就得依靠他人的帮助。

要想得到他人的帮助，用利益来引诱是一种好方法。可是在某些情况下，人家未必会对你的"诱饵"动心，这个时候该怎么办呢？

张居正对于这一问题有着自己的看法，他认为，要想获得别人的帮助，就得让别人跟你成为一根绳上的蚂蚱。这样一来，我有了危险，你也会有危险，大家一荣俱荣、一损俱损，为了不让危险降临到自己头上，你也一定会把我从危难中解救出来的。当危险还没有发生的时候，为了以防万一，对方也肯定会跟你站在同一阵线上。其实这就是利用转嫁风险的方式，将原本属于自己的风险摊派到其他人的身上。

相对于用利益引诱对方而言，这种方法可谓反其道而行之。在一定条件下，对方可能出于"多一事不如少一事"考虑，不会为了利益而蹚你这片"浑水"；可是如果你将危机加在他身上，告诉他"你不下水就得被人家弄死"，这时他为了保命，就不得不帮你了。张居正当初与冯保的联合，就有这方面的因素。

高拱当上首辅以后，张居正就有了危机感，他知道老高这个人翻脸不认人，甭管你过去跟他有什么交情，只要冒犯了他，就没有好果子吃。张居正知道，单凭个人力量是扳不倒高拱的，于是他就有了与太监冯保联手的想法。

恰好，一心想当上司礼监掌印太监的冯保也受到了高拱的排挤，把高拱当成了自己不同戴天的仇敌，两个人只是互相抛了几个媚眼儿，就心领神会了！

于是，张居正与冯保为了得到共同的利益、为了规避共同的风险终于走到了一起，这才有了后来高拱的倒台，才有了张居正时代的来临。

如果两个人不能共患难，那么最后的结果就只能是失败，严嵩让兵部尚书丁汝夔为自己当"替罪羊"，不仅害死了丁汝夔，也让朝廷中有正义感的大臣对他恨之入骨，无形中加速了严嵩倒台的进程。

在历史上，用危机捆绑盟友的案例也并不少见。

春秋时期，晋国联合秦国共同攻打郑国。当时，晋国是中原霸主，秦国只能算是跟班的。郑国的大臣烛之武偷偷溜到秦国军营，见到了秦国国君，烛之武指出，秦晋联合伐郑，得到好处最多的是晋国，秦国一点好处都没有，反而会被削弱，为什么还要帮助晋国呢。秦国国君一听，恍然大悟，于是连夜撤走了自己的军队，郑国的危机也得到了缓解。究其根本，郑国的危机也就是秦国的危机，如果秦国非要帮助晋国攻打郑国，那么恐怕下一个被晋国收拾的国家就是秦国了。

春秋无义战，战国时期同样如此。战国后期，秦国大举进攻韩国的上党郡，由于韩国的实力不强，而秦国却异常强大，因此韩国无力救援。这时，韩国的上党太守冯亭为了避祸，主动向赵国求救，表示愿意把上党割让给赵国，而且告诉他们，上党的位置很重要，如果被秦国占据，将对赵国很不利。这样一来，赵国人就认识到了上党失守将会对自己造成什么样的危害。为了避祸，赵王下定决心与韩国站在同一辆战车上，共同迎敌。后来尽管由于赵王用人不当使得赵军大败，但冯亭劝说赵国出兵一事还是相当成功的。

由此可见，在职场中寻找帮手也是需要变通的，如果用利益引诱达不到目的，不妨把会令对方受到危害的事实摆出来，逼着对方就范。事实上，这两种方式产生作用的原理是一样的，因为人们都有趋利避害的心理，让对方"避害"实际上也是让对方获得利益。

在职场生活中要想用危机来捆绑他人，有一些原则还是应该遵守的。第一，你向对方"渗透"的危机一定要切中对方的要害，使其不得不想办法解决；第二，你与对方的危机一定要保持一致，只有同舟共济，才能渡过难关；第三，尽量让对方感觉到这种危机是由外界因素造成的，而不是你强加给他的，不然的话，他在合作之余一定会对你心生怨恨的。

当同事发生言语冲突时，如果你刚好就在现场，你会突然发现自己身处颇为微妙的境界。他们似乎是在争论有关工作上的小事，但是，你知道这只是表面的现象，根本原因在于这两个人其实早就彼此讨厌对方。你一定要克制想插嘴的欲望，以免祸从口出。

基本上，无论你说什么都将是错的，不是因为你缺乏解决方案或是社交技巧，而是因为没有人会在这时候喜欢你这个裁判员。在这个多变的人际关系"化学世界"中，请等到酸碱完全中和，而酸碱值也回到正常时，再有所"动作"吧。

总之，用危机要挟他人也是获得帮助的一种手段，只要你能把握住分寸，其效果往往可以胜过单纯的利益收买。

◉ 别让流言束缚了手脚

在职场中，我们随时都置身于隐藏的风险之中，如果想要掌控自己的前途和命运，就应该对未知的风险有一个全面的预防和控制措施。从对局势把握的战略层面上来说，这一环节就是对风险的战略控制。

一个在职场上已经取得了成功的人，他一定拥有某种特殊的能力，控制着大量能为他服务的资源。所以，应对风险的措施就应该是利用能力和资源。一个人的能力就是内生变量，内在的东西是很容易为自己掌控的；而资源，包括人力、物力、财力、时事等，对于个人来说，属于外生变量，是不容易掌控的。应对风险的措施主要还是要放在对资源的控制上，如果资源的某一方面不在掌控之中，一定要及时地发现并采取措施。

对此，张居正指出：东西一定要先腐烂了才会滋生蠹虫，事情一定是有了裂痕才会滋生流言；审查事物发生的原因，辨别其中的真伪，阻塞它的裂痕，谗言自然就停止了。

这个道理虽然简单，但操作起来却很难。因为流言会滋生新的流言，这会使得真话也像流言了，也就是说各因素和其风险之间会相互影响，就像风险会交叉感染一样，变得多重化，使得风险更不容易控制或消除。所以，对风险的控制一定要有的放矢，以便从根本上阻塞风险的裂痕。

张居正在处理言官的事上就起到了如此异曲同工的妙处，尤其是在对待刘台的问题上，即从战略控制的层面上，对即将出现的危机辨其真伪，阻其裂变，从根源上控制住了风险，使所有的资源都为战略目标的实现服务。

万历三年，名将李成梁在辽东击败蒙古泰宁部，张居正的学生刘台便兴冲冲写好了捷报派人送到了北京。不过他的这种做法正好与"综核名实"相违背，因为巡按御史不可以插手地方军务。刘台本以为能得到张居正的夸奖，结果却适得其反。因为当时正是张居正推行考成法的紧要时期，结果自己的学生把这事当成耳旁风，张居正决定让其他官员看到推行考成法的决心，即使是自己的学生犯了错误也一样严惩，也算是杀鸡给猴看，于是请皇帝下旨严厉地批评了刘台。

张居正没有考虑到应从多个方面进行控制，结果后来被怀恨在心的刘台弹劾了一下。刘台指出张居正的做法违背祖法，说明张居正表面打着祖宗的旗号，本质却是擅改祖法，无视朝廷的。为了巩固自己的权势，张居正还公然献祥瑞取悦皇宫，被天下人所耻笑。有了权势，他就开始作威作福，生活日渐奢侈，还经常贪受财物。更重要的是，他以被太祖废去的宰相一职自居，连宗室藩王都受他欺辱。

既然其行径如此恶劣，为什么大多数人并没有告诉皇帝呢？那是因为他们都害怕张居正的权势。刘台在最后还不忘表白一下自己的忠心，说自己虽然是张先生的学生，但是为了大明的天下和皇帝，什么后果都不怕。

张居正面对已经扩大了的风险应该怎样做才能让不受控制的资源继续为自己的目的服务呢？

首先他为自己进行了辩解：刘台犯了错误，就应该受到批评，可他却不知自省，反而疑神疑鬼，以为朝廷要把他当成傅应祯的党羽，就把怨恨发泄在我的身上。他的言外之意就是说：实施考成法一点错误都没有，是刘台在执行时出了错。

然后，张居正使出了第二招，他在表白一番之后，又说虽然这事儿不怪自己，但自己成了明朝开国二百余年第一个被学生弹劾的老师，有了这么一个耻辱的纪录，以后还有何面目面对皇帝和同僚，请皇上恩准我回家养老吧。张居正当然不是真的要辞职，他是要让人们看看当朝首辅很生气、后果很严重。果然，他拿辞职这么一闹，既显得自己并不像刘台说的那样贪恋权位，又使万历不得不严惩刘台，从而让自己的政治地位更加稳固了。

万历皇帝一再劝说并安慰他，他也觉得差不多了，于是就上了份谢恩疏，表示自己心中其实也不忍心辞去，为了大明天下，为了皇帝，还得出来卖力气干活儿。

　　张居正用这一招向皇帝传达了一个意思：要想让张某人继续工作，所有资源必须在我的掌控之中，像刘台弹劾这样的事件应该完全杜绝。结果正如张居正所想，所有言官都噤若寒蝉。这一招背后的含义就是：对风险的控制必须达到的效果是能够重新掌控局面。

　　从张居正对刘台案的处理一事，我们不难得出这样的结论：在确定最初的职业目的可行之后，对一切资源的掌控与利用都应该为实现这个目的服务，若某一资源因素出现了偏离，就应该全方位地分析这一因素能够影响到的各个层面，这就是张居正所说的"察其由，辨其伪"的过程，然后根据分析结果对风险进行全面控制。控制的标准应该是：所有资源仍然能够为实现职业目的服务。

　　正如德意志银行董事会发言人阿尔弗雷德·荷尔豪森所说的："大多数的错误是企业在状况好的时候犯下的，而不是在经营不善的时候。"面对危机应时刻谨慎，不能让它破坏了整个战略。

　　在职场中，有为数不少的人士在择业时并没有清晰的定位，大多数随波逐流，或者受高薪诱惑，因而往往容易出现这样或者那样的问题。因为缺乏通盘考虑而盲目行动，同样也会遭遇种种困难。专家提醒说，职业发展目标定位不清，是最大的一种风险，这对于职场人士来说，应该引起充分重视。

　　有一些职场人士做了一些准备工作，如技能、知识方面的储备，但令人遗憾的是由于自身或者其他一些原因，所做的准备等于做了无用功，其中最大的原因在于对职业了解不够深入透彻。

　　也有些职场人士选择职业时跨度过大，前后两个工作几乎没有任何关联，比如一个从事软件开发的工程师，改行做财会。这样的转型之所以存在巨大的风险，主要是因为职业属性的差异性过大，此前的积累对后一种工作几乎起不到任何帮助，而等于要从头再来，因此风险肯定不小。

　　在职业生涯中，风险是无法避免的，只有将风险置于战略控制之中，对所有资源的利用才能完全发挥出效用。

《明朝一哥王阳明》

★以心写史最牛新锐吕峥叫板当年明月

★《明朝那些事儿》之后最值得期待的通俗历史佳作

★最年轻、最犀利的阳明心学传人为您讲述有故事的思想，有思想的故事，有故事和思想的历史。

　　王阳明是中国历史上罕见的立德、立言、立功三不朽的伟人，也是有明一代最为杰出的政治家、军事家和哲学家。他是中国众多历史名人的共同偶像。哈佛大学教授杜维明先生预言，21世纪将是王阳明的世纪。今人研读《蒋介石日记》，发现蒋介石一生中最大的偶像是王阳明。日本"明治维新"的先驱在中国明代找到了他们唯一的精神领袖——王阳明。

　　本书是迄今为止最好读的、也是最雅俗共赏的王阳明传记。作者披阅三载、增删数次，在穷尽一切办法汲取中外王学研究的基础上，用轻松幽默的笔调将王阳明数起数落的人生历程娓娓道来，力图全景式地展现王阳明荡气回肠的一生。作者并未止步于写一本通俗的历史人物传记，而是举重若轻、深入浅出地将阳明心学的三大命题"心即理""知行合一"以及"致良知"的形成、发展贯穿其中，并结合历史，梳理了儒家思想千年发展的脉络，使心学思想的脉络有迹可循，同时最大限度地使哲学部分通俗晓畅，使每一个普通读者可以真真切切地读懂、受益。

《这个宰相不简单：张居正职场笔记》

★隆庆、万历两代帝师，大明最牛CEO

★他的故事是钻石级的古代职场MBA教材

★比杜拉拉升职记更深刻、更普遍的仕途、职场生存法则

★最神秘作者全新解读大明朝第一政治型男的成功密码

本书是迄今为止最通俗、好读的明朝万历宰相张居正的全新传记小说。作者用轻松幽默而不失严谨的笔法以全新的视角为我们解读了这个明史上足以彪炳史册的政治家和改革家的一生，彰显了他权变通达的官（职）场智慧。本书突出描绘了张居正在当政的十年间致力改革的过程和功绩。比如，整顿吏治、延揽可用之才、革新财政赋税制度等。改革虽然随张居正的逝世而最终失败，但是在他当政期间却使颓势的明王朝呈现出崭新的气象。

本书作者以史实为基础，全面描绘了发生在张居正身上一个个精彩的故事。与此同时，充分展现了张居正身处当日职场的经验与智慧，此书堪称一部现代职场生存教科书。

《剑桥倚天屠龙史》

★雅搞金大侠经典的旷世奇书
★史上最给力的畅销历史巨作
★资深金迷击节称赏的鬼才作品
★所有出版商都无法定位的天书
★著名金学家孔庆东、陈墨联袂推荐

　　《剑桥倚天屠龙史》是新垣平博士恶搞《倚天屠龙记》和正史的戏作。新博士学识渊博，才华横溢，他运用奇妙的想象和精妙的推理，将正史和武侠完美地熔为一炉，写出了这部令所有金迷击节赞叹的奇书。

　　本书最早在天涯论坛连载，轰动一时，被粉丝们疯狂转帖。新博士最具特色的写作手法，是用最严肃的历史叙事笔调来书写最荒诞不经的虚构情节。他将小说和历史双重陌生化，将历史与虚构的界限彻底打破，使得历史书写成为纯粹的文本游戏。这游戏是意义机制自身的狂欢，也是一场智力的盛宴！

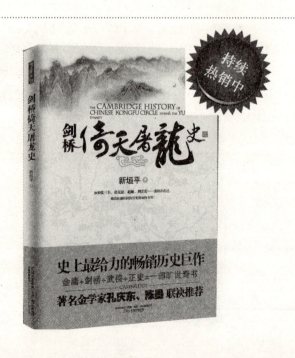

智品书业（北京）有限公司

更方便的购书方式：

方法一：登录网站http：//www.zhipinbook.com联系我
们；

方法二：直接邮政汇款至：北京市西城区北三环中路甲六号
出版创意大厦7层
收款人：吕先明　　　邮编：100120

方法三：银行汇款：中国农业银行北京市朝阳路北支行
账号：622 848 0010 5184 15012
收款人：吕先明

注：如果您采用邮购方式订购，请务必附上您的详细地
址、邮编、电话、收货人姓名及所订书目等信息，
款到发书。我们将在邮局以印刷品的方式发货，免
邮费，如需挂号每单另付3元，发货7-15日可到。

咨询电话：010-58572701　（9：00-17：30，周日休息）
网站链接：http：//www.zhipinbook.com